18세기 영국 산업혁명 강의

18세기 영국 산업혁명 강의

아널드 토인비 지음   김태호 옮김

도서출판
지식의 풍경

차례

Ⅰ.   들어가는 말   9

Ⅱ.   1760년의 영국. 인구   17

Ⅲ.   1760년의 영국. 농업   26

Ⅳ.   1760년의 영국. 제조업과 무역   38

Ⅴ.   1760년의 영국. 요먼층의 쇠락   55

Ⅵ.   1760년의 영국. 임금노동자의 처지   69

Ⅶ.   중상주의와 애덤 스미스   76

Ⅷ.   혁명의 주요 특징들   95

Ⅸ.   극빈층의 증가   108

Ⅹ.   맬서스와 인구법칙   125

XI.   임금기금이론   138

XII.   리카도와 지대 상승   155

XIII.   경제진보에 관한 두 이론   171

XIV.   노동계급의 미래   180

19세기 영국 지도   192

인물 설명   193

문헌 목록   199

[해제] 아널드 토인비 - 최초의 산업혁명에   210
        대한 하나의 묘사와 해석

일러두기

1. 번역의 대본은 다음과 같다.

   Arnold Toynbee, "Lectures on the Industrial Revolution of the Eighteenth Century in England. Popular Address, Notes, and Other Fragments. Ninth Impression", 1927, pp. 1~136.

2. 각각의 장 제목 바로 뒤에 다루는 주제를 나열한 것은 원문의 것이다.

3. 아무런 표시가 없는 각주는 저자의 것이며, 1927년판 편집자의 각주와 옮긴이가 보충한 각주는 각각 [편집자], [옮긴이]로 표시했다. 저자가 본문이나 각주에서 문헌을 표시한 방식은 그대로 따라 옮겼다.

4. 저자가 고유명사가 아닌 단어의 첫 글자를 대문자로 표시하여 강조한 경우, 작은따옴표(' ')로 표시했다.

5. 끝부분에 실린 19세기 영국 지도, 인물 설명, 문헌 목록 따위는 모두 옮긴이가 만든 것이다.
   1) 저자가 인용한 문헌 가운데 한국어 번역본이 있는 경우, 문헌 목록에서 밝혔고 본문이나 각주의 해당 부분에는 한국어판 번역자 이름과 함께 해당 쪽을 표시했다. 하지만 번역본의 번역을 그대로 따르지는 않았다.
   2) 문헌 목록에서는 저자가 본문이나 각주에서 언급한 것을 보충하거나 바로잡아 [ ] 안에 넣었다.

6. 이 책에 나오는 영국식 도량형을 미터법으로 환산하면 다음과 같다.
   1쿼터quarter = 12.7킬로그램
   1부셸bushel = 약 28.1226킬로그램
   1파운드pound = 약 453.592그램
   1온스ounce = (일반적으로는) $\frac{1}{16}$ 파운드 = 약 28.35그램 = (귀금속이나 약제는) $\frac{1}{12}$ 파운드 = 약 31.1그램
   1야드yard = 약 91.44센티미터
   1파인트pint = 0.57리터

7. 이 책에 나오는 당시 영국의 화폐단위는 다음과 같다.

    1파운드스털링pound sterling = 20실링

    1실링shilling = 12페니penny/pence

8. "브리튼Britain" 또는 "그레이트브리튼Great Britain"이란 잉글랜드England, 스코틀랜드Scotland, 웨일스Wales로 구분된 섬을 가리킨다.

1707년 5월 1일을 기해 잉글랜드와 스코틀랜드가 연합하여 "그레이트브리튼왕국Kingdom of Great Britain"이 되었다. 이를 "그레이트브리튼연합왕국United Kingdom of Great Britain"이라고도 한다.

오래도록 잉글랜드의 지배를 받아 오던 아일랜드가 종교 문제로 1789년에 봉기를 일으켰으나 진압됐고, 1800년에 그레이트브리튼왕국과 아일랜드왕국이 합쳐져 "그레이트브리튼과 아일랜드의 연합왕국United Kingdom of Great Britain and Ireland"이 됐다. 이를 줄여 "연합왕국United Kingdom"이라 부른다. (아일랜드 일부가 "아일랜드공화국"을 수립한 까닭에 "연합왕국"이 "그레이트브리튼과 북아일랜드 연합왕국United Kingdom of Great Britain and Northern Ireland"으로 축소되어 현재에 이르는 과정은 이 책이 다루는 시기 이후인 1920년대의 일이다.)

따라서 "England"는 스코틀랜드, 웨일스, 아일랜드 등과 구별하여 좁은 의미로 쓰일 때는 "잉글랜드"로 옮겼고, 그런 구분 없이 지역적으로 "브리튼" 전체를 뜻하거나 정치적으로 "그레이트브리튼과 아일랜드의 연합왕국"을 뜻할 때는 "영국"으로 옮겼다.

산업혁명[1)]

I. 들어가는 말

주제 나누기 — '역사' 연구와 '정치경제학' 연구를 결합할 때 생기는 이점 — '연역적 방법' — '역사적 방법' — '방법'에 관한 토론의 중요성 — 법칙, 그리고 그와 관련된 교훈 — '과거'의 역사를 연구할 때 '현재'의 '사회문제'를 염두에 두어야 한다

이 강의의 주제는 18세기 말과 19세기 초에 있었던 '산업혁명'과 '농업혁명'이다. 과정은 셋으로 나뉜다. 첫 과정에서는 애덤 스미스와 그의 시대의 영국을 다룬다. '산업혁명' 직전의 영국을 묘사할 것이고, 1760년[2)]에 존재했던 식의 산업 규제 및 보호의 제도를 묘사할 것이다. 애덤 스미스의 책, 그 책의 목표와 특성, 특히 그의 자유무역 이론도 개괄할 것이다. 두 번째 부분은 맬서스의 저서를 중심으로 이루어질 것인데, 맬서스는 부의 원인을 다뤘다기보다는 빈곤의 원인을 다뤘고 부의 분배를 다뤘다기보다는 부의 생산을 다뤘다. 산업 '혁명' 한가운데 있는 영국을 묘사할 것이며, 극빈층 문제 및 그와 연관된 주제를

---

1) 토인비가 경제사에 관해 쓴 서로 연결되지 않은 짧막한 글들을 여기에 "산업혁명"이라는 제목으로 묶어 인쇄하게 됐는데, 그 제목은 토인비 자신이 책을 위해 정한 것이다. 이 책은 다듬어지지 않은 상태의 글도 담고 있으며, 토인비가 1881년 10월에서 1882년 한여름까지 옥스퍼드대학교 베일리얼대학 강당에서 행한 강의를 위해 준비한 노트로 이루어져 있다.

2) [이어지는 네 개 장의 제목에서 알 수 있듯이, 공유지 인클로저가 대규모로 급속히 이루어지기 시작한 1760년은 영국 산업혁명에서 중요한 시점이다. ─ 옮긴이]

탐구할 것이다. 세 번째 부분은 리카도라는 이름과 결부될 것이며, '평화' 시대의 영국[3]을 다룰 것이다. 지대와 임금에 관한 학설을 경제진보에 관한 몇몇 이론과 함께 논의할 텐데, 그 시기에 그토록 사람들을 뒤흔들었던 통화 문제를 포괄할 것이며, '평화'에 이어 나타난 상업과 재정에서의 변화의 역사를 포괄할 것이다[4].

주제를 이렇게 선택한 것은 현대 '정치경제학'이 발원한 것이 바로 이 시기이기 때문이다. 영국에서 추구했던 대로 보면 '역사'와 너무 동떨어져 있었다는 것이 이 학문의 취약점이었다. 정말이지 애덤 스미스와 맬서스는 역사에 맞게 사고했다. 그러나 현대 교과서의 틀은 리카도에서 유래했는데, 그는 전혀 역사에 맞지 않게 사고했다. 하지만 두 학과를 결합하면 이중으로 이점이 생긴다. 우선, 그렇게 하면 '정치경제학'이 더 잘 이해된다. 추상적 명제는 그 명제를 정식화할 당시 그 필자 앞에 놓여 있던 사실들과 관련하여 연구하면 새롭게 조명된다. 그렇게 대하면 그 명제는 더욱 생생해져서 사람들을 잘못 이끌 가능성이 적어진다. 리카도는 우리가 그의 시대의 역사를 읽을 때라야 힘들게나마 흥미를 끌게 된다. 그리고 둘째로 '역사' 또한 '정치경제학'과 연관하여 연구할 때 더 잘 이해된다. 왜냐하면 '정치경제학'은 우리가 '역사'를 읽을 때 옳은 사실을 찾도록 가르칠 뿐만 아니라, 인클로저와 기계 도입에 따르는 많은 현상이라든가 서로 다른 통화제도의 효과라든가 하는 것을 설명할 수 있도록 해 주기도 하기 때문인데, 그런 현상

---

3) [영국이 1815년 워털루에서 나폴레옹 군대를 물리쳐 전쟁이 끝난 이후 시기를 말한다. ―옮긴이]

4) 독자들도 알게 되겠지만, 토인비가 여기서 개략적으로 제시한 계획은 이하의 글에서는 매우 불완전하게 실현돼 있으며, 특히 강조하여 표시한 내용과 관련해서 그렇다. 이는 부분적으로는 처음에 생각했던 대로 한다면 주제가 하나의 강의 과정에서 다루기에는 너무 넓다는 것을 토인비 자신도 알게 됐기 때문이고, 부분적으로는 청중이 작성한 노트는 아무리 훌륭하다고 해도 상태가 불완전하기 때문인데, 특히 토인비가 다룬 주제 가운데 좀 난해하고 심오한 것과 관련해서 그렇고 특별히 순전히 금융이나 화폐와 관련된 것과 관련해서 그렇다. [편집자]

과 효과는 '정치경제학'의 도움이 없다면 알 수 없는 채로 남을 것이다. '정치경제학'이 가르치는 신중한 연역적 추론 또한 역사가에게 대단히 중요하며, 사실을 공부하려는 사람에게는 특히 연역적 추론에서 얻는 사고방식이 원리에 대한 지식보다 훨씬 소중할 텐데, 그런 것을 갖추지 못한다면 재료 더미에 압도될 수도 있기 때문이다.

하지만 요 몇 해 사이에, 리카도와 밀이 추구하는 '정치경제학'의 추상적인 '연역적 방법'에 대해 꾸준히 공격이 있었고, 그 방법 대신에 역사 조사를 경제 탐구의 유일하게 옳은 방법으로 올려놓으려는 시도가 있었다. 이런 공격은 '연역적 방법'의 기능을 오해한 것에 바탕을 두고 있다. '추상적 정치경제학'이 맡은 본분에 관한 최고의 해설은 배젓의 『경제학적 연구』에서 찾을 수 있다. 배젓이 지적하는 바에 따르면, 이 추상적 학문은 어떤 가정들 위에서 유효할 뿐이며, 비록 그 가정들이 종종 전적으로 옳지는 않다 하더라도 결과들은 대략적으로 참일 수도 있다. 예컨대 첫째, 경제학자들은 사람의 본성 가운데 한 부분에만 주의를 기울이고는 사람을 그저 돈 버는 동물로 취급한다. 둘째, 경제학자들은 관습이 끼치는 영향에는 주의를 기울이지 않고 경쟁만 감안한다. 어떤 법칙들이 그런 가정들 아래 제시된다. 예컨대, 임금률은 언제나 균등해지는 경향이 있으며 고용 분야가 다름에 따라 항상 차이가 있다 해도 이는 각각의 고용 분야에 따르는 유리한 사정과 불리한 사정이 균형을 이루기에 족할 뿐이라는 법칙이 제시된다 — 이런 법칙은 어떤 문명 단계를 지난 다음에나, 그리고 부를 얻는 것이 사람의 유일한 목적인 한에서나 참이다. 그런 가설적 법칙들은 설익은 결론에 이를 뿐임에도, 그럴싸하게 여겨지는 압도적 경향이 존재함을 관찰하고 지적할 수 있는 관점을 우리에게 제공한다는 점에서 여전히 쓸모가 있다. 그런 까닭에, 클리프 레슬리 씨 같은 '역사적 방법'의 옹호자들이 '연역적 방법'을 근원적으로 그르다며 비난하는 것은 너무 멀리 나가는 것이다. 둘 사이에 현실적 대립은 없다. 외견상의 대립은 연역을 그릇되게 쓰는 탓에 생기고, 연역을 사용하는 사람들 쪽에서 자신들의 가정들을 꼼꼼하게 검토하여 자신들의 결론들이 사실에 맞는지 심사하는 데 소홀한 탓에 생기고, (임금기금이론[5]에서 그렇듯) 검증되지 않았을 뿐 아니라 절대적으로 그르기도 한 전제들을 토대로 삼는 논거 탓에 생기고, 일반적으로는 귀납을 연역과 결합하는 데 실패한 탓에 생긴다. 그러나 이처럼 방법이 잘못 쓰인다 해서 그 방법에 어떤 근원적 결점이 내포돼 있는 것은 아니다. 어떤 특정한 경우에 옳은 방법이란 대개 문제의 본성에 의해 정해지는 것임이 틀림없다. 법칙이라는 것과 그 법칙을 토대로 삼는 교훈이라는 것 사이에서 지성이 갈팡질팡하고 있는 책임을 추상적 '정치경제학' 탓으로 돌리는 것도 공정하지 않다. '정치경제학'은 순수한 학문이며 그 목적은 지식이다. 그러나 언론과 연단의 '정치경제학'은 실용적 학문, 말하자면 처신의 길잡이가 되는 규칙과 격언의 집합체다. 언론인과 '국회'의원은 순수한 학문의 법칙을 실용적 학문의 격언과 뒤섞는다. 글래드스턴 씨가 1881년의 「토지법」 논전 과정에서 '정치경제학'의 법칙들을 어겼다고 끊임없이 비난을 받은 것은 그런 식으로 벌어진 일이었다.[6] 글래드스턴 씨가 그렇게 하기란 불가능했다. 물리학의 법칙들을 어길 수 없는 것과 마찬가지로 '정치경제학'의 법칙들을 어길 수는 없다. 언론인들이 뜻했던 바는 글래드스턴 씨가 중대한 경제적 교훈, 곧 계약의 자유

---

5) ["임금기금이론"에 대해서는 제XI장에서 자세히 논하고 있다. – 옮긴이]

6) [1881년에 글래드스턴 수상은 아일랜드에서 지대를 규제하여 차지인을 보호하는 「아일랜드토지법」(이른바 '제2차 아일랜드토지법')을 통과시키려 했고 이를 두고 논전이 일어났다. – 옮긴이]

를 권하는 것을 거슬러 버렸다는 것이다.

'역사적 방법'은 다른 계통의 조사를 추구한다. 부의 분배를 측정할 때, 경제발전을 가져온 실제 원인을 검토하고, 중세의 길드, 우리의 현재의 토지법, 또는 어떤 주어진 나라의 정체政體 같은 제도가 끼친 영향을 살펴본다. '역사적 방법'의 도움이 없다면, 예컨대 왜 연합왕국 토지의 절반을 2,512명의 사람이 소유하고 있는지 이해하기는 불가능할 것이다.[7]

그리고 '역사적 방법'은 주어진 나라의 경제발전 단계를 조사할 뿐만 아니라 그 단계를 다른 나라와 시대에 널리 자리를 잡고 있던 단계와 비교하며, 그러한 비교를 통해 보편적으로 적용할 수 있는 법칙을 발견하려 한다. 이러한 '비교정치경제학'이 발견한 것의 예로, 토지가 집단소유에서 개인소유로 옮겨 간다고 H. 메인 경과 드 라벨례 씨가 지적한 경향을 들기로 하자. 이 경향은 거의 모든 문명국에 대해 참인 법칙이다. 하지만 이런 문제와 관련하여 너무 성급하게 일반화하지 않도록 신중해야 한다. 얼마 전에 더블린에서 출판된 어떤 재치 있는 소책자는 최근의 입법 행위를 비난하면서, H. 메인 경에 대한 또 하나의 일반화 — "메인의 법칙"이라 명명 — 에 호소하고 있다. 그 필자[8]는 이렇게 말한다. "H. 메인 경은 자신의 『고대법』에서, 모든 진보적 사회의 운동은 지금까지 신분에서 계약으로의 운동이었다고 언급한 바 있다. 이러한 선동이 요구하는 바는 아일랜드가 역행적 사회라는 것을

---

[7] 재산을 3,000에이커 넘게 소유하여 임대료를 적어도 3,000파운드스털링 가저가는 사람이 2,512명이다. 그들의 소유 현황은 다음과 같다.

잉글랜드와 웨일스 34,344,226에이커 가운데 14,287,373에이커
스코틀랜드 18,986,694에이커 가운데 14,118,164에이커
아일랜드 20,316,129에이커 가운데 9,120,689에이커. (베이트먼의 『대지주』)

[8] [지역별로 흩어져 있던 차지인 권익 단체를 통합하여 1883년에 설립한 아일랜드토지위원회를 말한다. ― 옮긴이]

법으로 공표해야 한다는 것과 사회운동이 계약에서 다시 신분으로 가야 한다는 것이다."[9] 그리고 또 다른 사람은 이렇게 묻는다. "우리 법들을 개정해 사회 발전이 열등한 국민들 사이에서 이용되고 있는 법들과 같게 만들려는 것이 도움이 되는가?"[10] 영국에 존재하는 문명과 과거와 현재의 그와는 다른 문명들을 더 깊이 연구해 보면, 그러한 발걸음이 역행적인 것이 아니었다는 점이 드러날 것이다. ― 계약의 범위는 넓어지고 있는 한편 또한 좁아지기도 한다는 점이 드러날 것이고, 우리가 아일랜드에서 보게 되는 것과 같은 사태는 깊은 사회적 비참함, 분개, 소동 따위가 없는 곳이라면 어디서도 존재한 적이 없었다는 점이 드러날 것이다. 관습이나 법이나 공론은, 아니면 셋 모두는, 과거에 관여해 왔으며 미래에 관여할 것이다. 신분에서 계약으로의 운동이 있는 것은 맞다. 그렇다 해도 꼼꼼하게 들여다보면, 이러한 운동이 결과로 낳는 개인의 힘을 제한하기 위해 '국가'가 되풀이해서 개입하지 않으면 안 됐음을 알게 된다. 발전의 현실적 경로는 처음에는 신분에서 계약으로 가는 것이었다가 그다음에는 계약에서 법률이 확정하는 새로운 종류의 신분으로 가는 것이었으니, 달리 말하자면 규제되지 않는 계약에서 규제되는 계약으로 가는 것이었다.

'역사적 방법'은 경제법칙과 경제적 교훈이 상대적인 곳이 어디인지 보게 만들기 때문에 가치가 있기도 하다.[11] 옛 경제학자들은 이런 법칙과 교훈이 보편적인 양 말하곤 했다. 예컨대 '자유'무역이 영국에,

---

9) 『몰수인가 계약인가』, 더블린, 1880년, 23쪽.

10) 리치, 『아일랜드토지법』, 108쪽.

11) 콩트는 이러한 진리를 인식한 최초의 사람 가운데 하나였고, 밀이 다음과 같은 점을 배운 것은 콩트로부터다. "연역적 사회과학은 어떤 원인의 효과를 보편적 방식으로 단언하면서 정리를 제시하려 하지 않고, 오히려 어떤 주어진 경우의 사정에 맞는 적절한 정리를 만들어 내는 방법을 우리에게 가르치려 할 것이다. 연역적 사회과학은 사회법칙 일반을 제출하려 하지 않고, 어떤 주어진 사회의 현상을 그 사회의 특정한 구성 요소나 자료로부터 밝혀내는 수단을 제출하려 할 것이다." 『논리학 체계』, 제vi권, 제9장, §2.a.

또한 어떤 발전 단계에 있는 모든 국민에게 건전한 정책이라는 것은 의심할 것도 없지만, 자유무역은 어떤 조건 아래서 좋을 뿐이라고 누구든 말할 수 있다. 정말이지 어떤 영국 경제학자도 감히 그렇게 말하지 않았다. 예를 들자면 제번스 씨는 정말 최고로 중요한 사항을 살펴보기 위해서만 그러한 제한 규정을 인정하곤 했다.[12] 그러나 그런 정책이 언제 어디서든 지혜로울 것이 틀림없다고 주장하는 것은 정당화될 수 없게 문제를 조급하게 판단하는 것이다. 하지만 수확체감의 법칙과 같은 보편적으로 참인 법칙이 전혀 없다고 단언하려는 것은 아니다.

방법에 관한 이러한 논의는 알맹이가 없는 것처럼 보일 수도 있지만 사실은 그렇지 않다. '국가'의 기능을 묻는 것 같은 질문을 예로 들어 보자. 시니어 씨는 온 세계에 걸쳐 적절한 한계를 명시해야 하는 보편적 정식을 발견하려 시도하느라 많은 시간을 소비했다. 그런 시도는 포기해야 한다. '정부' 개입의 적절한 한계는 특정 국가 각각의 본성 및 그 문명 단계와 관련돼 있다. 오늘날 우리에게는 우리 자신의 경우에 그러한 한계가 무엇인지를 발견하는 것이 대단히 중요한 문제인데, 왜냐하면 미래에 행정은 우리에게 주의를 많이 기울이도록 요구할 것 같기 때문이다. 우리[13]가 과거를 연구할 때 언제나 현재의 문제들을 염두에 둘 수 있다면 좋을 것이며, 인류에게 지속적으로 중요한 것이 무엇인지 찾는 넓은 시야를 얻기 위해 과거로 가면 좋을 것이다. 인민의 처지와 연관된 중대한 질문들이 우리 눈에 들어오지 않게 역사가 방치한다고 말하는 것은 낡은 불평이다. 프랑스혁명이 역사를 바라

---

12) 예를 들면 우리 나라에서 석탄 공급이 고갈되는 것을 막기 위해 그랬듯이. 『석탄 문제』, 247~354쪽.

13) 토인비가 강의할 때 청중은 주로 '역사학파'에 동의하며 연구하는 사람들이었다. [편집자]

보는 우리의 시야를 정말이지 깊은 곳까지 수정해 놓았지만, 그런 방향으로 수정돼야 할 것은 여전히 많이 남아 있다. 내가 '경제사'를 연구하겠다고 여기 참석한 사람 가운데 몇몇을 설득해, 본래는 맬서스가 충동질한 인민대중 역사의 연구를 해내도록 할 수 있다면 참으로 기쁠 것이다. 당파에 속한 역사가는 당파의 목적을 위해 과거로 간다. 그들은 과거에서 현재의 논전을 읽고자 한다. 여러분은 사실을 사실 그 자체를 위해 추구해야 하지만, 여러분 자신의 시대의 문제들을 생생하게 이해하며 그 사실을 꿰뚫어야 한다. 이는 곡해의 원리가 아니라 선택의 원리다. 여러분에게 괜찮은 선택의 원리가 있어야 하며, 지금 세계를 뒤흔들고 있는 사회문제들의 역사에 특별히 주의를 기울이는 것보다 더 좋은 선택의 원리는 없을 것인데, 그 이유는 그 사회문제들이 일시적인 것이 아니라 지속적으로 중요한 것임을 자신해도 좋을 것이기 때문이다.

II. 1760년의 영국. 인구

인구 측정의 어려움 — 핀레이슨의 어림값 — 인구 분포 — 대규모 도
회지의 성장 — 시골 인구와 도시 인구 — 인민의 직업

1760년 이전에는 영국에 옛 산업 체제가 널리 자리를 잡고 있어서, 기계와 관련된 어떤 중대한 발명도 도입된 바 없었고 농업에서의 변화는 아직 미래의 일이었다. 이것이 오늘날의 영국 산업과 대비해야 하는 영국 산업이다. 그 시대의 인구를 측정하는 데 필요한 정확한 재료는 없다. 1801년 이전 공보公報는 없다. 1753년에 인구조사가 제안된 바 있지만, "영국인의 자유에 마지막으로 남아 있는 것을 교란하리라"며 기각됐다.[1] 신뢰할 만한 자료가 이처럼 없는 가운데, 온갖 엉뚱한 어림값이 만들어졌다. 미국독립전쟁이 벌어지고 있는 동안 이 주제에 관해 엄청난 논전이 심하게 벌어졌다. '감채기금'[2]의 옹호자인 프라이스 박사는 1690년과 1777년 사이에 인구가 6,596,075명에서 4,763,670명으로 감소했다고 주장했다.[3] 다른 한편, 에식스에 있는 던마우의 교

---

1) 요크 시 선거구 의원인 손턴 씨는 이렇게 말했다. "나는 우리가 방금 들은 것과 같은 제안을 할 정도로 염치없고 파렴치한 사람들이나 어떤 개인이 인류의 일부라고 믿지 않았다. …… 나는 이 기획이 영국인의 자유에 마지막으로 남아 있는 것을 완전히 교란하리라고 본다. …… 새로운 '법안'은 새로운 세금을 부과할 것이며, 정말이지 몇 마디만 더하게 돼도 그 법안은 피해를 입고 있는 인민에게 이제까지 불리하게 이용된 것 가운데 가장 효과적인 약탈과 억압의 엔진이 될 것이다. …… 게다가 우리 인민에 대해 연도별로 기록하게 되면, 해외에 있는 우리 적들에게 우리의 취약점을 알리게 될 것이다." ─ 「잠정 인구조사 결과」, 「서문」, 1881년. 1쪽 참조. '법안'은 하원에서 대다수의 지지를 얻었지만 상원 제2독회에서 부결됐다.

2) [1775년부터 1783년까지 벌어진 미국독립전쟁(또는 미국혁명전쟁)에 대응하기 위해 영국에 필요한 자금을 증세가 아닌 국채 발행으로 마련하자고 주장한 사람들이 그 국채를 상환하기 위해 준비해 두자고 한 것이 '감채기금Sinking Fund'이다. ─옮긴이]

3) 왕립학술원 회원 신학 박사 리처드 프라이스, 「혁명기부터 현재까지 영국 인구에 관한 시론」, (런던, 1780년).

구 목사인 하울렛 씨는 1780년 인구를 8,691,000명으로 어림잡았고,[4] 1770년에 아서 영은 아무리 적어도 8,500,000명이라고 어림잡았다.[5] 하지만 이런 어림값들은 각각의 방향에서 나타나는 극단적인 것이다. 지금 가장 일반적으로 인정되고 있는 것은 핀레이슨 씨(국채성國債省 회계사)가 계산한 것이며, 이는 『1831년 인구조사 결과』의 「서문」으로 출판됐다. 계산은 18세기의 세례와 장례 기록을 검토한 것을 토대로 이루어졌다. 그러나 자료에는 세 가지 점에서 결함이 있다. 계산이 시작되는 날짜에 존재하고 있는 사람 수가 짐작에 따른 것이기 때문이며, 일부 교구에는 어떤 기록도 없었기 때문이며, 기록을 위한 등록이 임의적이어서 불완전했기 때문이다.[6] 하지만 핀레이슨 씨가 사용한 재료는 "현재의 비교적 진전된 상태의 물리학과 통계학이 추천하는 모든 심사"[7]를 거친 것으로 이야기되고 있다.

핀레이슨 씨에 따르면, 잉글랜드와 웨일스의 인구는 1700년에 5,134,516명이었다가 1750년에는 6,039,684명이 돼, 세기 전반기를 보면 그 증가는 1백만까지는 안 되고 17퍼센트와 18퍼센트 사이이다.[8] 1801년에 잉글랜드와 웨일스의 인구는 9,187,176명이어서, 후반기에는 3백만의 증가, 즉 52퍼센트 이상의 증가를 보이고 있다.[9] 증가율 차이는 두 시기가 크게 대비됨을 의미한다. 앞의 시기에 영국은 상업 관

---

4) 존 하울렛, 「프라이스 박사의 잉글랜드 및 웨일스 인구에 관한 시론에 대한 검토」, 1781년, 맥컬록의 『정치경제학 문헌』, 258쪽을 보라.

5) 『북부 여행』, 제iv권, 419쪽 (제2판, 1771년).

6) 포터의 『국민의 진보』, 5쪽 (제2판, 1847년).

7) 같은 책, 13쪽.

8) 이와는 약간 다르게 계산한 것으로는 릭먼 씨의 계산(「1841년 인구조사 결과의 도입부 언급」, 36쪽, 37쪽)이 있고 마셜 씨가 자신의 책 『지리적, 통계적 표시』(1833년) 22쪽에서 밝힌 계산이 있다. 앞의 것은 1700년 인구를 6,045,008명으로, 1750년 인구를 6,517,035명으로 제시하고 있어 증가는 거의 8퍼센트다. 뒤의 것은 각각 5,475,000명과 6,467,000명으로 제시해 증가는 18.1퍼센트다. 그레고리 킹은 1696년에 "결혼, 출생, 사망 등에 대한 산정"으로부터 인구를 5,500,000명으로 어림잡았다.

9) 릭먼 씨는 증가율을 41퍼센트로 제시하고, 마셜 씨는 42퍼센트로 제시한다.

계가 확대돼 부가 급속히 증가했음에도 여전히 옛 산업 조직을 유지하고 있었고, 뒤의 시기는 현대 산업 체제로, 개량된 농법으로 이행하는 시대다.

　그다음으로 살펴봐야 할 점은 인구 분포다. 18세기 초, 즉 애덤 스미스 시대의 형국과 지금 흔히 보게 되는 형국은 이 점에서 크게 다르다는 것을 발견하게 될 것이다. 매콜리가 북부 주州들의 황폐한 상태의 역사에 관해 쓰면서 서두에서 밝힌 유명한 묘사[10]는 누구나 기억하고 있다. 매콜리가 그린 그림은 디포가 확증하고 있는데, 디포는 자신이 쓴 『온 섬을 둘러본 여행』(1725년)에서 이렇게 말한다. 대도시로 말하자면 북쪽의 대도시들이 맞수이긴 했지만, "이 나라에서 트렌트강 남쪽은 단연코 가장 넓고 또한 가장 부유하고 가장 인구가 많다."[11] 노섬벌랜드, 더럼, 요크셔, 컴벌랜드, 웨스트모어랜드, 랭커셔, 체셔, 더비셔, 노팅엄셔, 스태퍼드셔 따위(잉글랜드 전체 넓이의 대략 $\frac{1}{3}$)를 트렌트강 북쪽 주로 본다면, 검토를 통해 우리가 알게 되듯이, 1700년에는 그곳들에 인구의 대략 $\frac{1}{4}$이 있었고[12] 1750년에는 $\frac{1}{3}$보다 적게 있었던[13] 한편, 1881년에는 그곳들에 인구의 $\frac{2}{5}$ 이상이 있었으며[14], 또는 북부의 여섯 개 주만 보면 1700년에는 그곳 인구가 잉글랜드 전역 인구의 $\frac{1}{5}$에 미치지 못했다가 1750년에는 대략 $\frac{1}{5}$, 1881년에는 거의 $\frac{1}{3}$이 됐음을 발견하게 된다.[15]

---

10) 『제임스 2세 즉위부터의 영국 역사』 제3장 도입부를 가리킨다. ─옮긴이]

11) 제iii권 57쪽(제7판 1769년).

12) 5,108,500명 가운데 1,285,300명.

13) 6,017,700명 가운데 1,740,000명. 이것은 마셜이 추산한 것이며, 핀레이슨 씨가 추산한 것과는 조금 다르다.

14) 24,608,391명 가운데 10,438,705명.

15) 1700년에는 5,108,500명 가운데 902,100명. 1750년에는 6,017,700명 가운데 1,261,500명. 1881년에는 24,608,391명 가운데 7,906,760명.

1700년에 인구가 가장 **빽빽**한 주는 (미들섹스주와 서리주라는 대도시권 주를 제외하면) 서부의 제조업 지대인 글로스터셔, 서머싯, 윌트셔, '중부' 제조업의 소재지인 우스터셔와 노샘프턴셔, 농업이 중심이던 주인 하트퍼드셔와 버킹엄셔였다. ― 모두 트렌트강 남쪽이다. 1700년과 1750년 사이에 인구 증가가 가장 크게 일어난 것은 다음과 같은 주다.

랭커셔　　166,200명에서 297,400명으로 78퍼센트 증가

워릭셔　　96,600명에서 140,000명으로 45퍼센트 증가

요크셔의 웨스트라이딩　　236,700명에서 361,500명으로 52퍼센트 증가

더럼　　95,500명에서 135,000명으로 41퍼센트 증가

스태퍼드셔　117,200명에서 160,000명으로 36퍼센트 증가

글로스터셔　　155,200명에서 207,800명으로 34퍼센트 증가

한편, 콘월, 켄트, 버크셔, 하트퍼드셔, 우스터셔, 슈롭셔, 체셔, 노섬벌랜드, 컴벌랜드, 웨스트모어랜드 등에서는 각각 20퍼센트 이상 증가했다.[16]

18세기 초와 애덤 스미스 시대 사이의, 그리고 다시 애덤 스미스 시대와 우리 자신의 시대 사이의 인구 분포의 변화는 아래의 표가 한층 잘 예증할 것이다. 인구가 가장 조밀한 열두 개 주와 그곳의 제곱마일당 인구밀도는 다음과 같다.

---

[16] J. 마셜 「…… 지리적 통계적 표시」(1833년), 12쪽. 그가 쓴 「의회에 제출된 보고서에 대한 분석」(1835년)의 끝부분에도 그렇게 인쇄돼 있다.

1700년		1750년		1881년	
미들섹스	2,221	미들섹스	2,283	미들섹스	10,387
서리	207	서리	276	서리	1,919
글로스터	123	워릭	159	랭커셔	1,813
노샘프턴	121	글로스터	157	더럼	891
서머싯	119	랭커셔	156	스태퍼드	862
우스터	119	우스터	148	워릭	825
하트퍼드셔	115	하트퍼드셔	141	웨스트라이딩	815
윌트셔	113	스태퍼드	140	켄트	600
버킹엄셔	110	더럼	138	체셔	582
러틀랜드	110	서머싯	137	우스터	515
워릭	109	웨스트라이딩	135	노팅엄	475
옥스퍼드	107	버크셔	131	글로스터	455

　　1700년과 1750년 사이의 시기에 대해 시사하는 바가 가장 많은 사실은 랭커셔와 웨스트라이딩의 인구가 크게 증가했다는 점인데, 그곳들은 면직물 제조업과 거친 모직물 제조업의 소재지였다. 도기류 제조업과 금속 제품 제조업이 자리 잡은 스태퍼드셔와 워릭셔도 크게 성장했다. 탄전이 있는 북부 주 둘인 더럼과 노섬벌랜드도 크게 성장했다. 한편, '서부 잉글랜드'의 모직물 제조업 지대인 서머싯과 윌트셔도 성장하긴 했지만 그렇게 큰 인구 증가를 보이고 있지는 않다. 동부 주인 노퍽, 서퍽, 에식스 등의 인구는 매우 적게 증가했다. 노리치는 여전히 제조업에 종사하는 큰 도회지였는데, 모직물 업종에 종사하는 그보다는 규모가 작은 많은 도회지가 노퍽과 서퍽 곳곳에 흩어져 있었음에도 그랬다. 농업 중심의 몇몇 주 가운데서 이 시기 동안 명백한 인구 증가

를 보인 것은 켄트였는데, 그곳은 당시 잉글랜드에서 농사가 가장 잘 되는 주였다.

　주요 도회지로 눈을 돌려 보면, 많은 곳에서 17세기 말과 애덤 스미스 시대 사이에 현저한 성장이 이루어졌음을 발견하게 될 것이다. 가장 권위 있는 전거에 따르면, 노리치 인구는 대략 $\frac{1}{3}$ 증가했고 우스터 인구는 $\frac{1}{2}$ 증가한 반면에, 셰필드 인구는 7배, 리버풀 인구는 10배, 맨체스터 인구는 5배, 버밍엄 인구는 7배, 브리스틀 인구는 3배 이상 증가했다. 브리스틀은 여전히 왕국 제2의 도시였다. 뉴캐슬어폰타인(게이츠헤드와 노스실즈와 사우스실즈 포함)은 40,000명을 헤아렸다.

　아래의 것은 큰 열두 개 지방 도회지의 1685년, 1760년, 1881년 인구 어림값이다.

	1685년	1760년	1881년[g]
리버풀	4,000명[a]	40,000명[c] 30,000~35,000명[d] 34,000명[e]	552,425명
맨체스터	6,000명[a]	30,000명[c] 40,000~45,000명[d]	393,676명
버밍엄	4,000명[a]	28,000명[b] 30,000명[d]	400,757명
리즈	7,000명[a]	———	309,126명
셰필드	4,000명[a]	30,000명[c] 20,000명[d]	284,410명
브리스틀	29,000명[a]	100,000명[d]	206,503명
노팅엄	8,000명[a]	17,711명[f]	111,631명

노리치	28,000명[a]	40,000명[c]	60,000명[d]	87,843명
킹스턴 어폰헐	——	20,000명[c]	24,000명[d]	161,519명
요크	10,000명[a]	——		59,596명
엑서터	10,000명[a]	——		47,098명
우스터	8,000명[a]	11,000~12,000명[c]		40,421명

a. 매콜리의 『영국 역사』, 제3장.

b. 디포의 『여행』(1725년).

c. 아서 영(1769년).

d. 맥퍼슨의 『상업 연대기』(1769년).[17]

e. 레비의 『브리튼 상업의 역사』.

f. 이든의 『빈민의 상태』(1797년).

g. 1881년과 관계된 보고는 의회 선거구의 보고.

살펴봐야 할 또 하나의 항목은 시골 인구와 도시 인구의 관계다. 그레고리 킹이 1696년에 쓴 글에 따르면, 런던에는 거주자가 530,000명 있었고 다른 도시city들과 시장이 서는 도회지markrt-town들에는 870,000명이 있었던 한편, 촌락village들과 부락hamlet들 거주자는 4,100,000명을 헤아렸다.[18] 70년 후에 아서 영은 런던에 인구 전체의 $\frac{1}{6}$이 있다고 계산하고는,[19] "번영하는 나라에서는" 영국에서 그렇듯이 "국민의 절반을 도회지에서 발견하게 된다"[20]라고 언급했다. 두 어림값, 특히 아서 영

---

17) [뒤에서는 올바로 표기했지만, 이 책은 1769년이 아니라 1805년에 출판됐다. ─ 옮긴이]

18) 그레고리 킹, 『영국의 상태와 조건에 관한 자연적이고 정치적인 관찰과 결론』, 1696년(찰머스의 『어림값』, 1804년에 인쇄). 36쪽.

19) 『남부 여행』, 326쪽(제2판, 1769년).

20) 『프랑스 여행』, 제2판, 제 i 권, 480쪽. 아서 영은 이런 사실을 프랑스와 대비하고 있는데, 프랑스에서는 "국민의 1/4보다 적은 수가 도시에 거주하고 있다." 하지만 그가 제시한 어림값은 아마도 과장됐을 것이다.

의 어림값이 총인구를 너무 많게 잡았다는 사실을 별도로 하더라도 그것들이 대단히 미덥지 못하긴 하지만, 시골 인구와 도회지 인구의 대비는 그때에도 도회지가 시골 지역과 균형이 맞지 않을 정도로 성장하는 추세였음을 옳게 가리키고 있다. 그런 불균형은 물론 아서 영 시절 이래로 훨씬 더 눈에 띄게 됐다. 1881년에 도시 총인구는 17,285,026명, 즉 66.6퍼센트였던 한편 시골 총인구는 8,683,026명, 즉 33.3퍼센트였다.[21]

직업과 관련하여 내가 접한 유일한 어림값 역시 1696년 그레고리 킹의 것과 1769년 아서 영의 것이다. 너무 모호하고 또한 믿고 기대기에는 너무 일관되지 않긴 하지만, 진위 여부와 상관없이 나는 그것들을 제시할 것이다. 그레고리 킹에 따르면, 자유 토지 보유자[22]와 그 가족이 940,000명, 농업경영자와 그 가족이 750,000명, 노동자와 밖에서 일하는 종업원이 1,275,000명, 오막살이 노동자와 극빈자가 1,300,000명을 헤아려, 기능공과 수공업자는 240,000명밖에 안 되는 데 반해 총 농업인구는 4,265,000명에 이르렀다.[23] 아서 영은 여러 계급에 속하는 사람 수를 다음과 같이 어림잡는다.

농업경영자(자유 토지 보유자든
임차 토지 보유자든)와 그의 종업원과   2,800,000명
노동자

모든 종류의 제조업 관계자   3,000,000명

---

21) 『인구조사 결과』. 『잠정 보고서』 vii쪽을 보라.

22) ['자유 토지 보유자freeholder' 란 봉토에 대한 권리로 '자유 토지freehold' 를 보유하고 있는 사람을 말한다. 이들은 그런 권리 없이 토지를 빌려 보유하고 있는 '임차 토지 보유자leaseholder' 와 구별된다. – 옮긴이]

23) 이든의 『빈민의 상태』 제i권 228쪽과 찰머스의 『어림값』 (1804년) 203쪽.

지주와 그의 식객, 어부, 광부	800,000명
상업 종사자	700,000명
일하지 않는 빈민	500,000명
성직자와 법률가	200,000명
문관, 육군, 해군	500,000명
합계	8,500,000명[24]

　그러나 여기서 제조업과 관련된 것으로 제시한 숫자는 아마도 총인구와 비율을 맞추면서 너무 크게 잡은 것일 텐데, 총인구 자체를 사실보다 과도하게 잡았다.

---

24) 『북부 여행』 제iv권 417~19쪽. 364쪽도 참조.

III. 1760년의 영국. 농업

농경지와 황무지의 비율 — 상당량의 공유지 — 인클로저가 농업에 유리하게 미친 효과 — 서로 다른 지대에서 나타난 상대적 진보 — 경작과 가축 사육에서의 개량 — 1700년과 1760년 사이의 더딘 농업 발전

그 시대의 농업을 묘사할 때 중요한 점 가운데 첫째는 농경지와 황무지의 비율이다. 그레고리 킹은 잉글랜드와 웨일스의 전체 넓이를 조금 많게 어림잡았고, 경작지를 11,000,000에이커, 꼴밭과 초원을 10,000,000에이커, 가옥, 밭, 과수원 등등을 1,000,000에이커로 잡아, 농경지를 총 22,000,000에이커, 즉 나라 전체의 거의 $\frac{3}{5}$으로 잡았다.[1] 1727년에 어떤 토지 관리인은 나라 절반이 황무지라고 믿었다.[2] 아서 영은 그보다 50년 뒤에 글을 쓰면서 경작면적을 훨씬 큰 수치로 잡는다. 아서 영은 잉글랜드만 말하며 전체 넓이를 34,000,000에이커로 어림잡고는 그 가운데 32,000,000에이커가 경작지와 꼴밭이며 둘의 비율이 같다고 보았다.[3]

처음에 언급한 어림값 가운데 하나가 마지막에 언급한 것보다는 확실히 더 진실에 가깝다. 하지만 정확한 비율을 측정하는 것은 불가능하다.

---

1) 52쪽. (찰머스 편집, 1804년)

2) 에드워드 로런스, 『영주를 모시는 청지기의 의무』, 런던, 1727년.

3) 『북부 여행』, 제iv권, 340~341쪽. 다소 다른 어림값을 찾으려면 『동부 여행』, 제iv권, 455~456쪽도 보라.

오늘날의 영국 농업과 우리가 지금 살펴보고 있는 시기의 영국 농업이 어떤 점에서 다른지를 생각할 때, 공유지 총량이 크게 줄었다는 점을 가장 중시해야 한다. 공유지 인클로저는 1760년 이전에도 여러 세기에 걸쳐 일어났긴 하지만, 그때 이래 일어난 것처럼 급속한 공유지 인클로저는 없었다. 1710년과 1760년 사이에는 334,974에이커에서 인클로저가 일어난 반면에 1760년과 1843년 사이에는 거의 7,000,000 에이커에서 인클로저가 일어난 것으로 알려져 있다.[4] 뒤에 언급한 시기의 초기에는, 인클로저가 일어난 이래로도 이들 토지의 상당 부분은 공유 경지를 경작하던 원시적 방식을 따르고 있었다. 상당한 지역 곳곳에 걸쳐 중세의 농지 제도가 여전히 완벽한 힘을 발휘하며 존재했다. 일부 교구에는 교구에 속하는 공유지나 황무지가 없었지만, 공유지가 경작되는 곳에서는 다음과 같은 동일한 계획을 일반적으로 추구했다. 각각의 촌락의 경작지는 커다란 지조地條 셋으로 나뉘었고 그 각각은 "두둑"으로 3야드 폭으로 더 작게 나뉘었다.[5] 농업경영자라면 누구나 각각의 경지에서 적어도 토지 한 구획을 소유하곤 했으며, 그들 모두 다음과 같은 관습적 경작 방식을 따라야 했다. 해마다 지조 하나는 휴경지로 남겼으며, 다른 지조 둘에서는 밀과 보리를 재배했고 때때로 보리 대신 귀리, 완두, 아니면 들완두를 재배했다. 초원 역시 공동으로 보유했다. 건초를 수확할 때까지는 사실상 누구에게나 자기 자신의 땅뙈기가 있었고, 경작지에서는 땅뙈기 주인이 바뀌는 일이 드물었던 반면에 초원에서는 해마다 추첨을 통해 다른 지분을 할당했다. 건초를 수확한 뒤에는 목초지에 있던 울타리를 허물었고, 모든 가구주에

---

4) 쇼 르페브르, 『잉글랜드와 아일랜드의 토지문제에 관한 시론』, 199쪽.
5) 메인의 『촌락공동체』, 89쪽.

게는 목초지에서 가축을 방목할 공동권리가 있었다. 작물을 수확하고 난 밭에서도 마찬가지로 가축을 방목했지만, 거기서는 그럴 권리가 모두에게 개방되는 일은 드물었다. 황무지에 있는 꼴밭에 대해서는 농업 경영자 누구에게나 권리가 있었다.

왕국에서 가장 좋은 땅이 이러한 공유 경지에 있었음에도 불구하고 그곳 경작은 가장 형편없는 것으로 드러났다. 아서 영은 이렇게 말한다. "공유 경지의 온갖 봄 작물만큼 비참한 작물은 볼 수 없어서, 그것들은 단연코 경멸을 받을 수준도 못 됐다."[6] 이처럼 경작 방식에 결함이 있었던 원인은 모두 세 가지다. (1) 작물을 키우는 과정이 똑같은 것을 피할 수 없었다. 적절한 교대가 있을 수 없어서, 번갈아 가며 작물을 키우는 유일하게 가능한 방법은 서로 다른 흰색 짚 작물의 비율을 바꾸는 것이었다. — 순무나 인공적으로 키우는 잔디는 없었고, 따라서 대규모로 양을 치는 일은 없었다. 그런 곳에 있는 양들은 비참할

---

6) A. 영, 「남부 여행」, (제3판, 1772년), 384쪽. 「북부 여행」, 제1권, 160~162쪽도 보라. 거기에서 영은 리즈비와 그 인근에 있는 개방된 토지에서 거둔 산출과 인클로저가 일어난 토지에서 거둔 산출을 다음과 같이 비교한다.

	개방된 토지	인클로저가 일어난 토지 (에이커당)
밀	17~18부셸	26부셸
보리	36	40
귀리	32	44
콩	28	32

다음도 보라. A. 영의 「옥스퍼드셔 농업의 개관」(1809년), 100쪽. 클리퍼드의 「1874년의 농업 직장폐쇄」 121쪽의 주. 로런스의 37~38쪽. 마지막에 언급한 글은 인클로저를 위한 협정 양식에 담긴 다음과 같은 전문前文을 제시한다. — "기나긴 경험을 통해, 처음 겪어 보았던 곳이든 지속돼 왔던 곳이든 어디서나 공유 경지나 개방 경지는 공공 이익에 커다란 걸림돌이고 또한 모두가 계절마다 찾아오는 부담을 부지런히 지고 스스로 이루었을 정직한 개량에 커다란 걸림돌이라는 점이 밝혀지면서, …… 그리고 개방된 황무지와 공유 경지에 종종 수반되는 모든 또는 대부분의 불편과 곤란이 이 산업과 '자유 토지 보유자들'의 규모 있는 농사에 치명적이라는 점, 즉 빈민이 좀도둑질을 하고 훔치고 남의 토지에 불법 침입하며 속이려 한다는 점. 공유하는 큰 길에 인접한 곳에서 길 잃은 가축 때문에 곡물이 엉망이 되기 쉽다는 점, 차지인이든 소유자든 자신의 노동의 열매를 보장받으려면 씨를 뿌리고 거둬들이는 정확한 시간을 지켜야 하며 그러지 않으면 때에 맞지 않게 씨를 뿌리는 사람들의 게으른 관행이 가져올 수밖에 없는 손해와 불편을 당하여, 겨울이 시작될 때까지 곡물이 그대로 있는 일을 겪고 그리하여 서리가 내려 목초 대부분이 엉망이 될 때까지 교구 전체가 그 목초를 먹지 못하게 된다는 점 등을 경험하면서, 이런 이유 때문에……."

정도로 작았다. 죽은 몸뚱이 전체 무게가 마리당 고작 28파운드 나가고 털은 3 1/2파운드였는데, 그에 반해 인클로저가 일어난 경지에 있는 양의 털은 9파운드였다.[7] (2) 노동자와 가축이 "교구 한쪽 끝에서 다른 쪽 끝까지 분산돼 있는 여러 토지 구획으로 이동하느라"[8] 많은 시간이 빼앗겼다. (3) 초원 안의 꼴밭과 작물을 수확하고 난 밭에 대한 권리와 해당 경계를 두고 끊이지 않고 다툼이 생겼는데, 어떤 경지에서는 땅뙈기를 나누는 "두둑"이 없어서 사람들은 밤에 이웃에게서 밭고랑을 훔치려고 쟁기질을 하곤 했다.[9]

이런 이유 때문에, 인클로저 관행과 개량된 농업은 매우 밀접하게 연관되어 있었다. 「머턴 법」(1235년)과 「웨스트민스터 법」(1285년) 아래 이루어진 초기 인클로저는 장원의 영주가 황무지에서 행하는 것이었다. 그러나 이럴 경우 영주는 입회권入會權을 지닌 사람들을 위해 충분한 목축지가 남아 있다는 것을 먼저 입증해야 했다. 그리고 공유지에 대한 권리가 토지 소유와 별개로 존재하면, 인클로저는 전혀 허용되지 않았다. 이러한 초기 인클로저가 꾸준히 이루어졌지만, 15세기 말을 향해 가고 있을 때 처음 주목을 끈 인클로저는 종류가 달랐다. 인클로저가 농경지에서 이루어졌고, 또한 나세의 말이 옳다면, 경작지가 영구적으로 꼴밭으로 바뀌는 형태를 띠었을 뿐만 아니라 경작지가 일시적으로 꼴밭으로 바뀌었다가 그 꼴밭이 다시 경작지로 바뀌는 형태를 띠기도 했다. 결과는 엄청난 생산량 증가였다. 이웃의 땅뙈기에서 자신의 땅뙈기를 분리하여 합병해 둔 영주는 자신에게 유리해 보인다면 어떠한 경작 방식 체제라도 추구할 수 있었다. 위에서 언급한 것처

---

7) A. 영, 「북부 여행」, 제ⅰ권 190쪽.
8) 「옥스퍼드셔 농업의 개관」, 100쪽.
9) 같은 책 239쪽.

럼 번갈아 재배하며 작물을 바꿀 수 있는 농사가 도입돼, 가축에서 나오는 거름은 경작지를 기름지게 했고 "쟁기질하고 거름을 준 토지에서 수확한 잔디는 내내 꼴밭인 곳에서 자란 잔디보다 훨씬 더 강하고 질이 더 좋았다."[10] 옛 체제에서는 거름이 꼴밭에 흩뿌려졌던 반면에, 인클로저가 일어난 곳에서는 그런 경작 방식에 맞게 일구는 토지에게 유리하도록 거름이 이용됐다. 16세기의 대규모 인클로저는 서퍽, 에식스, 켄트, 노샘프턴셔 등에서 일어났는데, 그 결과 그곳들은 가장 부유한 주가 됐다.[11] 인클로저는 옥스퍼드셔, 버크셔, 워릭셔, 베드퍼드셔, 버킹엄셔, 레스터셔 등지에서도 빈번하게 일어났고, 거기서도 결과는 비슷했다. 아서 영 시대에는 노퍽, 서퍽, 에식스, 켄트 등지가 잉글랜드에서 가장 잘 경작되고 있는 지역이었다.

1760년 농업의 상태를 일반적으로 보면, 그러한 개량이 나라의 몇몇 지역에 국한돼 일어났다는 사실을 발견하게 된다. 최초의 인클로저 「법안」(1710년)은 햄프셔의 어떤 교구에 대한 인클로저를 법으로 정하기 위한 것이었다. 나는 조지 1세가 통치할 때 공포된 이들 열두 개 법안을 샅샅이 읽고 이 법안들이 더비셔, 랭커셔, 요크셔, 스태퍼드셔, 서머싯셔, 글로스터셔, 윌트셔, 워릭셔, 노퍽 등에 있는 교구들에 적용됐다는 사실을 발견했다.[12] 그러나 인클로저가 이처럼 널리 분포돼 일어났음에도 불구하고, 어떤 주는 다른 주에 비해 계속해서 훨씬 좋은

---

10) 나세의 『중세의 농업 공동체』, 85쪽.

11) 나세가 인용한 투서, 윌리엄 스태퍼드, 홀린셰드 참조. [언급된 나세의 책(https://archive.org/details/cu31924013714468/page/n6)에서 "투서"는 확인할 수 있었다. "스태퍼드"는 존 헤일스John Hales가 1876년에 다시 낸 『윌리엄 스태퍼드의 간결한 고찰A Compendious or Briefe Examination of Certayne Ordinary Complaints of Diuers of Our Country Men in These Our Dayes』을 가리키는 듯하다. "홀린셰드Holinshed"에 대해서는 정보를 찾을 수 없었는데, 아마도 『홀린셰드의 잉글랜드, 스코틀랜드, 아일랜드 연대기Holinsde's Chronicles of England, Scotland, and Ireland』를 가리킬 것이다. ─옮긴이]

12) 그 가운데 일곱 개 법안은 공유 경지와 황무지의 인클로저를 위한 것이었고 다섯 개 법안은 황무지만의 인클로저를 위한 것이었다.

평판을 유지할 수 있었으며, 어떤 주에서는 개량이 한두 개 교구에 국한되고 지역 전역으로 퍼지지는 않았다. 가장 잘 경작되고 있는 주는 오래전에 인클로저가 이루어진 곳이었다. 윌리엄 스태퍼드는 1581년에 켄트를 토지 대부분에 인클로저가 이루어진 주로 말한 바 있는데, 아서 영은 켄트를 "잉글랜드에서 가장 잘 경작되고 있는 것으로 오래전부터 쳐 왔"던 것으로 묘사한다. 아서 영은 이렇게 말한다. "켄트 동부와 새닛에 처음 온 이방인이 씨를 널리 뿌린 것보다 줄뿌림한 작물이 더 많은 **평범한 농업경영자** 수가 그렇게 많은 것을 발견한다면, 그리고 그 농업경영자들이 줄뿌림하는 쟁기와 말이 끄는 괭이를 그처럼 환히 알고 있는 것을 본다면, 그 이방인은 당황할 것이 틀림없다. 너무도 완벽한 방식으로 이루어진 줄뿌림 경작은 이 지방의 대단한 특이점이다. …… 홉은 극히 잘 경작되고 있다."[13] 그는 또 하나의 구절에서 켄트와 하트퍼드셔가 "매우 정확하게 경작하고 있다는 평판을 얻고 있다"라고 말한다.[14] 로킹엄의 후작[15]은 웨스트라이딩에 있는 자신의 차지인에게 괭이를 이용해 순무를 재배하는 법을 가르치려고 하트퍼드셔의 어떤 농업경영자를 데려왔다.[16] 웨스트라이딩과 이스트라이딩 모두 농사는 매우 뒤떨어져 있었다. 작물을 키우는 과정과 경작지를 전반적으로 관리하는 데 큰 결점이 있었다. 괭이로 순무를 재배하는 농업경영자는 아주 적었고, 게다가 일을 너무 날림으로 해서 일을 하

---

13) 『동부 여행』, 제iii권, 108~109쪽. 강조는 아서 영의 것.

14) 『북부 여행』, 제i권, 292쪽.

15) [여기서 "로킹엄의 후작Marquis of Rockingham"이란 제2대 후작인 찰스 왓슨-웬트워스 Charles Watson-Wentworth(1730~1782)를 말한다. — 옮긴이]

16) 『북부 여행』, 제i권, 283쪽. 그 농업경영자가 도입한 또 다른 참신한 것으로는 이랑과 밭고랑의 높이를 낮추는 것이 아니라 골밭의 높이를 낮추는 식의 개량된 물 빼기, 개량된 기계와 거름 주기가 있었다. 그는 2,000에이커 넘는 땅을 소유하고 그곳에서 실험했지만, "선량한 평범한 농업경영자"에게 자신의 농사를 모방하도록 권유하는 게 아주 어렵다는 것을 알게 됐다.

지 않을수록 작물이나 토지에 더 나을 정도였다. 콩을 재배할 때 괭이는 전혀 이용하지 않았다.[17] 한편, 노섬벌랜드의 농사는 더럼과 요크셔의 농사보다 훨씬 우월했다. 순무를 재배할 때 괭이를 이용했고, 거름은 더 잘 관리됐고, 감자는 대규모로 경작됐다.[18] 에식스는 엘리자베스가 통치하던 시절에 투서가 인클로저가 낳은 이점의 예로 삼았으며[19] 영이 1807년에 "오래도록 인클로저가 돼 있는 지방"으로 묘사한 바 있는데, 일찍이 1694년에도 "몇몇은 순무를 재배한 후에 휴경을 하고 겨울에 양을 키우는"[20] 주라고 언급됐다. ― 이것이 순무를 농작물로 최초로 언급한 곳이다.

그러나 18세기 전반기에 있었던 가장 중대한 진보는 노퍽에서 일어난 것으로 보인다. 타운전드가 월폴과 다툰 후에 레이언햄으로 가서 순무를 재배하고 지냈음은 누구나 들어 알고 있다.[21] 그리고 영은 1812년에 글을 쓰면서, 1700~1760년 시기가 낮은 물가 때문에 침체기 가운데 하나라고 하고는("농업경영자의 기운을 북돋울 만한 변동이 일어나지 않아, 물가가 오래도록 그대로이지 않고 상승하기가 더 쉬워지지 않는다면, 농업에서 개량이 일어나기를 기대하는 건 완전히 헛된 일이다."), 그 시대 동안 노퍽에서 이루어진 개량은 예외였음을 인정한다. 영은 자신의 책 『동부 여행』(1770년)에서 "농업 세계에서 이

---

17) 『북부 여행』, 제 i 권, 215~221쪽.

18) 같은 책, 제 ii 권, 91쪽.

19) "이 모든 것을 인클로저가 가져왔지만, 경험은 더는 가르치지 않지요. 저는 자랑하려 말하는 것이 아니라 그저 진실을 표현할 뿐입니다. 그대들이 정말로 의심한다면 서퍽과 에식스를 예로 들지요."[투서의 시 「좋은 농사를 위한 500가지 항목」의 한 구절 ― 옮긴이]

20) 『브리태니커 백과사전』 '농업' 항목에 인용된 하우튼의 『농사 및 장사 이야기 모음』을 보라.

21) [찰스 타운전드는 로버트 월폴이 1721년부터 '그레이트브리튼의 총리 Prime Minister of Great Britain' 가 되자 제1재무상 등의 직책을 맡으며 협력했지만("월폴 ― 타운전드 내각"), 1729년 에스파냐와의 전쟁을 종결하는 것에 반대해 1730년에 사임하고 노퍽의 레이언햄에서 순무를 재배하는 등 농업 개량에 전념하며 살아 "'순무' 타운전드 Turnip Townshend"라는 별명을 얻었다. ― 옮긴이]

주의 이름을 그토록 유명하게 만들어 준"[22] 농사에 대해 말하고는, 개
량이 일어날 수 있었던 일곱 가지 이유를 제시했다. (1) '의회'의 도
움 없이 이루어진 인클로저. "위원들과 법정대리인들의 부정행위를 통
해" 의회가 재가한 인클로저는 돈이 매우 많이 들었다.[23] "의심할 것
도 없이, 가장 기름진 이회토泥灰土 위에 있는 가장 고운 양토壤土 다수
는 그맘때 양 목장으로 쓰였고, 거기에 대해서는 공동 사용권이 있었
다."[24] (2) 모래 아래 어디에나 이회토가 많았기 때문에 가능했던 이회
토 뿌리기. (3) 뛰어난 돌려짓기 ― 순무, 보리, 토끼풀(또는 토끼풀과
독보리), 밀이라는 노퍽의 유명한 4년 과정. (4) 손으로 괭이질을 잘하
여 이루어지는 순무 경작. (5) 토끼풀과 독보리의 경작. (6) 장기 임차
의 인정.[25] (7) 주州가 주로 대규모 농장들로 분할된 것. 영은 주 동부
에는 일 년에 100파운드스털링을 버는 사람도 거의 없었음에도 "대농
장이 노퍽 문화의 영혼이어 왔다"[26]라고 말한다.[27]

하지만 '남부 잉글랜드'에서는 전체에 걸쳐서 어느 정도의 진보
가 있어 왔다. 영에 따르면, 왕국 남부의 여러 지방에서는 괭이를 이용
해 순무를 재배하는 일이 흔히 있었는데,[28] 비록 순무의 광범위한 이
용 ― 즉 가축을 살찌우게 하고 여윈 양을 키우는 등의 온갖 이용 ―

---

22) 『동부 여행』, 제ii권, 150쪽.

23) ["의회가 재가한 인클로저Parliamentary enclosure"란 1750년부터 1830년 사이에 의회가 법률로 인정한 인클
로저를 말한다. ─ 옮긴이]

24) 『동부 여행』, 제ii권, 152쪽.

25) 영은 이렇게 말한다. "왕국의 몇몇 지역에서는 임차를 인정하지 않는 것이 꽤 상식적인 관습이었다. 노퍽
의 지주들이 그처럼 편협한 원리에 따라 처신했다면, 그들 토지는 다섯 배, 여섯 배, 열 배로 늘어났더라
도 여전히 양 목장이었을 것이다." ─ 같은 책, 제ii권, 160쪽, 161쪽.

26) 같은 곳.

27) 같은 곳. 하지만 케어드는 이렇게 단언한다. "개량된 방식으로 농사를 짓고 있는 주가 현재 뛰어나 보이는
것은 오로지 노퍽의 코우크, 즉 고故 레스터셔 백작 덕분이다." ─ 『1850년의 영국 농업』.

28) 『북부 여행』, 제i권, 282쪽.

이 "노퍽, 서퍽, 에식스 등지를 예외로 하면 거의 알려져 있지 않았"[29] 음에도 그랬다고 한다. 다른 한편, 토끼풀 농사는 "'북부 잉글랜드'에서부터 글러모건셔 저편 끝에 이르기까지 보편적이었다." 토끼풀, 즉 "커다란 토끼풀"은 리처드 웨스턴 경이 1645년 무렵에 잉글랜드에 도입했으며, 순무도 그랬을 것이다. 감자는 그 세기 초에는 원예작물이었을 뿐이다. 대마와 아마가 빈번하게 재배됐고 홉도 그랬는데, 홉은 16세기 초에 도입됐다.

땅을 경작하는 것에서 가축을 관리하고 사육하는 것으로 눈을 돌려 보면, 1700~1760년 동안 이 분야에서는 커다란 진보랄 게 전혀 이루어지지 않았음을 발견하게 될 것이다. 대버넌트가 1700년에 어림잡은 것에 따르면, 죽은 검정소의 몸뚱이만의 무게가 370파운드이고 양의 경우는 28파운드였다. 한 세기 뒤에 이든이 계산한 바에 따르면, "런던에서 지금 잡은 거세한 수소의 무게는 평균 800파운드 나가고, 양의 경우에는 80파운드, 새끼 양의 경우에는 대략 50파운드 나간다."[30] 그리고 영은 1786년에 거세한 수소의 무게와 양의 무게가 각각 840파운드와 100파운드라고 했다. 그런데 이러한 개량은 1760년 이후 무렵에나 일어난 것으로 보인다. 베이크웰이 새로운 품종의 양 ― 레스터셔 종種 ― 을 완성하고 뿔이 긴 소 품종을 개량한 것과 컬리 형제가 티스강 유역에 있는 품종으로부터 뿔이 짧은 소, 즉 더럼 소를 얻은 것은 1760년~85년이 지나서다.[31] 하지만 양 품종에서는 이미 일부 개량이 이루어져 있었다. "워릭셔, 노샘프턴셔, 링컨셔, 러틀랜드 등지의 털실

---

29) 「남부 여행」, 280, 281쪽.
30) 이든의 「빈민의 상태」, 제i권. 334쪽. 투크는 이든의 어림값이 좀 너무 높다고 생각했다. 「높은 물가와 낮은 물가」(1823년), 184쪽.
31) 「브리태니커 백과사전」, 「농업」 항목. 「북부 여행」, 제ii권. 127쪽. 「동부 여행」, 제i권. 111쪽.

34

과 헌팅던, 베드퍼드, 버킹엄셔, 케임브리지셔, 노퍽 등지의 일부 지방
의 털실은 가장 길고 가장 고운 소모梳毛로 여겨져 왔다. 그러나 요 몇
해 사이에"(이 글은 1739년에 쓴 것이다) "숫양을 바꾸고 순무와 잔디
씨앗을 파종하여 양 사육에서 개량이 이루어져 왔으며, 이제 잉글랜드
대부분의 주에서 커다란 고운 소모가 일부 발견되는데, 그 소모는 곱
고 길고 부드러워서 온갖 종류의 고운 나사羅紗와 양말을 만들기에 적
합하다."[32] 그래도 양을 키우는 데서 일어난 개량은 반세기가 지나는
동안 전혀 보편적으로 채택되지 않았다.[33] 농기구도 여전히 매우 원시
적이어서 나무로 만든 쟁기가 흔히 쓰이고 있었던 한편,[34] 작고 바퀴
폭이 좁은 '북부'의 수레에는 어렵사리 40이나 50부셸을 실을 수 있었
다.

아서 영은 농업이 미숙한 대부분의 이유를 임대료가 일반적으로 낮
았던 탓으로 끊임없이 돌린다. 그는 클리블랜드의 농업경영자들[35]에
대해 이렇게 쓰고 있다. "그들의 기운을 거의 북돋우지 못하는 이유 가
운데 하나는 지대地代가 낮다는 것이다. 30년 동안 곡물 산출이 풍작
이 아니었던 넓은 구역의 토지 많은 곳은 이제 양골담초, 양치식물, 아
니면 그 밖의 하찮은 식물로 우거져 있다. …… 그처럼 좋지 않은 과정
을 멈추게 할 방법을 알려 달라고 요청을 받는다면, 나는 지대를 '올리

---

32) 「노샘프턴의 모직물 제조업자가 쓴 팸플릿」, 스미스의 『모직물에 대한 회고』 제ii권 320쪽에 수록. 모직
물 제조업자들은 인클로저가 양의 수를 줄였다고 불평했지만, 영은 이 점을 부정했다. — 『동부 여행』, 제
ii권, 5쪽.

33) 1811년(아마도 열여덟이었을 때)에 민병으로 차출됐던 노퍽의 어떤 나이 든 양치기는 자신이 소년이었
을 때 양이 어떻게 살았는지를 이렇게 묘사했다. "양으로 말하자면, 지금 주는 것과 같은 먹이를 먹은 것
이 아니었다. 겨울에는 전능하신 신께서 보내 주신 것 말고는 먹을 것이 거의 없었고, 눈이 땅에 두껍게
쌓인 때는 관목을 먹거나 죽어야 했다. 양은 그때 수가 많지 않았다. 새끼 양은 마리당 1실링 6페니에 팔
린 것으로 알고 있다." — 클리퍼드의 『농업 직장폐쇄』, 266쪽.

34) "잉글랜드 많은 지역의 쟁기는 우리가 알고 있는 로마 쟁기 종류와 조금밖에 다르지 않다. 농기계는 그
어떤 것보다도 덜 개량됐다." 이든, 제i권, 442쪽의 주.

35) ["농업경영자들farmers"은 "토지 소유자들"의 오기로 보인다. — 옮긴이]

라'고 대답할 것이다. 처음에는 적당하게 올려 보고, 그렇게 해도 근면을 낳지 못한다면 두 배로 올리라고 말이다."[36] 그와 동시에 영은 장기 임차를 강력하게 옹호했다. 그러나 차지 농업경영자 이외에도 훨씬 많은 수의 자유 토지 보유자와 종신 그런 것이든 상속에 의한 것이든 그보다 훨씬 많은 등본 보유자 또한 있었다는 점을 기억해야 한다.[37]

몇 가지 점에 관한 증거가 다소 서로 모순적이긴 하지만, 대체로 보자면 1700년과 1760년 사이에 농업에서는 진보가 더디게 일어났다고 말할 수 있을 것이다. 1770년에 글을 쓰면서 아서 영은 지난 십 년의 특성으로 "앞선 백 년 동안보다 더 많은 실험, 더 많은 발견, 농업의 걸음걸이에서 드러나는 더 일반적인 양식良識"을 든다. 일찍이 1701년에 "버크셔의 신사"[38] 제스로 툴이 줄뿌림 농사를 실행했고 1731년에 그의 책이 출판됐음에도 "30년이 넘도록 잉글랜드에서 그를 추종하는 사람은 몇 안 됐던 것으로 보이며"[39], 1770년에 영은 "새로운 농사"가 툴과 함께 보잘것없이 됐고 "몇 년 안에는 다시 추진되지 않을 것"이라 말한다."[40] 다른 한편, 일찍이 1687년에 페티는 "소택지에서 물 빼기, 건조지에 물 주기, 숲과 공유지 개량하기"를 주목한 바 있다. 1729년[41]에 맥퍼슨은 토지에 인클로저를 실시하고 개량하느라 그 얼마 전

36) 『북부 여행』, 제ii권 80~83쪽.
37) ["자유 토지 보유자freeholder"에 대해서는 제II장의 주 22)를 참조하라. 중세 영국에서 장원은 기본적으로 영주의 것이지만 일부 토지를 개인에게 양도하는 관습이 있었고, 이렇게 토지를 얻은 사람을 "등본 보유자copyholder"라 한다. ─ 옮긴이]
38) [당시 "신사gentleman"란 에스콰이어(제V장의 주 5)를 보라)와 요먼(제IV장의 주 46)를 보라) 사이에 있는 젠트리(제V장의 주 12)를 보라)에 속한 사람을 가리키는 말이다. ─ 옮긴이]
39) 툴에 대해서는 『브리태니커 백과사전』 '농업' 항목을 보라. 스미스 씨의 『때에 맞는 말』과 왕립농업협회에서 있었던 데이의 '강연'으로 개정한 것이다. [데이Day에 대해서는 어떤 것도 찾을 수 없었다. ─ 옮긴이]
40) 『농촌 경제』(1770년), 315쪽.
41) [『상업 연대기』를 집필한 데이비드 맥퍼슨은 1746년에 태어났다. 아마도 그 책이 발간된 "1805년"의 오기로 보인다. ─ 옮긴이]

에 지출된 어마어마한 액수에 대해 말한다.[42] 로런스는 1727년에 다음과 같이 단언한다. "'농사 기술'이 몇 해 사이에 크게 개량됐고 그에 따라 많은 토지가 대단히 개량됐음이 이미 인정됐다는 것은 의심할 것도 없는 진실이다." 그리고 이렇게 덧붙인다. "그러나 그보다 훨씬 더 많은 수는 여전히 완성으로 가는 것과는 거리가 먼 채로 남아 있어서 현대의 기술과 실험의 효과를 거의 또는 전혀 느끼지 못하고 있다."[43]

하지만 농업경영자들이 무지하고 어리석으며 또한 그들이 형편없는 용구를 사용했음에도, 밀의 평균 생산량은 많았다. 1770년에는 에이커마다 25부셸이었는데, 그때 프랑스에서는 고작 18부셸이었다.[44] 세기 초에 몇몇 우리 식민지는 밀을 모국에서 수입했다. 1697년부터 1765년까지 곡류의 평균 수출은 거의 500,000쿼터였던 데 반해 수입은 매우 적은 수치에 달했다. 수출품은 러시아, 네덜란드, 미국으로 보냈다.

---

42) 『상업 연대기』. 제iii권. 147쪽. 디포에 따르면 농업은 북쪽에서 크게 개량됐다. 1698년에 대버넌트는 1666년 이래로 일어난 엄청난 개량에 대해 [국회에서 - 옮긴이] 말한다. 『저작집』(휘트워스 판, 1771년). 로저스가 애덤 스미스에 붙인 주(제ii권 81쪽)도 보라.

43) 『청지기의 의무』. 2쪽.

44) 『프랑스 여행』. 제i권. 354쪽. 영국의 평균 산출은 이제 28부셸이지만, 물론 우리는 현재 작물의 일부를 자연에 의지하지 않는 땅에서 기른다.

IV. 1760년의 영국. 제조업과 무역

모직물 제조업의 대단한 중요성 — 모직물 제조업이 영국에 도입되다
— 모직물 제조업의 중심지: 1. 동부의 주들의 중심지. 2. 윌트셔, 글로
스터셔, 서머싯의 중심지. 3. 요크셔의 중심지. — 집중화 경향 — 불
완전한 분업 — 교통수단 — 산업 조직 — 교환의 단순한 체제 — 외
국무역의 성장과 그 영향

그 시대 제조업 가운데서는 모직물 사업이 단연코 가장 중요했다.
1737년에 버클리 주교가 썼듯이, "우리의 모든 조치는 우리의 모직물
제조업을 즉각적으로 장려하는 데 도움이 돼야 하는데, 모직물 제조업
이 우리 부의 토대로 간주돼야 하기 때문이다." 1701년, 우리의 모직물
수출은 2,000,000파운드스털링, 즉 "수출무역 전체의 $\frac{1}{4}$ 이상"에 이르
렀다.[1] 1770년에는 4,000,000파운드스털링, 즉 전체의 $\frac{1}{3}$ 과 $\frac{1}{4}$ 사이에 이
르렀다.[2] 모직물 제조업의 지역 분포는 지금과 거의 마찬가지였다. 이
산업은 아마도 잉글랜드에 일찍부터 존재했을 것이다. 1224년의 어떤
법률에는 그 산업이 언급돼 있다.[3] 1331년에 존 케네디는 모직물 직
조 기술을 플랑드르에서 잉글랜드로 들여와 왕의 보호를 받았고, 축융
공縮絨工들과 염색공들도 초청했다. 1348년에 노리치의 소모사梳毛絲 직

---

1) 베인스의 『면직물 제조업의 역사』(1835년), 112쪽.

2) 맥퍼슨의 『상업 연대기』(1805년), 제iii권, 506쪽. 모직물 산업에 대해 이렇게 계산할 때는 이 책에서, 그리
고 같은 저자의 『관보』[에 기고한 「유럽과 인도 사이의 상업의 역사」 — 옮긴이]에서 대체로 자료를 가져왔
다.

3) 헨리 3세 9년의 법률 제27조. 코우크의 설명은 이렇다. — "비록 수가 적었기는 하지만 폭이 넓은 천이
이때와 그보다 오래전에 만들어졌음은 사실이다." 스미스, 『모직물에 대한 회고』(1747년), 제i권, 17쪽을
보라.

38

공織工들과 상인들이 에드워드 3세에게 낸 진정서가 남아 있다. 켄틀의 거친 천과 서머싯, 도싯, 브리스틀, 글로스터 등지의 고운 천이 같은 세기의 법들에서 언급되고 있다. 1391년에는 길퍼드의 천에 대해, 1467년에는 데번셔의 리프턴, 태비스톡, 로우부르그 등지의 모직물 제조업에 대해 듣게 된다. 1402년에 그 제조업은 런던과 런던 가까이에 상당한 정도로 자리를 잡았지만, 노동과 식료품의 가격이 높았기 때문에 점차 서리, 켄트, 에식스, 버크셔, 옥스퍼드셔 등지로, 그리고 나중에는 한층 더 먼 도싯, 윌트셔, 서머싯, 글로스터, 우스터 등지의 주州로, 심지어는 저 멀리 요크셔로 옮겨 갔다.

1760년 무렵에 모직물 업종에 종사하던 주요한 지역이 셋 있다. 그곳 가운데 하나의 제조업은 네덜란드에서 일어난 전쟁들에 빚지고 있다. 알바의 박해(1567~8년)의 결과로 많은 플랑드르 사람이 노리치(1549년 케트의 반란 이래로 황폐해진 곳), 콜체스터, 샌드위치, 캔터베리, 메이드스톤, 사우샘프턴 등지에 정주했다. 모직물 제조업과 관련된 한에서, 이들 정주자가 지닌 숙련 기술은 먼저 거명한 두 도회지에 가장 유리했던 것으로 보인다. 맥퍼슨에 따르면, 노리치가 "그때 이래로 노리치라는 이름을 대면 떠오르는 곱고 가느다란 나사羅紗를 만드는 것을 배운 것"은 이 시기였으니, 그 나사란 크레이프crapes, 봄버진bombazines, 캠블릿camblets 같은 것들을 말한다. 한편, 베이즈baize를 만드는 사람들은 콜체스터와 그 인근에 정주했다. 잉글랜드에 이처럼 도입된 나사들은 "신식 직물"로 알려졌고, 거기에 포함된 것은 베이즈, 서지serges, 그 밖의 가느다란 모직 제품 등인데, 폭이 넓은 천, 커지kersy 등등에 적용되는 용어인 "구식 직물"과 구별해 그렇게 불렀다.

'서부 잉글랜드'의 제조업 주요 소재지로 말하자면, 매우 고운 천 제조업의 중심지인 월트셔의 브래드퍼드가 있고, 서지로 유명한 디바이지스가 있고, 고운 천을 만드는 워민스터와 프롬이 있고, 트로브리지가 있고, 염색한 천 제조업의 중심지인 스트라우드가 있고, 디포의 시대에 직기 1,100대를 소유한 톤턴[4] 등이 있었다. 북으로는 시런세스터에서 남으로는 셔번에 이르고 동으로는 위트니에서 서로는 브리스틀에 이르는 지대[코츠월드-옮긴이]는 길이로는 가장 긴 곳이 대략 50마일이며 폭으로는 가장 좁은 곳이 20마일이다. ― "인클로저가 일어난 부유한 이 지방은," 디포가 말하는 바에 따르면, "강과 도회지로 가득하고, 대단히 인구가 많아서, 시장이 서는 도회지 몇몇은 크기로 볼 때는 도시와 같고, 사람 수로 볼 때는 많은 도시에 비해 더 우월할 정도다." 그곳은 "장사의 영재"였고, "영국에서 유행을 좇는 모든 사람"이 이 지대에서 생산한 "뒤섞어 이어 붙인 고운 에스파냐 천"을 걸쳤다."[5] 의심할 것도 없이, 이 지대를 매력적이게 만든 것은 물줄기가 존재한다는 것과 코츠월드 모직물이었다. 이 산업 분야는 데번으로 뻗어갔고, 거기서 엑서터의 상인들은 서지를 가공되지 않은 상태로 사들여 나라에 퍼지게 했고, 그런 서지는 국내 소비나 수출을 위해 염색되고 끝손질됐다.

제조업의 세 번째 주요 소재지는 요크셔의 웨스트라이딩이었다. 소모사梳毛絲 업종은 핼리팩스 주변이 중심이었는데, 캠던에 따르면 핼리팩스는 1537년 무렵에 소모사를 제조하기 시작했다. 리즈와 그 인근에서는 잉글랜드 털실로 거친 천을 제조했다. 1574년에 웨스트라이딩의 제조업자들은 폭이 넓은 천 56,000장과 폭이 좁은 천 72,000장을 만들

4) 디포의 『여행』 (제7판, 1769년), 제ii권, 19쪽.
5) 디포의 『여행』, 제ii권, 26쪽, 37쪽, 38쪽.

었다. 이렇게 짧게 개관한 것으로부터도 다음과 같은 사실을 알게 될 것이다. 1760년 이래로 이런 다양한 지대에서 생산되는 양이 각각 차지하는 비율이 아무리 크게 변했다 하더라도, 몇몇 분야의 업종은 지금까지도 그때만큼 넓게 분포돼 있어서, 웨스트라이딩은 소모사 업종과 거친 천 업종의 본부인 한편, 노리치는 아직도 크레이프 산업을 지키고 있고, '서부'는 고운 천을 제조한다.

이 산업이 광범위해진 결과로 잉글랜드 털실에 대한 수요가 증가하게 돼 더 넓은 토지에서 인클로저가 이루어지게 됐는데, 특히 소모사 나사와 스타킹에 이용되는 소모의 대부분을 공급하는 주인 노샘프턴셔, 러틀랜드셔, 레스터셔, 워릭셔 등지에서 그랬다. 그러나 헌팅던, 베드퍼드, 버킹엄셔, 케임브리지셔, 롬니마쉬, 노퍽 등지의 일부가 그곳들과 경쟁했고, 1739년 무렵에는 대부분의 주에서 고운 소모를 생산했다. 디포는 링컨셔산産 양털의 판매를 언급하고 있는데, "링컨셔에서는 가장 긴 털실 섬유가 발견되고, 이 지역들의 양은 가장 큰 품종"[6]이라고 한다. 그리고 아서 영 시대에도 링컨셔와 레스터셔의 털실이 여전히 노리치에서 이용됐다.[7] 코츠월드와 와이트섬의 양으로는 옷이나 짧은 모직물을 만들었지만 "최고의 에스파냐 양털보다는 못해서," "천 조직을 엉망으로 만들고 어느 정도 질을 떨어뜨리지 않고는 합성할" 수 없었다.[8] 따라서 영 시대 직전에 "노퍽 양의 목 주위에서는 에스파냐산 최고의 것과 같은 양털이 나온다"라는 점을 발견했었음에도, 그때 가장 고운 천을 생산하는 데 종사하고 있던 '서부 잉글랜드'에서는

---

6) 같은 책, 제ⅰ권 94쪽.

7) 『동부 여행』, 제ⅱ권, 74쪽, 75쪽.

8) 스미스, 『모직물에 대한 회고』, 제ⅱ권, 542쪽, 543쪽, 제1판, 런던, 1747년. 애덤 스미스, 『국부』, 제ⅳ책, 제ⅷ장(제ⅱ권, 235쪽[김수행, 803쪽 ─ 옮긴이]).

에스파냐 양털이 널리 사용되고 있었다.[9]

그다음으로 중요한 것은 비록 이즈음에는 쇠락하는 산업이었음에도 서식스의 '삼림'에서 대규모로 이루어지던 제철업인데, 1740년에는 10기의 용광로에서 연간 1,400톤을 생산했다. 이 업종은 17세기에 최고의 정도에 이른 바 있으나, 1724년에도 여전히 그 주에서 주요한 제조업 관심사였다. 성바오로성당을 둘러싸고 있는 난간은 램버허스트에서 주조된 것인데, 그 무게는 문 일곱 개를 포함하면 200톤이 넘는다. 비용은 11,000파운드스털링이었다. 글로스터셔, 슈롭셔, 요크셔에는 용광로가 각각 여섯 기 있었다. 요크셔는 연간 생산량 1,400톤을 자랑했으며,[10] 가장 유명한 제철소는 로더럼에 있었다. 뉴캐슬어폰타인에도 대형 제철소가 있었다.[11]

1755년에 앤서니 베이컨이라는 이름의 제철업자는 머서티드빌에서 길이 8마일 폭 5마일의 지역을 99년 동안 임차하고는 거기에 철과 석탄을 이용한 제철소를 세웠다.[12] 1709년에는 콜부룩데일 제철소가 슈롭셔에 세워졌고, 1760년에는 스코틀랜드 최초로 카론에서 철이 제조됐다.[13] 1737년 무렵에는 통틀어 18개 주에 용광로 59기가 있어 연간 17,350톤을 생산했다. 우리가 수입한 것은 20,000톤으로 계산된다.[14] 1881년에 우리가 수출한 철과 강철은 3,820,315톤으로 27,590,908 파운드스털링에 상당하며, 수입한 것은 3,705,332파운드스털링에 상당한다.

9) 『동부 여행』, 같은 곳.

10) 스크리베노의 『제철업의 역사』(1841년), 57쪽.

11) 『북부 여행』, 제iii권, 9~11쪽.

12) 스크리베노의 『제철업의 역사』, 121쪽.

13) 스마일스의 『산업의 일대기』, 82쪽, 136쪽.

14) 스크리베노, 57쪽, 71쪽.

면직물 업종은 여전히 보잘것없어서, 애덤 스미스는 고작 한 번, 그 것도 지나가는 말로 언급할 뿐이다.[15] 면직물 업종은 랭커셔에 국한돼 있었고, 그 본부는 맨체스터와 볼턴이었다. 1760년, 그 업종에 종사한 사람은 40,000명 안짝이었고, 제조품의 연간 가치는 어림잡아 600,000 파운드스털링이었다. 하지만 수출은 꾸준히 증가하고 있어서, 1701년 에는 23,253파운드스털링이었다가, 1751년에는 45,986파운드스털링, 1764년에는 200,354파운드스털링에 달했다. 버크는 [1769년 저작『고찰』 에서 - 옮긴이] 이 시기와 관련하여 "기백이 넘치고 창의적이고 기업 가 정신이 충만한 맨체스터의 업자들 사이에서 해마다 성장하고 확대 되는 찬양할 만한 무한히 다양한 제조품"에 대해 말했다. 그러나 1764 년에도 우리의 면직물 수출은 여전히 가치로 볼 때 모직물 수출의 $\frac{1}{12}$ 에 상당할 뿐이었다.

금속업은 그때도 지금처럼 주로 셰필드와 버밍엄에 위치하고 있었 으며, 1727년에 버밍엄에서 그 산업에 고용된 사람은 50,000명이 넘었 다.[16] 하지만 이 사업은 지금처럼 집중돼 있지 않아서, 작은 작업장이 왕국 곳곳에 흩어져 있었다. 예컨대 "연마한 강철"은 우드스톡에서, 자물쇠는 사우스스태퍼드셔에서, 핀은 워링턴, 브리스틀, 글로스터 등 지에서 제조됐고, 거기서 그것들은 "도시의 주산물"이었다.[17]

양말류 업종도 아직은 집중되는 과정에 있을 뿐이었다. 1800년까지 명주 양말류 제조업은 더비가 중심이었고, 털실 양말류 제조업은 레 스터가 중심이었는데, 노팅엄이 아직 면양말류를 병합하지 않았음에 도 그랬다. 그러나 세기 초가 되면 런던 주변에 직기가 많아지고 '남부

---

15) [김수행. 687~688쪽. - 옮긴이]

16) 앤더슨. 『상업에 관하여』. 제ⅲ권. 144쪽.

17) 『남부 여행』. 141쪽(제2판. 1769년).

잉글랜드'의 다른 지역에서도 그렇게 된다. 직기는 1750년이 되면 런던 1,000대, 서리 350대, 노팅엄 1,500대, 레스터 1,000대, 더비 200대, '중부'의 그 밖의 곳 7,300대, 그 밖의 잉글랜드와 스코틀랜드 도회지 1,850대, 아일랜드 800대가 돼, 합계 14,000대다.[18] 명주 대부분은 스피탈필즈에서 직조됐지만, 최초에 방적이 이루어진 곳은 스톡포트, 너츠퍼드, 콩글턴, 더비 등지의 '북부'였다.[19] 1770년이 되면 셰필드에는 더비를 본보기로 한 명주 공장이 있었고, 켄들에는 부스러기 명주실 제조소가 있었다.[20] 코번트리는 디포 시대에 이미 리본 사업을 끌어들였다.[21] 1721년에 명주 제조품은 일 년에 700,000파운드스털링에 이르러 '혁명' 때보다 더 많은 것으로 이야기됐다.[22]

리넨은 영국의 아주 오래된 제조품이어서, 17세기 초에 던디에 도입돼 있었다. 국내에서 만들어진 리넨을 아프리카와 미국의 식민지 농장에 공급하기 위해 1746년에 브리튼리넨회사라는 법인이 만들어졌으며,[23] 애덤 스미스는 리넨을 성장하는 제조업의 제품으로 보았다.[24] 물론 리넨은 아일랜드의 주요 제조품이어서, 거기서는 17세기 말에 정주한 프랑스 '프로테스탄트들'이 한층 더 발전시킨 바 있다.

기계와 관련된 기술은 아직 매우 뒤떨어진 상태였다. 모직물 업종이 나라의 주요 산업이었다는 사실에도 불구하고, 애덤 스미스 시대에 모직물 업종에서 분업은 "한 세기 이전과 거의 같았으며, 사용된 기계

18) 펠킨의 『양말류 제조업과 레이스 제조업의 역사』 (1867년), 76쪽.

19) 디포의 『여행』, 제ii권, 397쪽; 제iii권, 73쪽. 더비의 공장은 독특한 종류의 것이었다.

20) 『북부 여행』, 제i권, 124쪽; 제iii권, 135쪽.

21) 디포의 『여행』, 제ii권, 421쪽.

22) [찰스 킹의 —옮긴이] 『브리튼의 상인』, 스미스의 『모직물에 대한 회고』에서 재인용.

23) 앤더슨, 제iii권, 252쪽.

24) [김수행, 110쪽. —옮긴이]

는 크게 다르지 않았다."[25] 같은 저자에 따르면, 에드워드 4세 통치 이래로 중요한 발명은 다음과 같은 셋뿐이었다. 실 감는 지지대와 방추가 방차紡車로 바뀐 것, 날실과 씨실을 직기에 넣기 전에 적절하게 정돈하는 것을 수월하게 하기 위해 기계를 이용하게 된 것, 천의 올을 촘촘하게 하기 위해 물에 넣고 밟는 대신 축융기를 사용하게 된 것. 하지만 애덤 스미스가 이렇게 열거하면서 잊은 것은 랭커셔 베리 태생의 케이가 1738년에 발명한 무늬 짜는 북인데, 그 북은 모직물 산업에 혁명을 일으킨 최초의 중대한 발명이었다. 케이가 발명한 북의 효용은 직공織工이 절반만큼의 시간에 작업할 수 있게 해 주고 두 사람이 아닌 한 사람이 대단히 넓은 천을 직조할 수 있게 해 준다는 데 있었다.[26]

베인스는 이렇게 말한다. "면직물 제조업에 이용된 기계들은 1760년까지는 인도의 기계와 거의 비슷할 정도로 단순했다. 직기가 더 튼튼했으며 완벽하게 조립됐고 목화를 가지런하게 정돈할 때 보풀을 세우는 카드가 모직 제조업에서 개조돼 도입됐음에도 그랬다. 퍼스티언이나 디미티 같은 견고한 면직물을 제외하면 어떤 것도 아직 영국에서 만들어지지 않았고, 이런 것들에 대한 수요는 언제나 한계에 맞닥뜨릴 수밖에 없었다."[27] 1738년에 존 와트는 롤러를 이용한 방적기를 발명했지만, 그런 발견이 이윤을 가져온다고는 전혀 입증되지 않았다. 1760년에 랭커셔의 제조업자들은 무늬 짜는 북을 이용하기 시작했다. 캘리코 날염은 이미 널리 발전돼 있었다.[28]

---

25) [김수행, 314쪽. 그리고 이하의 발명 세 가지는 317쪽. ─옮긴이]

26) 폭스 본의 『무역 이야기』, 183쪽.

27) 베인스의 『면직물 제조업의 역사』, 115쪽.

28) 1719년이 되면 "노리치와 런던에서 만든 얇은 여성용 나사로 된 옷을 입어야 했고 대개 그렇게 입고 있던 모든 천한 사람들, 즉 하녀나 그와 별로 다르지 않은 가난한 사람들이 이제는 캘리코나 날염된 리넨으로 된 옷을 입는다." ─ 스미스의 『회고』, 제ii권, 195쪽에 실린 소책자.

분업이 그처럼 덜 이루어지고 발명이 그처럼 드물어 하찮게 여겨진 이유는 애덤 스미스 자신이 제시하고 있다. 그가 지적하듯이, 분업은 시장의 크기에 의해 한계가 정해지는데, 주로는 교통수단이 열악한 탓에 영국 제조업을 위한 시장은 여전히 매우 협소한 것이었다.[29] 하지만 영국 제조업 발전이 아무리 더뎠다 해도, 영국은 제조업 발전이라는 점에서 다른 국민들에 비해 더 급속히 진전했다. 영국이 진보하게 된 커다란 비밀 가운데 하나는 강이 제공하는 수상 운반 시설에 있었는데, 모든 육상 교통이 아직은 대단히 미미한 상태에 있었기 때문이다. 두 번째 원인은 프랑스에 존재했고 프로이센에서는 슈타인 시대까지 존재했던 국내 관세장벽이 없었다는 것이다. 영국의 국내 무역은 절대적으로 자유로웠다.

아서 영은 도로 상태가 저주하고 싶을 정도였다는 점에 대해 풍부한 증거를 제시한다. 마차로 런던에서 에든버러까지 가려면 일주일 또는 그 이상이 걸렸다. 프레스턴과 위건 사이에 놓인 "그 지옥 같은 도로"에는 바큇자국이 4피트 깊이로 패여 있었고, 아서 영은 그 도로 1마일을 가면서 멈춰 선 짐마차를 세 대 보았다. 워링턴에는 통행료 받는 곳이 "더할 나위 없이 유명하게 열악하고," 겉으로 보기에는 "곧 무너지기를 바라고 만들어 진" 듯했다. "대단히 초라한," "저주하고 싶을 정도의," "넌더리 나는," "가장 저주하고 싶을 정도로 넌더리 나는" 따위가 고속도로에 대한 영의 통상적인 설명이다. 그러나 운송용 수로가 육로의 부족함을 대개 메웠다.

수상 교통을 개량하려는 시도는 강바닥 준설濬渫로 시작됐다. 1635년에는 에이본강을 세번강과 만나는 튜크스베리에서부터 글로스터셔,

---

29) [김수행. 22쪽, 24쪽 ─ 옮긴이]

우스터셔, 워릭셔 등을 거쳐 항해가 가능하도록 하려는 기획이 있었지만, 시민전쟁[30] 때문에 포기하게 됐다. 강바닥 준설을 위해 1660년부터 1755년까지 갖가지 '법령'이 통과됐다. 1720년에는 리버풀과 맨체스터 사이에 있는 머지강과 어웰강을 항해가 가능하게 하려는 '법령'이 있었다. 그 무렵에 에어강과 콜더강의 항해가 펼쳐졌다. 1755년에는 최초의 운하가 만들어졌는데, 리버풀 가까이에 있는 이 운하는 길이가 11마일이었다. 3년 뒤에 브리지워터 공작[프랜시스 에저턴 - 옮긴이] 은 워즐리에 있는 자신의 석탄광에서 맨체스터까지 7마일 거리의 또 하나의 운하를 건설했다. 1761년과 1766년 사이에는 맨체스터에서 체스터를 지나 리버풀 위쪽 머지강에 이르는 훨씬 긴 29마일 운하가 완성됐다. 이때부터 계속 운하 체제는 대단히 급속히 퍼졌다.

그 시대의 산업 조직을 조사하는 것으로 눈을 돌려 보면, 자본주의적 고용주 계급은 아직은 고작 유아기였음을 발견하게 된다. 우리 제품의 많은 부분은 여전히 가내공업 체제로 생산되고 있었다. 제조업은 거의 도회지에 집중돼 있지 않았고, 농업에서 부분적으로 분리돼 있을 뿐이었다. "제조업자manufacturer"는 문자 그대로 자기 자신의 오두막에서 자기 자신의 손으로 일하는 사람이었다. 예컨대 웨스트라이딩의 천 업종 거의 전체가 세기 초에는 이런 체제로 조직돼 있었다.

그 시대 산업 조직에서 나타나는 중요한 특징은 다수의 소규모 장인-제조업자가 존재한다는 점이었으니, 그들은 자기 자신의 자본과 토지를 가지고 있어서 전적으로 독립적이었는데, 그 이유는 소규모 자유 보유 꼴밭-농장의 경작을 자신의 수공업과 결합시켰기 때문이다.

---

30) [이 책에서 말하는 잉글랜드의 "시민전쟁"이란 1642년부터 1651년까지 벌어진 왕당파와 의회파의 투쟁을 말한다. - 옮긴이]

디포는 그들의 삶을 묘사한 흥미로운 그림을 남겨 두었다. 핼리팩스 가까이에 있는 토지에 대해 이렇게 말한다. "각각 2에서 6이나 7 '에이커'의 작은 '인클로저가 일어난 땅'으로 나뉘어 있었고 그보다 넓은 경우는 좀처럼 없었으며, 세 개나 네 개의 '토지 구획'마다 거기에 속한 '가옥'이 있었다. …… '가옥'과 다른 가옥이 '이야기를 나누면 들릴' 거리를 벗어나 있는 경우는 거의 없었다. …… '가옥'마다 '재양틀'이 있는 것을 볼 수 있었고, 거의 모든 '재양틀'에 '천'이나 '커지kersie'나 '셜룬shallon'이 널려 있었다. …… 규모가 상당한 가옥마다 제조소가 있었다. 모든 천 판매상이 자신의 '제조품'을 '시장'으로 옮길 말을 적어도 한 마리는 기르고 있었다. 그리고 일반적으로 말하자면 모두가 자신의 '가족'을 위해 '젖소'를 한두 마리나 그 이상 기르고 있었다. 이런 것이 의미하는 바는 각각의 가옥 주위에 있는 인클로저가 일어난 '토지'의 소규모 '구획'의 공간을 모두 사용하고 있다는 것인데, '가금'을 키우기에 충분한 '곡물'을 파종하는 일이 드물었기 때문이다. …… 가옥은 억센 '사내들'로 가득해서, 몇몇은 '염료 통'에서 일했고, 몇몇은 직기에서 일했고, 다른 몇몇은 '천'을 손질하고 있었다. 여성과 아동은 보풀을 세우거나 방적했다. 가장 어린 사람부터 가장 나이가 많은 사람에 이르기까지 모두 고용된 사람들이었다. …… '거지'로 보이는 사람도 없었고 나태한 사람도 없었다."[31]

하지만 이 체제는 아서 영 시대가 되면 더는 보편적이지 않았다. 그 필자는 셰필드에서는 여성과 아동을 포함해 일손 152명을 고용하는 명주 공장을 발견했고, 달링턴에서는 "직기를 50대 이상 사용하는 장인-제조업자"를 발견했고, 보이턴에서는 한 공장에 일손이 150명인

---

31) 디포의 『여행』, 제Ⅲ권. 144~6쪽.

것을 발견했다.[32] 이렇듯 '서부 잉글랜드' 천 업종에서도 자본주의 체제의 싹을 볼 수 있었다. 부유한 상인은 부근 촌락에 사는 노동자들에게 일거리를 나눠 주고, 그러면 노동자들은 그 상인의 피고용인이 되고 독립적이지 않게 된다. 노팅엄 양말류 업종에는 1750년에 "선대 자본가"라고 알려진 제조업자가 50명 있었는데, 이들은 기계 1,200대를 사용하고 있었다. 레스터셔에는 1,800대가 그렇게 사용됐다.[33] 스태퍼드셔와 우스터셔의 수제手製 못 사업을 보면, 상인이 그 지역의 여러 곳에 창고를 두고는 못 장인과 그의 가족이 일주일 일하기에 충분한 양의 못 만드는 철을 못 장인에게 나눠 주었다.[34] 랭커셔에서는 자본주의적 고용주의 성장을 한 걸음 한 걸음 추적할 수 있다. 요크셔에서 그랬듯이 우리가 처음에 보게 되는 것은 직공織工이 날실과 씨실을 준비한다는 점이며, 직공은 자기 집에서 그것들로 천을 짜서 시장으로 갔다. 점차 직공은 방적업자에게서 실을 얻기가 어렵다는 것을 알게 됐다.[35] 그리하여 맨체스터에 있는 상인이 리넨 날실과 원면을 나누어 주었고, 그리하여 직공은 상인에게 의존하게 됐다.[36] 마지막으로, 상인은 하나의 도회지에 직기를 30대 또는 40대 모아 두곤 했다. 이것은 기계와 관련된 중대한 발명이 이루어지기 이전에 자본주의 체제에 가장 가까이 다가간 것이다.

교환이 이루어지는 체제에 다다르면, 그 체제가 서로 다른 몇 가지 원리를 토대로 삼고 있었음을 발견하게 되는데, 그 원리들은 나란히

---

32) 『북부 여행』, 제 i 권, 124쪽; 제 ii 권 6쪽, 427쪽. 스미스의 『회고』, 제 ii 권, 313쪽을 보라.

33) 펠킨의 『양말류 제조업······의 역사』, 83쪽.

34) 티민스의 『버밍엄의 자원, 생산물, ······』(1866년), 110쪽, 111쪽.

35) 베인스, 115쪽. 우어의 『면직물 제조업』(1836년), 제 i 권, 192쪽, 193쪽. 직공은 아침에 3마일이나 4마일을 걷곤 했으며, 하루에 하기에 충분한 일거리를 얻을 때까지 많은 방적업자를 방문했다. — 영의 『북부 여행』, 제 iii 권, 189쪽과 비교하라.

36) 베인스, 104쪽 주.

존재했지만 모두 우리가 마땅히 생각하듯이 대단히 단순하고 원시적이었다. 각각의 업종마다 지방 도회지에 중심지가 있었다. 예컨대 리즈에서는 일주일에 시장이 두 번 열렸는데, 처음에는 에어강을 가로지르는 다리에서 열리다가 나중에는 '시내 중심가'에서 열렸고, 훗날 그곳에는 회관 두 채가 세워졌다. 천 판매상마다 가판대가 있어서, 거기다 자신의 천을 가져다 놓곤 했다. (한 장 이상 가져다 놓는 일은 좀처럼 없었는데, 빈번하게 시장이 열렸기 때문이다.) 6시나 7시가 되면 종이 울렸고 시장이 시작됐다. 상인과 대리인이 들어와 천 판매상과 흥정했고, 한 시간이 채 지나지 않아 영업이 전부 끝났다. 9시가 되면 벤치는 정리되고 회관은 텅 비었다.[37] 핼리팩스에는 소모사 업종과 관련된 비슷한 회관이 있었다. 그러나 내륙 운송의 많은 부분은 장場에서 이루어졌는데, 여전히 장은 거의 '중세' 때 그랬던 것만큼 중요했다. 가장 유명한 것은 스터브리지[38]의 대규모 장이었는데, 8월 중순부터 9월 중순까지 계속 열렸다. 모든 대규모 업종을 대표하는 사람들이 여기로 왔다. 랭커셔의 상인들은 자신들의 제품을 짐말 천 마리에 싣고 가져왔다. '동부 주'는 소모사를, 버밍엄은 금속 제품을 보내왔다. 막대한 양의 모직물이 팔렸고, 런던의 도매상들로부터 주문이 왔다. 사실 국내 무역의 많은 부분이 이 시장으로 들어갈 방법을 찾았다.[39] 해마다 열리는 커다란 장도 네 개가 있었는데, 그런 장들은 린, 보스턴, 게인스버러, 베벌리에서 "상업 중심지marts"라는 아주 오래된 명칭을 유지하고 있었다.[40]

---

37) 디포의 『여행』, 제iii권, 124~126쪽.
38) 케임브리지셔에 있는 체스터턴 근처.
39) 디포의 『여행』, 제i권, 91~96쪽.
40) 같은 책, 제iii권, 16쪽, 17쪽.

이런 장들과 주요 산업 중심지들을 연결하는 고리는 객상客商이 제공했다. 객상 일부는 짐말 떼를 몰고 리즈에서 출발해 잉글랜드 곳곳의 모든 장으로 가고 시장이 서는 모든 도회지로 가곤 했다.[41] 시장이 서는 도회지에 가서는 상점에다 팔았고, 다른 곳에서는 맨체스터 상인이 그랬듯이 소비자와 직접 거래하곤 했는데, 맨체스터 상인은 짐말을 보내 농장주 가옥을 돌면서 완제품과 교환하는 식으로 모직물이나 그밖의 상품들을 샀다. 때때로 런던 상인은 제조업자에게 가곤 했는데, 기니 금화로 즉시 지불하고는 구매 물품을 직접 들고나왔다. 이런 일은 버밍엄의 자물쇠 업종에서도 있었는데, 행상은 제조업자에게서 물건을 사기 위해 짐말을 몰고 돌아다니곤 했다. 놋쇠 업종에서도 이와 마찬가지로 제조업자는 집에 머물고 상인이 안낭鞍囊에 현찰을 넣고 돌아다니다가, 구매한 놋쇠 제품을 안낭에 넣었다. 어떤 경우에는 운송업자가 보내도록 주문하곤 했지만 말이다.[42]

현찰은 필수였는데, 은행 업무가 거의 발전하지 않았기 때문이다. 잉글랜드은행이 존재했지만, 1759년 이전에는 20파운드스털링 가치에 못 미치는 어음은 발행하지 않았다. 1709년의 법에 따라, 출자자가 여섯 이상인 그 밖의 어떤 은행도 허락되지 않았다. 그리고 버크에 따르면, 1750년에 "런던을 벗어나면 '은행 점포' 열두 개" 안팎이 있었을 뿐이다.[43] '어음교환소'는 1775년까지는 설립되지 않았다.

교통이 불완전하여 국내 무역이 방해를 받자, 교환을 증진하기 위해 특별한 노력이 이루어졌다. 놀랄 만하게도, 런던산産 부스러기 명주

---

41) 같은 책, 제iii권. 126쪽.

42) 티민스, 241쪽.

43) 『국왕 시해 강화조약에 관한 편지』, 버크의 『저작집』(본Bohn 편집). 제V권. 197쪽.

실이 켄들에서 명주실로 만들어져 다시 런던으로 들어간다거나,[44] 스코틀랜드에서 데려온 가축을 노퍽으로 데려가서 키우는 것[45]을 보게 된다. 하지만 많은 지역은 여전히 교환에서 완전히 배제돼 있어서, 외국 생산물이 전혀 도착하지 않았다. 심지어 이 세기의 초에도 요크셔의 요면[46]은, 사우디가 묘사한 바에 따르면,[47] 설탕, 감자, 목화 따위를 알지 못했다. 워즈워스의 『호수 여행 길잡이』[48]에 나타난 바에 따르면, 컴벌랜드의 산간 지역 주민은 전적으로 자기 농장의 생산품으로 살았다. 중요한 사회주의 저술가인 시스몽디와 라쌀이 현대 산업 조직에 악담을 퍼부을 때 염두에 두었던 것이 이러한 가내공업 체제다. 그들이 지적한 바에 따르면, 그런 가내공업 체제에서 사는 사람들은 비록 가난하긴 하지만 대체로 번성하고 있었으며, 과잉생산이란 절대적으로 불가능했다.[49] 하지만 내가 말하고 있는 당시로 말하자면, 현대 '사회주의자들'이 비탄하는 해악 가운데 많은 것을 이미 볼 수 있었는데, 특히 외국시장을 위해 생산하던 산업에서 그랬다. 높은 물가를 이용해 이점을 챙기려 시장으로 밀고 들어가야 했던 사람들이 벌이는 경쟁에

---

44) 『북부 여행』, 제iii권, 135쪽.

45) 디포의 『여행』, 제i권, 61쪽, 40,000마리를 해마다 노퍽에서 키웠다.

46) [ˮ요면yeoman"이란 영국에서 14~15세기에 봉건제가 붕괴할 때 해방되어 독립 자영 농민이 된 상층 농민을 가리킨다. 이들이 18세기 후반부터 농업혁명과 인클로저로 인해 소멸하는 과정은 이 책 제V장을 보라. ─옮긴이]

47) 『의사』, 제iv장.

48) 『산문 저작집』, 제ii권, 262쪽, 263쪽.

49) "Le paysan qui fait avec ses enfants tout l'ouvrage de son petit héritage, qui ne paie de fermage à personne au dessus de lui, ni de salaire à personne au dessous, qui règle sa production sur sa consommation, qui mange son propre blé, boit son propre vin, se revêt de son chanvre et de ses laines, se soucie peu de connaître les prix du marché, car il a peu à vendre et à acheter. [자식이 있는 농민은 자신이 물려받은 자그마한 땅에서 모든 일을 하며, 어떤 윗사람에게도 소작료를 지불하지 않으며, 어떤 아랫사람에게도 임금을 지불하지 않으며, 소비에 맞게 생산을 조절하며, 자기 밀을 먹으며, 자기 와인을 마시며, 자기 대마와 양모로 만든 옷을 걸치며, 시장가격에는 별로 신경 쓰지 않는데, 팔고 사려는 마음이 없기 때문이다.]— 시스몽디, 『정치경제학』, 「시론」, iii쪽. 그러나 영의 『북부 여행』, 제iii권, 189쪽을 보라.

대한 불평은 이미 있었다. 우리는 이미 무역이 요동치고 고용이 정기적이지 않다는 이야기를 듣고 있다.[50] 생산과 교환의 낡은 단순했던 조건들은 모든 것을 좀먹는 외국무역의 힘 앞에 사라지기 직전이었다.

국내 무역은 지금보다 정말이지 훨씬 비중이 컸다. 그러나 수출이 증가하여, 세기 초에는 대략 7,000,000파운드스털링[51]이었다가 1760년에는 14,500,000파운드스털링이 됐다. 그사이에, 외국과 상업이 이루어지는 경로에 커다란 변화가 일어났다. 1700년에 네덜란드는 우리의 큰 시장이어서 우리 모든 수출의 $\frac{1}{3}$ 이상을 차지하고 있었지만, 1760년에는 그 비중이 대략 $\frac{1}{7}$로 줄었다. 1703년에 $\frac{1}{7}$을 차지하던 포르투갈은 이제는 대략 $\frac{1}{12}$를 차지할 뿐이다. 프랑스와의 무역은 매우 보잘것없었다. 다른 한편, '식민지들'은 이제 우리의 주요한 시장이 됐고, 우리 수출품의 $\frac{1}{3}$이 그리로 갔다. 1770년에 미국은 맨체스터의 모든 제조품의 $\frac{3}{4}$을 가져갔다.[52] 1767년에 자메이카를 상대로 한 수출은 1704년에 영국의 식민지 농장 모두를 상대로 했던 것과 거의 같았다.[53] 해상무역은 두 배가 됐고,[54] 선박들 자체도 더 커졌다. 1732년에는 750톤 선박이 주목할 만한 것으로 보이다가 1770년이 되면 리버풀에 900톤 선박이 많아지긴 했

---

50) 1719년에 최초로 이렇게 단언한 사람이 있었다. "직공織工들이 일거리를 원하는 중대한 원인은 장인들과 직인들 모두의 탐욕, 즉 도제들이 스스로를 위해 고용되는 것인지 아닌지 여부는 고려하지 않고 자기들이 벌 돈 때문에 너무 많은 도제를 두면서 부린 탐욕이다." [존 스미스가 아벨 보이어Abel Boyer의 『그레이트브리튼의 정치 상태The Political State of Great-Britain』 제XVII편 633쪽에서 인용한 구절 — 옮긴이] 1737년에는 다음과 같은 사정을 비탄하는 작가를 보게 된다. 대리인들은 "사업이 조금이라도 잘될 때면 자기가 가진 재고를 이용해 사람들을 장인이자 천 판매상으로서 행동하도록 만들고," 이는 "경기가 좋을 때나 나쁠 때나 똑같이 빈민을 고용하는 사람들에게 대단히 불리하다." ……"그리하여 그 업종이 능히 생계를 유지해 줄 수 있는 것보다 더 많은 사람을 들이게 되고, 이는 아주 늦게서야 느끼게 될 소요와 폭동으로 가는 새로운 문을 열게 된다." — 스미스의 『회고』, 제ii권. 186쪽. 313쪽.

51) 『브리튼의 상인』은 수출무역을 국내 무역의 1/6, 즉 7,000,000파운드스털링이라고 계산했다. — 스미스의 『회고』, 제ii권. 112쪽. 버크는 대버넌트의 '초고'를 가지고 있는데, 거기서는 1703년 수출을 6,552,019파운드스털링으로 제시했다. — 『저작집』, 제i권. 221쪽.

52) 『북부 여행』, 제iii권. 194쪽.

53) 버크의 『저작집』, 제i권. 278쪽.

54) 브리튼의 선적 용량은 1762년에는 거의 560,000톤이었다. — 같은 책, 제i권. 201쪽.

지만, 다른 사업 분야처럼 이 분야에서도 진보는 여전히 더뎠고 부분적이었고 지역적으로 한정돼 있어서, 그다음 반세기의 급속하고 일반적인 진전과는 눈에 띄게 대비되는 모습을 보여 준다.

V. 1760년의 영국. 요먼층의 쇠락

역사적 방법이 언제나 보수적인 것은 아니다 — 흔히 자연법칙 탓으로 돌리는 변화들은 때때로 인간의 불의 탓에 생긴 것으로 드러난다 — 요먼층의 쇠락이 이에 해당하는 사례다 — 17세기의 요먼층의 지위 — 정치적 주도권이 없던 요먼층 — '혁명'이 그들에게 미친 효과 — 귀족과 화폐를 지닌 계급이 토지를 병합하다 — 소소유자들에게 가해진 판매 압력 — 정주와 장자상속의 관습 — 인클로저가 소규모 재산에 끼친 영향

누구나 곰곰이 생각하면 머리에 떠올리지 않을 수 없었던 사실을 말하자면, 오늘날 인기 있는 철학이 사색의 영역에서는 아주 오래된 믿음을 허물어뜨려 왔던 한편으로 실재 세계에서는 명백히 보수적인 영향력을 발휘해 왔다는 것이다. 확실한 법칙들에 따르면, 발전은 서서히 일어난다는 관념이 근원적 변화에 저항하려 하는 사람들의 지위를 강화하기 일쑤라는 것은 의심할 것도 없다. 하지만 정말로 진화론이 현존하는 사회적 틀을 떠받치고자 하는 사람들에게 보이는 것과 같은 그러한 지지물인지 아닌지는 당연히 의심해 볼 수 있을 것이다. 가장 최근의 입법 행위가 그 성격상 혁명적이기도 하고 또한 역사적 경험에 호소함으로써 정당화되기도 했다는 점은 확실히 주목할 만하다. 정치학에 적용됐다고 할 수 있는 진화설의 가장 저명한 주창자가 요즈음의 입법 개혁에 반대하며 어떤 정부 이론을 펼쳤지만 그 이론이 선험적인 것이었다는 사실을 나는 잊지 않고 있다.[1] 다른 한편, 정치경제학과 사회과학에 역사적 방법을 적용해 온 사람들은 공동체의 미천한 계급들이 어떤 불의에 노출돼 왔는지 드러내겠다는 의향과 또 이전에 학문적으로 변호를 받아 본 적이 없는 그 계급들을 보호한다며 적용된 방법과 제도를 변호하겠다는 의향을 영락없이 보여 주어 왔다.

사실을 말하자면, 우리는 사태의 실제 경로를 검토하면 할수록 사람들에게 불필요한 고생을 겪도록 해 왔다는 사실에 놀라게 된다. 자연법칙이나 불가피한 발전과 관련하여 어떠한 일반적인 이야기를 한다 해도, 우리가 그 존재를 믿고 있는 진보가 많은 불의와 잘못을 대가로 얻어졌고 그런 일은 불가피했다는 사실을 우리가 보지 못하도록할 수는 없다. 아마도 이는 우리의 토지제도에서 가장 똑똑히 보일 것이며, 우리는 다른 몇몇 문제와 관련하여서 그렇듯 토지제도와 관련하여서도, 역사적 탐구의 방법을 받아들이면 받아들일수록 실제로는 더혁명적으로 되기 일쑤라는 점을 발견하게 될 것이다. 그 이유는 현대의 역사학과 경제학자들이 그저 과거의 유물을 탐색하는 것처럼 보이지만 실제로는 현재형인 많은 우리 제도의 기초를 뒤흔들고 있기 때문이다. 역사적 방법은 우리의 숭엄한 제도의 점차적이고 당당한 발달을추적하기 때문에 종종 보수적인 것으로 여겨졌다. 그러나 역사적 방법은 제도가 그렇게 발달하는 동안 보이지 않게 끊이지 않고 벌어졌던엄청난 불의를 보여 줌으로써 정반대의 영향을 끼칠 수도 있다. 역사적 방법은 경제적 변화가 자연법칙의 불가피한 귀결이었음을 입증한다고들 한다. 그럴 때마다 역사적 방법이 입증하는 것이란 경제적 변

---

1) [사회진화론을 주장한 허버트 스펜서는 아일랜드 토지개혁이나 의무교육 같은 글래드스턴 정부의 정책을 반대하며 국가에 대한 개인의 자유를 옹호했다. − 옮긴이]

화를 가져온 것이 지배계급의 자기중심적인 행동이라는 사실뿐이다.

어떤 역사가도 소규모 자유 토지 보유자가 사라진 사태를 적절하게 설명하려 시도한 바 없다는 것은 기묘한 일인데, 소규모 자유 토지 보유자는 17세기 끝자락에 이를 때까지 가족을 합쳐 영국 인구의 $\frac{1}{6}$을 이루었고 그들의 완고한 결정으로 인해 크롬웰과 페어팩스가 '시민전쟁'을 성공리에 마무리할 수 있었으니 말이다. 경제학자들이 영국의 토지 재산 분포와 독일이나 프랑스 같은 나라의 토지 재산 분포가 현저히 다르다고 강조하면서 장황하게 이야기해 왔던 점에 비추어 보면, 소규모 자유 토지 보유자에 대해 이처럼 설명이 소홀한 것은 주목할 만한 일이다. 현대의 개혁가는 영국에 장자상속 법률과 엄격한 분여 제도가 존재한다는 것으로 위의 사실들을 설명하는 데 만족하지만, 그런 설명은 명백히 피상적이다. 소토지 소유자가 독일과 프랑스에서는 증가하고 번창한 데 반해 영국에서는 소멸한 이유를 보여 주려면, 법, 정치, 상업 등의 역사로 멀리 되돌아가 탐구할 필요도 없다. 문제를 더 면밀하게 검토한 결과는 좀 놀랄 만한데, 왜냐하면 현재 영국의 토지 재산 분포는 우리를 자유로운 인민으로 만든 정부 체제의 존재에서 주로 기인한다는 것을 발견하게 되기 때문이다. 다른 한편, 여러 저술가가 연이어 혁명에 맞선 거대한 방파제로 가리키는 프랑스와 독일의 토지 재산 분포는 정치적 자유를 파괴하고 인민을 왕권에 종속시키는 정부 형태에서 주로 기인한다.

이런 결론을 지지하는 증거를 제출하기는 어렵지 않다. 우리의 흥미를 자극하는 첫 번째 사실은 17세기 마지막에 그레고리 킹이 어림 잡은 바에 의하면 영국에 자유 토지 보유자가 180,000명 있었는데[2] 백

---

2) 매콜리는 대버넌트를 좇아 이 수치가 너무 높다고 생각하고는 160,000명으로 평가한다. — 『영국 역사』.

년도 안 돼 그 시대의 소책자 저술가들과 심지어 아서 영 같은 신중한 저술가까지도 소규모 자유 토지 보유자가 사실상 없어졌다고 말한다는 것이다. 이러한 대비를 이야기하는 것만으로도 그 자체가 극히 인상적이다. 지난 시기 동안의 우리 역사를 알지 못하는 사람이라면, 대단한 소탕전이 벌어졌다거나 아니면 격렬한 사회혁명이 일어나 재산을 한 계급에서 다른 계급으로 이전시켰다고 짐작할 수도 있을 것이다. 그런데 이런 식의 특정한 형태로 짐작하는 것은 부정확하더라도, 헤아릴 수 없을 정도로 중요한 혁명이 일어났다고 말해도 정당할 것이다. ― 매우 조용하긴 했지만, 1831년의 정치혁명[3]만큼 대단히 중요한 혁명 말이다. 와이트로크는 "유능하고 알부자인 자유 토지 보유자들"이라며 다음과 같이 묘사하고 있다. "자유 토지 보유자들과 자유 토지 보유자들의 아들들은 내부적으로는 자기 자신이 지닌 양심에 대한 만족으로 잘 무장돼 있었으며, 철완으로 무장하지는 않았지만 신념이 굳건했고 필사적으로 돌진했다."[4] ― '시민전쟁들'에서 왕과 에스콰이어[5]의 권력을 무너뜨린 이 헌신적인 계급은 그때로부터 백 년도 되지 않아 그 자신이 무너졌고 분산됐으며 토지에서 쫓겨났다. 15세기에는 수가 많고 번성했던 그들은 16세기의 인클로저로 인해 어떤 일을 겪게 됐다. 그러나 17세기에는 농장들을 한데 묶는 것과 관련하여 이따금 불평이 있었다 하더라도 농장 수가 그 시기 동안 매우 감소했음을 보여 주는 증거는 없다. 18세기 첫 몇 년 동안의 문헌에서 지방생활을 묘

제iii장.

3) [1831년 총선에서 다수를 차지한 토리당이 휘그당의 선거법 개정 시도에 반발하자 윌리엄 4세는 의회를 해산했다. ― 옮긴이]

4) [와이트로크가 국회에서 발언한 내용인지 아니면 어떤 글로 발표한 것인지 출처를 확인할 수 없었다. ― 옮긴이]

5) ["에스콰이어esquire"란 중세 유럽에서는 견습 단계의 기사를 의미했지만 이후에는 귀족의 한 계급을 뜻했고 남자의 경칭으로도 사용됐다. "향사鄕士"라 번역하기도 한다. ― 옮긴이]

사하는 그림을 보면 소규모 자유 토지 보유자는 여전히 거물이다. 로저 드 코벌리 경은 마차를 타고 '사계 법원'[6]으로 가는 도중에 자기 앞에 가고 있는 요먼 두 사람을 가리켰고, 디포는 그보다 몇 년 후에 처음 출판된 찬양할 만한 『영국을 둘러본 여행』에서 켄트의 '잿빛 코트'(집에서 만든 소박한 옷을 입어서 그렇게 불렸다)를 묘사하며 그 수와 번성에 만족을 느끼는데, 그들의 정치적 힘 때문에 신사들은 신중하게 경의를 표하며 그들을 대하지 않을 수 없었다.[7] 챔벌레인은 17세기 끝머리를 향하는 중에 처음 출판된 『그레이트브리튼의 상태』[8]에서 "잉글랜드의 자유 토지 보유자에 대해" 이렇게 말한다. "비슷한 정도의 어떤 다른 유럽 나라보다 수가 많고 부유하다. 일 년에 40파운드스털링이나 50파운드스털링을 버는 일은 대단히 통상적이고, 몇몇 주에서는 100파운드스털링이나 200파운드스털링을 버는 일도 드물지 않다. 때때로 켄트에서는, 그리고 서식스의 '삼림'에서는 연간 500파운드스털링이나 600파운드스털링을 벌고 자본은 3,000파운드스털링이나 4,000파운드스털링이다." 증거가 결정적으로 보여 주는 사실은 1688년 '혁명'이 일어날 때까지는 자유 토지 보유자가 나라의 가장 중요한 지방들에서 사회생활의 중요한 인물이었다는 점이다.

하지만 그들에게 계급으로서 어느 정도라도 정치적 주도권이 있었는지 질문한다면 부정적으로 대답해야 한다. '시민전쟁' 때 설립된 '동부주연합'[9](동부 주들이 아마도 자유 토지 보유자가 가장 강력했

---

6) [14세기 말부터 18세기까지 영국의 지방법원에서는 일 년에 네 번 재판이 열렸고 그 법정을 "사계 법원sessions or quarter sessions"이라 불렀다. ─옮긴이]

7) 『여행』, 제i권, 159쪽, 60쪽. 선거철에는 1,400명이나 1,500명이 투표하러 때를 지어 메이드스톤으로 가곤 했다.

8) 제I부, 제iii책, 176쪽, 1737년판. [저자를 밝히지 않고 『그레이트브리튼의 상태』가 처음 나온 것은 1669년이다. ─옮긴이]

9) [동부주연합 Eastern Counties' Association은 1642년부터 1651년까지 벌어진 시민전쟁 동안 군대를 제공하는

던 지역이었을 것이다)의 목록에서는, 신사나 에스콰이어라는 경칭이 붙지 않은 이름을 발견할 수가 없다. 소토지 소유자는 인격으로 보자면 대담하고 독립적이었다 해도, 무지했으며 스스로 지도적 역할을 맡을 수가 없었다. 지방생활을 하는 소토지 소유자의 마음을 자극할 만한 것은 거의 없었다. 농업에서 소토지 소유자는 자기 선조가 쓰던 것과 똑같은 방법을 추구했으며, 선입관이 가득했으며, 이사하기가 어려웠다. 이 계급의 대다수는 자기 고향 마을이나 농가와 인근의 시장이 서는 도회지를 벗어나 이동해 본 적이 없었다. 어떤 지역에서는 이들 자유 토지 보유자가 기능공이기도 했는데, 특히 나라에서 단연코 가장 부유한 지방이었고 외국의 영향을 가장 많이 받던 동부 주에서 그랬다. 그러나 대체로 보아, 좀 이후 시대에 나올 이야기로 판단하자면, 요먼은 시절이 좋을 때는 번창하기도 했음에도 대개는 매우 어렵게 살았으며, 세대를 이어 오면서 습관이나 생각하는 방식이 그대로였다. 요먼은 '시민전쟁' 시기에는 훌륭한 지도력 아래에서 자신들이 왕국에서 가장 강력한 집단임을 입증할 수 있었다. 그러나 요먼은 입헌정체가 보장되고 대지주들에게 자신들의 지지가 필요 없게 되자 정치적으로 보잘것없는 집단으로 내려앉아 버렸다. 헌법을 둘러싼 17세기의 투쟁에 결말을 가져온 1688년 '혁명'은 그들의 도움 없이 완수됐고, 그 혁명은 그들이 절멸하도록 길을 닦았다. 농업 생활에서의 혁명은 정치적 자유에 대해 치른 가격이었다.

하지만 처음에는 소규모 자유 토지 보유자의 병합이 더디게 이루어졌다. 그들이 사라지는 과정은 1700년 무렵부터 오늘날까지 계속돼 오고 있으며, 카를 마르크스처럼 요먼층이 18세기 중반쯤 사라졌다고 말

등 의회파를 지지했다. — 옮긴이]

하면[10] 옳지 않다. 절멸 과정이 급속해지는 것은 우리가 생각하고 있는 바로 그 시대까지 가지 않으며, 말하자면 1760년 무렵이다. 1770년 무렵에도 요먼층이 많이 발견됐다는 결정적 증거가 있다. 켄트에는 당시에도 자유 토지 보유자가 9,000명 있었다.[11]

심지어는 1807년이 돼도 에식스에서는 토지가 분할되면 농업경영자들이 높은 가격에 샀으며, "우리의 하급 젠트리[12]가 지방에 있는 토지에 거주할 때라면" 소유지가 한 세기 이전의 상태로 돌아갈 수도 있겠다고 조금은 전망하기도 했다. 그리고 같은 시절 무렵에 옥스퍼드셔에는 "중간 크기 소유자가 많았고, 특히 개방 경지에서는 소소유자도 많았다."[13] 이들은 컴벌랜드와 웨스트라이딩에서, 그리고 이스트라이딩의 많은 곳에서 특히 강력했다. 베일오브피커링에서는 1788년에 거의 지역 전체가 그들의 것이어서, 어떤 대지주도 발판을 마련할 수가 없었다.[14] 그러나 1788년에 이런 일은 벌써 예외적인 경우였고, 그 시기의 다른 저술가들의 글에서 우리는 요먼이 사라진 것에 대해 전반적으로 비탄하는 것을 발견한다. 아서 영은 "국민의 독립을 현실적으로 지탱했던 …… 요먼이라 불리던 사람의 무리가 줄어든 것을 충심으로 아쉽게 생각하며," "그들의 토지가 이제 독점적인 영주들 수중에 놓

---

10) 『자본』(프랑스어 번역본). 319쪽[강신준, 973쪽 – 옮긴이].

11) 케니의 『장자상속의 역사』(1878년). 52쪽.

12) ["젠트리|gentry"란 영국에서 귀족으로서의 지위는 없었으나 가문의 휘장을 사용할 수 있도록 허용된 계층이다. – 옮긴이]

13) 영의 『에식스 농업의 전반적 개관』(1807년) 제 i 권 40쪽과 『옥스퍼드셔 농업의 개관』(1809년) 16쪽에 나오는 하울렛의 글.

14) "지역의 땅 대부분은 재산이고, 이를 일반적으로는 요먼층이 점유하고 있다. 사정이 이렇다 보니, 그토록 넓은 지역에서 재산이 균등하기는 어려울 것이다. 피커링의 교구는 기묘한 사례이다. 거기에는 대략 300명의 자유 토지 보유자가 있는데, 주로 자기 자신의 작은 토지를 점유하고 있고 그 가운데 다수는 최초로 구매한 뒤로 직계비속에게 넘겨져 왔다. 어떤 위대한 사람도, 거의 어떤 에스콰이어도 여태껏 교구에서 발판을 마련할 수가 없었다. 아니면 누군가 땅을 가지고 있다 해도, 분할되어 나이가 어린 아들딸들에게 각각의 몫으로 나눠 주는 관습으로 인해, 그렇지 않았으면 축적됐을 토지는 원래의 소소한 것으로 돌아가 버렸다."—마셜의 『요크셔의 농촌 경제』(1788년). 제 ii 권. 20쪽.

여 있는 것을 보게 되는 것이 내키지 않"[15]았으며, 그는 1787년에는 그들이 나라의 대부분 지역에서 실제로 사라져 버렸음을 인정한다.[16] 그리고 요먼과 함께 소규모 에스콰이어도 없어졌는데, 같은 원인에 의한 희생자였던 것이다.[17]

위에서 이야기했듯이, 이러한 원인은 경제적 사실보다는 사회적 사실과 정치적 사실에서 찾아야 한다. 원인 가운데 주요한 것은 우리의 특이한 정부 형태였다. '혁명' 이후에는 토지를 소유한 젠트리가 사실상 최고 권력자였다. 전국적 행정만이 아니라 지역적 행정도 전적으로 그들 수중에 있었으며, 그 자연스러운 결과로 그들은 열을 올리며 사회적 영향력과 정치적 영향력의 바탕인 토지를 얻으려 했다. 우리는 이런 일을 프랑스나 프로이센과 대비할 수도 있을 것인데, 그런 곳들에서는 지주에게 그와 같은 정치적 힘이 없었으며, 그 결과 소규모 재산이 마구 공격당하지 않고 있었다. 두 번째 사실은 상업계와 금융계가 어마어마하게 발전했다는 것이다. 상인은 지주가 됨으로써 정치적 힘과 사회적 지위를 얻을 수 있었을 뿐이다. 스위프트가 말하듯이 "토지를 좇는 데 이용되던 권력이 돈 쪽으로 넘어갔고"[18] 애디슨이 쓴 이야기에 나오는 앤드루 프리포트 경 같은 터키의 대상大商들이 좋은 지위를 차지한 것은 맞다. 그러나 그저 상인일 뿐인 소수가 '의회'에 있었으며,[19] 존슨 박사는 "잉글랜드의 상인은 새로운 종의 신사"라

---

15) 『현재의 식료품 가격과 농장 규모에 대한 탐구』(1773년), 126쪽, 139쪽과 그 이하.

16) 『프랑스 여행』(더블린 판, 1793년), 제 i 권, 86쪽, 제 ii 권, 262쪽.

17) 위에서 언급한, 하울렛 글에서의 발췌를 보라.

18) [조너선 스위프트가 편집하여 발행하던 『심사원Examiner』 제13호에 직접 쓴 글 가운데 한 구절이다. (https://en.wikisource.org/wiki/The_Works_of_the_Rev._Jonathan_Swift/Volume_3/The_Examiner,_Number_13) – 옮긴이]

19) 존슨의 친구의 아버지인 양조업자 트레일은 예외 가운데 하나였다. 트레일은 1733년에 서더크[런던의 일부 – 옮긴이]의 의원이었고 서리주州 장관이었다. 1758년에 사망했다. — 바즈웰의 『존슨의 삶』(제7판), 제 ii 권, 106쪽, 107쪽.

고 의미 있게 언급했다.[20] 그런 까닭에, 우리가 본 바와 같이 18세기 전반기 동안 상업 팽창과 함께 급속히 성장하고 있던 도시에서 부를 축적한 상인은 자신을 신사로 만들기 위해 당연하게도 토지를 샀다. 그리하여 우리 귀족의 상당수는 상인 태생인 셈이다. 1784년에 론즈데일 백작 작위를 받은 제임스 로우더는 터키 상인의 증손자였으며, 베어링 가家의 조상은 데번셔의 천 판매상이었으며, W. 페티 경의 아버지이자 페티-피츠모리스가家의 모계 쪽 조상인 앤서니 페티는 햄프셔의 롬지의 천 판매상이었고, 조시아 차일드 경의 아들[리처드 차일드 - 옮긴이]은 틸니 백작이 됐다.[21] 디포의 말에 따르자면 "이제 고개를 젖히고 거만하게 걷는" '서부 잉글랜드' 지주들은 천을 취급하는 업종에서 큰돈을 벌었다. 그리고 새로운 지주 가계가 이처럼 솟아났을 뿐만 아니라, 오래된 가문도 부유해져서 신분을 넘어 상업계의 거두와 결혼하면서 더 많은 토지를 살 수 있게 됐다. 예컨대 피츠모리스가는 페티가의 부를 상속했고, 차일드의 딸은 우스터의 후작과 결혼했다가 포테리지의 그렌빌 경과 재혼했고,[22] 콘웨이 경과 월폴 경은 각각 런던의 상인인 존 쇼터의 딸과 결혼했다.[23] R. 템플 경이 1675년과 1700년 사이에 말한 바에 따르면, "돈 때문에 '도시'로 결혼해 간 최초의 귀족 가문을 기억한다고 생각한다."[24] 디포는 이렇게 말했다. "여태까지 여기서 장사와 신사는 서로 엇갈리는 것이 아니다. 간단히 말하자면, 영국

20) 같은 책, 108쪽, 주.

21) 디포의 『완벽한 상인』(체임버 편집, 1839년), 74쪽.

22) [조시아 차일드의 딸 레베카Rebecca(1667~1717)는 정치인이었던 찰스 서머싯Charles Somerset(1660~1698)과 결혼했다 이혼하고 군인이자 정치인인 존 그렌빌John Grenville(1665~1707)과 재혼했다. - 옮긴이]

23) [존 쇼터의 딸 샬럿Charlotte(1684~1734)은 콘웨이와 결혼했고, 다른 딸 캐서린Catherine(1682~1737)은 월폴과 결혼했다. - 옮긴이]

24) 템플의 『잡문』[본문에는 "R. 템플"이라고 되어 있지만 『잡문』의 저자는 윌리엄 템플이다. - 옮긴이]. 레키의 『영국 역사』, 제 i 권, 193쪽, 194쪽에서 재인용.

에서 장사는 신사를 만든다. 한 세대나 두 세대가 지나면 상인의 자식, 아니면 적어도 손주가 마치 최고 집안의 자식이나 손주처럼 훌륭한 신사, 정치가, 국회의원, 추밀원 고문관, 법관, 주교, 귀족 등이 되기 때문이다."[25] 이처럼 계급이 섞이는 것을 지난 세기의 프랑스 사회와 대조해 볼 수 있는데, 거기서는 빈궁해진 귀족이 양도받은 토지에서 나오는 영주권領主權과 지대 연금으로 먹고사는 일은 잦았지만 신분을 넘어 상업 계급과 결혼하는 일은 거의 없었다. 아니면 프로이센과 대조해 볼 수도 있는데, 거기서는 두 계급이 전적으로 분리된 채로 있어서 다른 계급의 토지를 구매할 수조차 없었다.

나는 두 가지 사실을 확증했다. 하나는 '혁명' 이후에 토지를 정치적 힘과 사회적 명망의 조건으로서 원했던 특별한 이유가 있었다는 것이고, 다른 하나는 부유한 상인에게, 또는 대규모 상업 계급과 혼인 동맹을 맺어 부유하게 된 귀족과 꽤 규모가 큰 젠트리에게 토지를 살 수 있었던 재력이 있었다는 것이다. 그런데 요먼을 매수하는 것이 대지주가 채택한 정책이었음을 보여 주는 증거가 여기 있다. 내가 꽤 자주 인용한 바 있는 그 토지 관리인은 본보기가 되려는 청지기를 위해 다음과 같은 격언을 제시하고 있다. "영주의 그 어떤 장원이라도 안에 있거나 가까이 있으면서, 자유 토지 보유자가 토지를 팔 의향이 있는지 최선을 다해 탐구할 것을 잊어서는 안 되며, 영주의 편익에 맞도록 합리적인 가격에 토지를 구매하는 데 최선의 노력을 기울여야 한다."[26]

다른 한편으로, '의회'에서 대지주가 최고 권력을 지닌 결과, 그들 자신의 토지는 작위적으로 보호됐다. 1666년에 올랜도 브리지먼 경이

---

25) 디포의 『상인』, 같은 곳.
26) 로런스의 『영주를 모시는 청지기의 의무』(1727년), 36쪽.

도입한 엄격한 분여 제도는, 사람들이 종종 이해하는 만큼 중요하지는 않았더라도, 상인이 원할 때 토지를 사는 것을 막지는 못했어도 많은 토지가 시장으로 들어가는 것은 막았다. 장자상속의 관습은 남자 균분 상속권에 따른 상속을 폐기함으로써 토지 분할을 억제했고, 비슷한 관습들도 토지 분할을 억제했다. 컴벌랜드에서는 장자상속이 16세기에 자유 토지 보유자 사이에 도입됐고, 1740년에 켄트에서는 남자 균분을 정하지 않은 '법령들'이 시행되기 시작하기 이전과 거의 같을 정도로 남자 균분상속권이 있었지만 30년 뒤에는 장자상속에 밀려나는 중이었다. 그 주에서 집중 과정이 처음으로 만만치 않은 비중을 보인 것은 이 30년 동안이었다. 다른 한편, 균등하게 분할하도록 한 법률이 여전히 버티고 있던 피커링에서는, 우리가 본 바와 같이 잉글랜드 대부분 지역에서는 절멸된 이후에도 소지주들이 살아남았다.

지주가 최고 권력을 지님으로써 나타난 세 번째 결과는 공유 경지 체제가 부서지는 방식이었다. 인클로저가 일어날 것이라고 이미 넌지시 알려졌는데, 인클로저는 옛 농업 체제가 부서진다는 것과 토지가 재분배된다는 것을 의미했다. 이는 정의에 관한 민감한 질문을 포함하는 문제다. 프로이센에서는 불편부당한 입법 행위로 변화를 이루어 냈다. 잉글랜드에서는 약자의 희생을 대가로 강자에 의해 일이 처리됐다. 경제적으로 이점이 있었던 공동소유에서 개인소유로의 변화는 사악한 방식으로 이루어졌고, 그럼으로써 사회적으로 해를 끼치게 됐다. 그리하여 공유지에서의 권리를 잃게 된 가난하고 무지한 자유 토지 보유자에게 커다란 피해가 갔다. 피커링에서 어떤 경우에는 십일조를 내는 임차인이 황무지 인클로저를 신청했다. 소규모 자유 토지 보유자는 최선을 다해 그런 임차인에 반대했지만 소송을 이어 갈 돈이 거의 없어서 제압됐고, 임차인들은 교구를 매수하여 토지 없는 "가옥 소유자"를 지원하도록 만들어 두고는 자유 토지 보유자들에게서 토지를 빼앗아 그 노획물을 오막살이 노동자들에게 나누어 주었다.[27] 청지기가 소소유자들을 괴롭혀 팔지 않으면 안 되게 하기는 언제나 쉬웠다. 애디슨의 글에 나오는 터취가 그랬는데, 자신을 탓하지 않을 수 없었던 게 맞더라도 소송으로 인해 그의 소득은 80파운드스털링에서 30파운드스털링으로 줄었던 것이다.[28] 황무지 인클로저 역시 소규모 자유 토지 보유자들에게 대단한 손해를 입혔는데, 방목의 권리가 없었던 그들로서는 경비를 지불하기가 그만큼 더 어려워졌음을 자연스레 알게 됐다.

요먼이 사라지게 되는 데서 경제적 원인이 비교적 덜 중요하다고는 해도, 그 경제적 원인은 변화가 더 빨리 일어나도록 도왔다. 경작 가능한 소규모 농장은 수지를 맞출 수 없곤 했고, 어쨌든 모두 내버려져 있었음이 틀림없다. 아서 영에 따르면, 소규모 농업경영자는 더 열심히 일했는데, 모든 점에서 볼 때 생활의 즐거움은 날품팔이만큼 낮았다. 그런데 그들의 처지가 이렇게 형편없는 것은 전적으로 그들이 초지 대신 점유한 경작지 때문이었다.[29] 그리고 이런 사정과는 별도로, 의심할 것도 없이, 대규모 농업경영자라는 새로운 계급은 너무도 진보적이지 않은 요먼들에 비해 몇 가지 점에서 우월했다. ―"지식과 발상이라는 점에서 …… 상당히 다른 종류의 사람들"[30]이었으며, 요먼들은 이들의 개량된 농법과 경쟁하기가 어렵다는 것을 알게 됐다. 다수의 요먼을 낙담에 빠지게 만들기 일쑤인 그 이상의 경제적 원인으로는 가내

---

27) 마셜의 『요크셔』, 54쪽.

28) 『목격자』, 제122호.

29) 『프랑스 여행』(더블린 판, 1793년), 제ii권 262쪽 『농촌 경제』 시론 3과 4.

30) 『옥스퍼드셔 농업의 개관』, 269쪽. 하울렛, 제i권 65쪽 참조: "그가 이해하는 바와 그가 나누는 대화는 보통의 노동자에 비해 전혀 우월하지 않으며 그들과 비슷하다고 할 수도 있다."

공업이 점차 파괴된 것을 들 수 있는데, 이로 인해 요먼은 오늘날 독일 농민이 그로 인해 입는 것과 같이 피해를 입었다. 컴벌랜드에서는 방차 소리가 잠잠해졌을 때 요먼이 사라지기 시작했다.[31] 국내 천 제조업의 쇠락은 켄트의 '잿빛 코트'에 꽤 영향을 끼친 것으로 보인다. 그리고 끝으로, 농장 합병과 산업 합병 때문에 작은 도회지와 촌락이 쇠퇴했듯이 소규모 자유 토지 보유자는 시장을 잃게 됐는데, 그 이유는 도로가 나빠서 자신이 생산한 것을 멀리 보내기가 어려웠기 때문이다. 그리하여 소규모 자유 토지 보유자들은 컴벌랜드와 웨스트라이딩처럼 낙농장을 소유한 곳과 가내공업이 번영했던 곳에서 가장 늦게까지 살아남았는데, 그 인근에는 그들의 생산물을 위한 시장이 있었던 것이다.

요먼층 대오가 일단 감지할 수 있을 정도로 줄어 버리자, 절멸 과정은 점점 급속히 진행됐다. 살아남은 자는 고립됐다. 딸을 결혼시킬 수 있는 같은 신분의 사람도 없곤 했으며, 몇몇 곳에서는 소유하려는 애착이 매우 강했다 하더라도 점점 더 토지를 팔려고 하곤 했다.[32] 기업가 정신이 더 충만한 요먼이라면 역시 큰돈을 벌기 위해 도회지로 떠나 버리곤 했는데, 이는 오늘날 프랑스 농민들이 더 흥미롭고 흥분되는 도회지 생활에 끌리는 것과 마찬가지였다. 예를 들면 로버트 필 경의 할아버지는 자기 토지에서 농사를 짓는 요먼이었지만, 사고를 창의적으로 바꾸어 면직물 제조와 날염으로 향했다.[33] 이것은 특이하게도 소규모 에스콰이어에 해당하는 경우인데, 그들은 점점 더 상대적으로

---

31) 워즈워스의 『호수 여행 길잡이』 268쪽을 보라.

32) 해리엇 마티누의 『자서전』 제ii권 233쪽에 나오는, 자유 토지 보유자와 그의 가계에 대한 워즈워스의 이야기를 보라.

33) 베인스, 262쪽, 263쪽.

가난하게 됐고, 안락한 생활의 기준이 상승하는 것을 따라잡기가 점점 더 어렵다는 것을 알게 됐던 것이다. 이미 17세기 말에, 지주들이 주도州都에서 살기 시작하고 있다고 불평이 제기된 바 있다. 나중에는 더 부유한 지주들이 런던으로 상경했다. 로저 드 코벌리 경은 소호스퀘어에 집이 있었다. 지방에 사는 소규모 신사는 더 부유한 이웃과 자신이 대조된다는 것을 점점 더 느끼게 됐다. 그리고그에게 토지에 부속된 정치적 힘이 전혀 없게 되자 ─ 대지주들이 행정 전체를 수중에 넣었기 때문에 ─, 토지를 팔고 이윤이 더 많이 나게 돈을 투자하라는 권유가 빗발쳤다.

진행된 일을 요약해 보자. 요먼이 어쨌든 일부 사라진 것이 경제적 원인이 불가피하게 작동했기 때문이라는 설명은 그럴듯하다. 그러나 경제적 원인만으로 요먼이 그렇게 대규모로 사라지지는 않았을 것이다. 요먼이 땅을 쥐고 있는 것을 불가능하게 만든 것은 바로 그 시대의 정치적 상태, 즉 토지가 지닌 압도적 중요성이었다.

VI. 1760년의 영국. 임금노동자의 처지

농업 노동자 — 세기 초 이래로 개선된 농업 노동자 처지 — 1750년과 1850년의 농업 노동자 처지의 비교 — 북부와 남부의 대조 — 임금 불평등과 그 원인 — 기능공의 처지 — 1760년 이래로 엄청나게 상승한 기능공 임금 — 당시 존재했던 조건과 비교했을 때의 지금 조건의 불리함

농업 노동자의 처지는 세기 초 이래로 매우 많이 개선돼 왔다. 17세기에 농업 노동자의 평균 하루 임금은 $10\frac{1}{4}$페니였고 이때 곡물의 평균 가격은 38실링 2페니였다. 18세기가 시작되고 60년 동안 농업 노동자의 평균임금은 1실링이었고 곡물 가격은 32실링이었다.[1] 이렇듯, 계속해서 시절이 좋았던 덕에 곡물 가격이 16퍼센트 하락하는 동안 임금은 대략 같은 정도로 상승했고, 그리하여 노동자는 이중으로 유리했다. 애덤 스미스는 이와 같이 노동자가 크게 번성한 것을 "나라가 크게 그리고 거의 보편적으로 번성함으로 인해 생기는 노동 수요의 증가"[2] 탓으로 돌린다. 그러나 그와 동시에 스미스는 부가 점차적으로만 커졌지 대단히 급속히 커지지는 않았음을 인정한다. 진정한 해답은 사람 수의 더딘 증가율에서 찾아야 한다. 부가 서서히 증가해 온 것은 사실이지만, 그럼에도 부의 증가는 절대로 인구의 증가보다 더 급속하지는 않았다.

---

1) 니콜스, 『빈민법의 역사』(1854년), 제ii권, 54쪽. 55쪽. 아서 영[어떤 저작을 가리키는지는 확인할 수 없었다 — 옮긴이]에서 재인용.
2) 『국부』, 제I책, 제xi장. (제i권, 211쪽[김수행, 260쪽 — 옮긴이])

노동자의 처지가 개선된 것은 이렇듯 실질임금 상승 때문이지 명목임금 상승 때문이 아니다. 비누, 소금, 양초, 가죽, 발효주 따위의 어떤 품목이 주로는 거기에 매겨진 세금 때문에 꽤 더 비싸져 매우 적은 양이 소비된 것은 맞다. 그러나 그런 것들의 가격이 올라도, 곡류, 감자, 순무, 당근, 양배추, 사과, 양파, 리넨과 모직물, 좀 조악한 금속으로 만든 도구, 가정용 가구 등이 대단히 싸지면서 그것을 상쇄하고도 남았다.[3] 밀로 만든 빵이 "일종의 진절머리를 느끼며 바라보던" 호밀과 보리로 만든 빵을 대부분 밀어냈는데, 이전에 호밀과 보리가 쌌던 것만큼이나 밀이 쌌던 것이다.[4] 어떤 가난한 가족도 적어도 하루 한 번은 차를 마셨다. ― 차는 아서 영의 눈에는 "유독한 상품," "없어도 되는 넌더리 나는 것"이었다.[5] 육류 소비는 "꽤 많았고", 치즈 소비는 "막대했다.[6]" 1737년에 영국의 날품팔이는 "임금이 높고 모든 필수품이 싸서" 다른 나라의 농사꾼이나 농업경영자 들에 비해 더 좋은 주거지, 끼니, 옷차림 등을 누렸다."[7] 18세기 중반은 정말이지 영국 날품팔이에게, 비록 곧 쇠퇴가 시작되긴 했지만, 거의 최고의 시절이었다. 1771년에 날품팔이의 처지는 물가가 비쌌던 그 직전 여러 해로부터 이미 영향을 받은 상태였는데, 영에 따르면 없어도 되는 지출을 중단하게 하는 데 그치는 정도의 변화였다고는 해도 그 여러 해 동안 물가는 임금

---

3) 『국부』, 제I책, 제viii장. (제i권, 82쪽[김수행, 101~102쪽 ― 옮긴이])

4) 하트의 『농사에 관한 시론』, 176쪽, 177쪽. A. 영, 『농업경영자의 편지』(제3판, 1771년), 제i권, 207쪽, 208쪽에서 재인용. 북쪽에서는 여전히 호밀과 보리로 만든 빵만 소비됐다. (밀로 만든 빵은 그 세기 초에 노퍽 노동자들 사이에 알려지지 않은 것이 확실하다.)

5) 같은 책, 200쪽, 297쪽. 차 대부분은 대단히 조악했고 밀반입되었다. 엡솜에 사는 어떤 가족은 차 1/4파운드로 2주일 동안 버텼다. ― 이든, 제iii권, 710쪽. 여전히 수입은 어마어마하게 증가해서, 1711년에는 141,995파운드였던 것이 1759~1760년에는 2,515,875파운드가 됐다. ― 니콜스, 제ii권, 59쪽.

6) 『프랑스 여행』(더블린 판, 1793년), 제ii권, 313쪽.

7) 챔벌레인, 『그레이트브리튼의 상태』(1737년), 177쪽. 챔벌레인이 말하는 바에 따르면, "가장 하찮은 직공과 농사꾼도 자기 집에 은 숟가락이 아니라 은잔 몇 개가 있었으면 한다."

보다 훨씬 빨리 상승한 바 있다.[8] 세기말이 되자 사람들은 이 시기를 농업 노동자의 역사에서 소멸한 번성의 시기였다고 아쉬워하며 회고하기 시작했다. 1796년에 이든이 썼듯이, 엘리자베스 43년[1600년-옮긴이]이 경과한 이래로 그 어떤 시대에도 "노동하는 계급은 하루 일해서는 최근 생활필수품 가격이 비할 데 없이 인상되기 전과 같은 정도의 생활필수품과 생활의 편의를 얻을 수가" 없었다.[9]

높은 임금이나 싼 식량 모두 농업 노동자가 유일하게 얻은 이점이 아니었다. 그들의 오두막은 종종 지대가 무료였는데, 황무지에 세워졌기 때문이다. 각각의 오두막마다 매우 작긴 했어도 종종 대지가 딸려 있었다.[10] 오두막마다 토지 4에이커가 있어야 한다고 정하고 있던 엘리자베스 「법령」은 의심할 것도 없이 준수되지 않았고 1775년에 폐지됐다. 연료를 제공받은 것 이외에도, 그들은 공동권리로 인해 젖소와 돼지와 가금家禽을 황무지에서 기를 수 있었고, 휴경지와 작물을 수확하고 난 밭에서 양을 기를 수 있었다. 그러나 이런 권리들은 이미 꾸준히 축소되고 있었고, 소작지를 양을 키우는 대규모 농장으로 합병하려는 경향이 나타나면서 그 결과로 "오두막과의 공공연한 전쟁"[11]이 일어났다. 미혼 노동자가 농업경영자 집에서 하숙하는 것도 관습이 되고 있었다.

대체로 볼 때, 어쨌든 남부 잉글랜드에서 18세기 중반의 농업 노동자는 19세기 중반에 그의 자손이 처했던 것에 비하면 훨씬 살기가 좋았다. 19세기 중반에 서퍽, 에식스, 그리고 아마도 윌트셔의 몇몇 지역

---

8) 「농업경영자의 편지」, 제 i 권, 203~205쪽. 이든의 『빈민의 상태』, 제 i 권, 384~385쪽에 재인용된 하울렛.

9) 이든, 제 i 권, 478쪽.

10) 「농업경영자의 편지」, 제 i 권, 205쪽

11) 「농업경영자의 편지」, 제 i 권, 301쪽.

에서 임금은 18세기 중반보다 사실상 낮았다. 버크셔에서는 두 시기의 임금이 정확히 같았다. 노퍽, 버킹엄셔, 글로스터셔, 사우스윌트셔에서는 아주 조금 상승했다. 서식스와 옥스퍼드셔가 예외이며, 트렌트강 남쪽 주 가운데 $\frac{1}{4}$ 이상 상승한 곳은 없었다.[12] 지대에 드는 비용과 빵을 제외한 대부분의 필수품에 드는 비용은 어마어마하게 상승한 한편, 노동자가 누리던 옛 특권은 대부분 상실돼 실질임금은 사실상 줄었다. 그러나 북쪽의 제조업 지대에서는 노동자의 처지가 개선됐다. 남쪽에서는 명목임금이 평균 14퍼센트 상승했던 데 반해 여기서는 평균 66퍼센트 상승했다. 몇몇 지역에서는 200퍼센트나 상승했다. 아서 영 시대에 랭커셔의 농업 관련 임금은 4실링 6페니였다. ─ 잉글랜드에서 가장 낮은 시세였다. 1821년이 되면 14실링으로 상승했다. 대략적으로 말하자면, 한 세기가 흐르는 동안 트렌트강 북쪽 노동자와 남쪽 노동자의 상대적 지위가 정확히 뒤바뀌었다고 할 수 있다.

아서 영 시대에 가장 높은 임금을 볼 수 있었던 곳은 링컨셔와 이스트라이딩이었고, 그와 가까울 정도로 임금이 높았던 곳은 대도시권 주와 동부 주 들이었다. 언뜻 보면, 처음에 언급한 두 주에서 임금률이 높았던 것은 북쪽과 남쪽의 상대적 조건에 관한 일반적 법칙과 모순인 것처럼 보인다. 그러나 조사해 보면, 예외적 사정 때문에 그 두 주에서 임금률이 높았던 것임을 알게 된다. 연역적 방법으로 논하자면, 노동 수요가 많았거나 노동 공급이 적었다고 짐작해야 한다. 그리고 사실 우리는 이들 두 영향력이 모두 작용하고 있음을 알고 있다. 인구가 실제로 줄어서, 링컨셔에서는 제곱마일당 64명에서 58명으로, 이스트라이딩에서는 80명에서 71명이 됐다. 이는 부분적으로는 인클로저가 일

---

12) 케어드, 『영국 농업』, 513쪽.

어나 경작지가 꼴밭으로 바뀌었기 때문이고, 부분적으로는 웨스트라이딩에 제조업이 증가했기 때문이다. 그리하여 노동자들은 농업지대에서 쫓겨남과 동시에 웨스트라이딩으로 가게 됐다. 그리고 남아 있던 노동자들에 대해서는 유료도로 건설과 대규모 농업 개량 같은 공공사업에서 수요가 많았다.[13)]

그러나 '정치경제학'의 통상적 규칙 아래 두기에는 쉽지 않은 임금의 지역별 변형이 많았다. 같은 주 안에서도 엄청나기 그지없는 불균등이 종종 있었다. 예컨대 링컨셔에서 임금은 12실링 3페니에서 7실링으로, 심지어는 6실링으로 변했다.[14)] 애덤 스미스가, 사람은 금전상의 이해득실을 따른다는 자신의 기본 공리로부터 연역적으로 논하면서, 임금은 같은 지역과 같은 직업에서는 균등해지는 경향이 있다는 법칙을 발표한 것은 바로 이 시기였다. 그렇다면 이러한 변형은 왜 나타나는가? 애덤 스미스 자신이 부분적으로는 대답을 제시한다. 그의 법칙은 "사회가 사태의 자연스러운 경로에 내맡겨져 있을 때"[15)]만 정확하다고 자처한다. 그런데 정주법定住法과 같은 노동 이동에 대한 법적 제한에 의해 자연스러운 경향이 방향을 틀게 됐을 때라면 그런 일은 불가능했는데, 그 법은 모든 노동자를 자신의 교구에 가두는 결과를 낳았던 것이다. 그러나 이와 같이 임금이 고르지 못한 원인을 법적 제한에서만 찾아서는 안 된다. 법적 제한에서 나타나는 것과 같이 질서를 흩뜨리는 영향은 별도로 하더라도, 사람들이 언제나 금전상의 이해득실에 일치하게 행동하는 것은 아니다. 사람들의 처신에 작용하도록 작동하는 그 밖의 영향력이 있다. 그런 것 중 가장 강력한 것 가운데 하

---

13) 영의 『북부 여행』, 제ⅰ권, 172쪽; 이든, 제ⅰ권, 329쪽.
14) 영의 『동부 여행』, 제ⅳ권, 312~313쪽.
15) 『국부』, 제Ⅰ책, 제ⅹ장. (제ⅰ권, 104쪽[김수행, 129쪽 – 옮긴이]).

나는 어떤 장소에 대한 애착이다. 동부와 남부에 있는 남는 노동을 북부로 이전시키려던 노동자조합의 요즈음의 노력[16]을 좌절시킨 것은 부분적으로는 바로 이러한 영향력이다. 또한, 무관심과 무지도 있으며, 이는 교육을 받지 못한 대다수가 행동을 정할 때 막대하게 중요한 한 요소다. 1872년에 데번에는, 랭커셔에서는 자신들의 임금의 두 배를 벌고 있으리라는 이야기를 전혀 들은 바 없는 노동자들이 있었다.[17] 애덤 스미스가 말하듯, 다른 시대와 비교했을 때의 이동성이란 것이 그 특정한 시대의 교육 정도, 교통 상태, 산업 조건 등에 달려 있다 하더라도 인간은 "모든 수하물 가운데 수송하기 가장 어렵다."[18] 오늘날의 영국 노동자는 백 년 전에 비해 움직이기가 훨씬 쉽다. 미국처럼 바삐 움직이는 새로운 나라에서는 영국보다 훨씬 노동 이동성이 높다.

농업 임금노동자에서 제조업에 종사하는 임금노동자로 눈을 돌려 보면, 이 시기 그들의 처지가 대체로 현재보다 훨씬 열등하다는 것을 알게 된다. 자본가와 노동자 사이에 격차가 커지고 있었음에도, 기능공의 신분은 애덤 스미스 시대 이래로 명백히 개선돼 왔다. 기능공의 명목임금은 두 배 또는 세 배가 됐다. 목수는 그때는 하루에 2실링 6페니를 벌었고 지금은 5실링 6페니를 번다. 면직물 직공은 그때는 일주일에 5실링을 벌었고[19] 지금은 20실링을 번다. 기타 등등. 그러나 두 시기의 기능공의 처지를 전체적으로 비교하기는 곤란한데, 왜냐하면 전적으로 새로운 노동자계급이 지난 세기 동안 너무 많이 출현했기 때문이다. 예컨대, 이제 50,000명이 포함된 '조합'이 있는 기술자들은 일

---

16) [조지프 아치Joseph Arch(1826~1919) 주도로 농업 노동자의 노동시간 제한과 최저임금 인상을 위해 1872년에 설립된 전국농업노동자조합The National Agricultural Labourers Union(NALU)의 시도를 말한다. − 옮긴이]

17) 히스의 『서부의 농민 생활』 94쪽과 클리퍼드의 『1874년의 농업 직장폐쇄』을 보라.

18) 『국부』, 제1책, 제viii장. (제 i 권. 79쪽[김수행, 98쪽 − 옮긴이])

19) 베인스, 361쪽.

주일에 25실링에서 40실링을 번다. 그런데 임금은 대체로 매우 크게 상승했지만, 다른 한편으로는 기능공에게 그 시절에는 명백한 이점이 몇 가지 있었지만 그 이래로 그런 이점이 사라져 버렸다. 제조업 인구가 대단한 정도로 여전히 지방에 살았기 때문이다. 기능공은 종종 작은 구획의 토지를 가지고 있었고, 그 토지로 인해 그는 몸에 좋은 음식과 건강에 좋은 휴양을 충족시켰다. 임금과 고용 또한 더 일정했다. 기능공은 불확실성에 빠져 있지 않았고, 특히 자유무역이 도입되기 전에는 상업상의 요동으로 인해 자신의 자손들이 감내해야 하는 두려운 고생이란 걸 몰랐다. 우리가 본 바와 같이, 산업의 정신생활 전체가 지금과는 전적으로 달랐기 때문이다. 노동자와 고용주의 관계는 훨씬 더 가까웠고, 그래서 많은 산업에서 노동자와 고용주는 두 계급이 아니라 한 계급이었다. 농업 종사자 사이에서 농업경영자와 노동자가 거의 마찬가지의 삶을 살았고 ― 계급으로서의 자본주의적 농업경영자가 아직 존재하지 않았기 때문에 ― 같은 밥상에서 식사를 했듯이, 제조업에서도 직인이 순조롭게 장인이 되는 일이 종종 있었다. 부의 분배는 정말이지 모든 점에서 더 균등했다. 토지 재산은, 비록 점차 집중돼 가고 있긴 했어도, 아직은 지금보다 훨씬 많은 사람의 수중에 있었으며, 대규모 지주라 해도 현재의 그들의 부와 같은 것을 소유하지는 않았다. 그들에게 방대한 광물자원이 있었던 것도 아니었고, 아니면 급속히 발전하는 도회지에 재산이 있었던 것도 아니었다. 다수의 무역업도 여전히 소자본가 수중에 있었다. 거액의 자본을 요구하는 제철업 같은 대규모 업종은 거의 출현하지 않았다.

VII. 중상주의와 애덤 스미스

상업정책의 정신의 변화 — '국가'에 대한 중세의 발상 — 국내 무역과 산업에 대한 규제 — 노동 이동에 관한 제한 — 도제와 관련된 법률 — 당국이 정하는 임금과 물가 — '외국무역'의 규제 — 특허를 받은 회사들 — '중세 체제'와 '보호무역' — 그 체제의 해악 — 이해득실의 투쟁 — 아일랜드와 '식민지'에 가해진 '불의' — 『국부』의 특징 — 그 책 정돈하기 — 애덤 스미스의 사해동포주의, 그리고 사리사욕에 대한 그의 믿음

1760년의 영국 산업과 오늘날의 영국 산업을 대조한다는 것은 외적 조건만 대조하는 것이 아니다. 그사이에 끼인 한 세기가 생산의 방법과 조직에서 달성한 혁명도 있었지만, 그와 나란히 인간들의 경제 원리에, 그리고 개인기업에 대한 '국가'의 태도에 그에 못지않게 근원적인 변화가 일어났다. 1760년의 영국은 여전히 상당한 정도로 중세의 세세하고 잡다한 산업 규제 체제 아래 있었다. 그 체제는 쇠락하고 있기는 했지만, 아직 산업의 자유라는 현대적 원리에 밀려나지 않고 있었다. 중세 체제의 기원을 이해하려면, 여전히 '국가'가 인간의 삶 전체를 포괄한다는 목표를 지닌 일종의 종교 기관으로 생각되던 시대로 되돌아가야 한다. 개개의 시민을 그가 속한 모든 관계에서 살피는 것과 시민을 완력과 사기로부터 보호할 뿐 아니라 시민의 영원한 복리까지도 대비하는 것이 '국가'의 의무라고 여겨지던 시대에는, 국가가 법정 이자율, 공정한 임금, 정직한 상품 등을 보증하려 시도한다는 것은 자연스러울 뿐이었다. 사람의 삶에 대단히 중요한 일을 우연이나 사리사욕에 따르도록 내버려 두어서는 안 됐다. 어떠한 철학도 아직은 '신'과 '자연'을 동일시한 바 없었기 때문이고, 세계에 대한 어떠한 낙관적 이론도 공적 이해득실과 사적 이해득실이 화해하도록 한 바 없었기 때문이다. 그리고 그와 동시에, 세계와 공동체의 규모가 작고 사회 체제가 비교적 단순했으므로, 산업에서 인간 사이에 벌어지는 관계를 규제하려 시도한다는 것이 오늘날 우리에게 보이는 것만큼 터무니없지는 않았다.

이러한 '국가'론, 그리고 그로부터 생겨난 규제 및 제한의 정책은 애덤 스미스가 책을 집필하던 당시에도 여전히 영국 산업에 크게 영향을 끼치고 있었다. 그래도 정말이지 국내 무역에는 커다란 자유가 있었으며, 당대의 프랑스와 프로이센에 있었던 것과 같은 지방별 관세장벽은 없었다. 애덤 스미스는 이러한 사실을 영국이 번성한 주요한 원인의 하나로 꼽았고, 콜베르와 슈타인, 그리고 영국의 체제를 찬양하는 그 밖의 사람에게 그러한 자유는 얻기 위해 끊임없이 분투해야 할 이상으로 보였다. 그러나 상품의 통과와 관련해서는 국내 무역이 자유로웠다 하더라도, 노동과 자본의 이동성을 제한하는 그물망 같은 것은 여전히 존재하고 있었다. 도제와 관련된 법률[1]에 따르면, 누구도 7년의 견습을 마치기 전에는 어떤 업종에 종사할 수 없었다. 정말이지 엘리자베스 5년에 이미 영업을 개시한 업종에 그 법률이 시행되는 데는 한계가 있어서, 그 법률은 시장이 서는 도회지와 도시에서만 시행됐다. 그러나 지방자치단체가 있는 곳에서는 어디든, 지방자치단체가 부과한 제한으로 인해 도회지의 자유인이 아니라면 일하는 것이 일반

---

1) 엘리자베스 5년 법 제4조.

적으로 불가능했으며, 이로 인해 그런 사람은 대개 도제로 복무해야만 일할 수 있었다. 게다가 지방자치단체는 상품의 질과 가격을 감독했다. 비교적 소규모인 제조업자들이 제품을 파는 회관에서는, 판매를 위해 진열된 모든 품목이 검사를 받았다. '국가'가 어떤 상품이 진품이라고 보증을 서야 한다는 중세의 발상이 여전히 널리 자리를 잡고 있어서, 상품의 질을 알아내는 일을 소비자에게 넘기지 않았다. 그리고 의심할 것도 없이 사람들이 해마다 똑같은 것만 사용하던 '중세'에는 적절히 감독한다면 일을 잘했는지 정말이지 보장할 수 있었다. 그러나 무역이 팽창하면서 더는 감독이 효과적이지 않게 됐다. 이미 조시아 차일드 경은 유행의 변화가 감독에 치명적임이 입증될 것이 틀림없다는 점과 세계무역을 손아귀에 넣을 작정인 국민이라면 온갖 질의 품목을 만들어야 한다는 점을 인식했다.[2] 하지만 규제가 필요하다는 믿음이 사그라드는 것은 더뎌서, 규제를 보장하는 신규 「법령들」은 조지 2세 통치 때에도 통과됐다.

자본과 '노동'의 이동성에 대한 제한들이 얼마나 효력이 있었는지는 명확하지 않다. 그 제한들이 대단히 성공했다는 것은 의심할 것도 없지만, 애덤 스미스가 자치단체들을 신랄하게 비판하며 글을 썼을 때[3] 그는 아마도 와트[존 와트 - 옮긴이]에게 장사를 허락하지 않은 글래스고의 특정한 경우를 생각하고 있었을 것이다. 하지만 당시에도 버밍엄이나 맨체스터 같은 자유로운 도회지는 많았고, 그런 도회지들은 자유롭다는 사실로 인해 크게 번영했다. 그리고 이든을 신뢰한다면, 심지어는 특허를 받은 도회지에서도 그런 제한들은 우리가 애덤 스미

2) 「무역에 관하여」, 131쪽 (1692년판).
3) 「국부」, 제i책 제x장 제ii절 (제i권, 125쪽[김수행, 156쪽 - 옮긴이]).

78

스의 글로부터 추측해야 하는 것보다는 훨씬 덜 엄격했다.[4] 이든은 이렇게 말한다. "나는 도제로 복무했던 적이 없는 제화공이 브리스틀이나 리버풀에서는 각각의 자치단체로부터 시달리는 위험이 거의 없는 채로, 맨체스터의 자치구 관리나 버밍엄에 있는 우두머리 순경이 훼방을 놓는 것과 같은 것이 없는 채로, 자기 일을 하고 있을지도 모른다고 생각하게 됐다." 그러고 나서는 애덤 스미스를 인용하고 비판한 뒤에 이렇게 덧붙인다. "고백하건대, 권리 행사가 현재 이런 방식으로 정말 작동하는 자치단체가 잉글랜드에 단 하나라도 있는지 대단히 의심스럽다. …… 다른 많은 경우에 그렇듯이, 이 경우에는 느끼지 못할 정도의 사회 진보로 인해 특허권은 정지 상태라 해야 할 정도로 줄어들었다."[5] 비자유인은 대개 시달리지 않고 있었지만 장사가 안 될 때면 자칫하면 쫓겨났다고 결론을 내려도 좋을 듯하다.

'중세 정신'의 또 하나의 잔재는 치안판사에 의한 임금 규제였는데, 이는 이미 언급한 엘리자베스 「법령」이 명한 관행이었다. 애덤 스미스는 이 잔재를 부자가 빈민을 억압하는 일반적인 체제의 일부라고 말한다. 몇몇 경우에는 그랬을지 몰라도, 그 말이 일반적으로 참인 것은 아니다. 지방 젠트리는 대체로 보아 노동계급을 정의롭게 대하기를 갈망했다. 노동자들의 단결은 법으로 금했는데, 이는 바라는 목적을 얻는 데 단결이 잘못된 방식이라고 생각했기 때문이지 임금을 낮게 유지하려는 어떤 소망 때문은 아니었다. 치안판사는 종종 임금을 올릴 것을 결정했고, 노동자 자신도 이렇게 임금을 정하는 방법에 강하게 찬성했다. 고용주 편에서도 종종 이런 결정을 승인했다. 사실 오늘날

4) 특허를 받은 도회지에서 제한이 유지된 것은 대개, 비국교도는 모두 – 그런데 실제로는 상당수가 – 특허를 받은 도회지에 사업소를 낼 수 없도록 법으로 배제돼 있었다는 사실 때문이었다.
5) 「빈민의 상태」, 제i권. 436쪽, 437쪽.

에도 중재회의소에는 이와 정확히 비슷한 제도가 있다. 치안판사는 법이 지명한 중재인이었다. 그와 같은 당국의 규제가 당시에 좋지 않았을 수도 있다는 것은 잘못된 가정이다.

규제라는 원리는 우리의 국내 무역보다는 우리의 국외 무역에 훨씬 더 철두철미 적용됐다. 국외 무역은 특허를 받은 대규모 회사에 의해 전적으로 이루어졌는데, 동인도회사처럼 합자회사 지위를 갖는 것이든 모든 사람이 자기 자신의 자본을 기반으로 장사를 하는 터키회사처럼 "규제를 받는" 것이든 상관이 없었다.[6] 여기서 다시 애덤 스미스는 무언가를 제한하는 제도에 맞서는 반란을 너무 멀리까지 수행하게 돼, 자치단체가 맡아 하는 무역을 원리상 결함이 있는 것이라고 비난하기에 이르게 됐다. 그는 이렇게 말한다. "그런 회사들의 중역은 자기 자신의 돈이라기보다는 다른 사람의 돈의 관리자라서, 사적인 공동출자 회사의 출자자가 자기 자신의 돈을 살필 때 볼 수 있는 것과 똑같이 염려하며 조심스레 돈을 살피리라 기대할 수는 없을 것이다. …… 그런 회사에서 사태를 관리할 때는 많든 적든 방심과 낭비를 흔히 보게 될 것이 틀림없다."[7] 이는 순전히 선험적인 추론의 실례이지만, 스미스의 주요 논거는 '합자회사'의 역사에서 이끌어 낸 것이다. 사실을 말하자면 스미스는 독점권이 없었다면 그런 회사들은 실패했을 것이라는 점을 보여 주려 했다. 말하자면 그는 귀납적으로 진행했고, 경험적 법칙으로 결말을 맺었다. "사적인 모험가들이 '합자회사'와 어떤 종류든 공개적이고 공정한 경쟁에 들어설 수 있다면 '합자회사'가 외국무역의 어떤 분야에서라도 성공적으로 사업을 수행할 수 있을 것이라는 이

---

6) 『국부』, 제V책, 제i장, 제iii부, 제i절 (제ii권, 317쪽[김수행, 902쪽 – 옮긴이]과 그 이하).
7) 같은 책, 제ii권, 326쪽[김수행, 913쪽 – 옮긴이], 329쪽[김수행, 914쪽 – 옮긴이].

야기는 모든 경험에 상반되는 것으로 보인다."[8] 그러나 스미스는 너무 정직해서 자신의 규칙에 예외가 있음을 인정해야 했는데, 판에 박힌 일 수준으로 축소될 수도 있다는 사실로 은행 업무를 설명했던 것처럼 말이다.[9]

이제 우리 모두 알게 됐듯이, 스미스의 경험적 법칙이란 것은 그것이 만들어졌을 당시에는 합리적 귀납으로서 충분했더라도 보편적으로 참인 것과는 거리가 멀다. 그때 이래로 많은 수의 '합자회사'가 성공한 바 있으며, 예컨대 제철업에서 그랬다. 이러한 변화의 이유를 찾는 것도 어려운 일이 아니다. 합작의 습관은 과거보다 강해졌고, 우리는 어떻게 합자회사가 유급 종업원들에게 자신이 지휘하는 기업의 성과에 담긴 지분을 줌으로써 그들의 관심을 모으는지 알아냈다. 또한 경험이 보여 준 바에 따르면, 큰 회사는 최고의 두뇌를 살 수 있다. 요즈음의 무역 불황 시기를 보자면, '합자' 체제로 관리되는 다울러스의 제철소들만이 주변의 많은 실패 한가운데서도 성공적으로 남아 있으며, 이는 그 제철소들에 그 지역에서 가장 유능한 사람들이 관리자로 있었기 때문이다.

하지만 애덤 스미스 시대로 보자면, '합자회사'가 존재했던 것은 그것의 경제적 우월성에 대한 어떠한 생각 때문이 아니라 개인기업에 장소적 제한을 가하려는 경향 때문이었는데, 그런 경향은 공적 이해득실과 사적 이해득실의 적대감이라는 그 시대에 특징적이었던 믿음을 토대로 삼고 있었다. 동일한 발상은 국제 관계에서도 똑같이 널리 자리를 잡고 있었다. 한 나라가 번성하는 것은 다른 나라가 번성하는 것과

---

8) 같은 책, 331쪽[김수행, 919쪽 – 옮긴이].
9) [김수행, 929쪽 – 옮긴이]

양립할 수 없다고 생각됐다. 한 나라가 무역으로 이윤을 남긴다면, 그것은 이웃의 희생을 대가로 하여 그런 것으로 보였다. 이 이론이 중상주의의 바탕이었다. 중상주의는 '국민주의Nationalism' — 자급과 완벽한 국민 생활이라는 발상 — 정신에 기원을 두고 있는데, 이는 르네상스 및 종교개혁과 함께 들어온 것이다.

그런데 이러한 '국민주의'는 일반적으로 중상주의의 핵심으로 여겨지는 금과 은의 특별한 중요성에 대한 믿음과 어떻게 연관되게 됐을까? 중상주의의 목적은 국민적 위대함이었지만, 국민적 위대함은 국민의 부 일반에 달려 있지 주화와 같은 특정한 종류의 하나의 부에만 달려 있지 않다. 이에 대한 설명은 무역과 화폐제도가 동시에 발전하기 때문에 금과 은이 상업 기구에서 특이하게 필수적인 것이 됐다는 사실에서 찾아야 할 것이다. 게다가 상비군이 증가함에 따라 '국가' 재정은 새로운 중요성을 얻게 됐고, '국가' 재정의 목적은 귀금속을 준비해 두었다가 즉시 공급할 수 있도록 보장하는 것이었다. 그리하여 금과 은은 움직일 수 있는 국부 가운데 가장 견고하고 오래가는 부분이라는 이론과 금과 은은 그 밖의 어떤 상품보다도 많은 사용가치를 지니므로 모든 국가는 금과 은을 많이 얻는 데 모든 힘을 다 써야 한다는 이론이 생겨났다. '정부'는 처음에는 쓰지 않고 모아 축적함으로써 이 목적을 이루려 했지만, 곧 이 정책은 낭비되는 것이 너무 많고 너무 어려운 것으로 입증됐다. 그러자 '정부'는 사람들 수중에 있는 금괴의 양을 증가시키는 것에 주의를 돌리게 됐는데, 나라에 금괴가 많다면 필요한 경우 언제라도 끌어낼 수 있다는 것을 알게 됐기 때문이다. 그에 따라 금과 은의 수출을 금했다. 그러나 쓰지 않고 모아 두는 것이 실행 불가능하다고 입증됐다면, 이런 새로운 방법은 바라는 목표를 보장하는 데 쓸모가 없음이 곧 밝혀질 것이었는데, 금지령을 쉽게 피할 수 있었기 때문이다. 그런 까닭에, 결국은 무역이라는 통상적 경로를 통해 귀금속이 계속 유입될 수 있도록 보증하려 하게 됐다. 이때 논의된 바에 따르면, 판 것보다 적게 산다면 무역 차액은 주화로 지불돼야 할 것이다. 이런 목적을 이루기 위해, 원료와 생활필수품을 수입하면 온갖 장려금을 주었지만 외국 제조품의 구매는 대부분 금지됐고 개인들에게 수입 사치품을 사지 말라고 애원했다. 그 결과는 해외에서의 보복이었으며 상업 기구의 교착상태였다. 관세전쟁이 흔히 일어났다. 예컨대, 우리는 플랑드르산 금 레이스의 수입을 금지하고, 플랑드르 사람들은 그 대가로 우리의 모직물을 배제한다. 하지만 이런 체제는 경험의 가르침에 저항하는 것이었는데, 금과 은의 수출 금지를 폐지하면서 '정부'가 동인도회사가 내세운 자유무역의 진정한 원리를 인정했다는 사실에도 불구하고 그랬다. 동인도회사가 주장한 바에 따르면, 금괴 수출을 금하는 법률은 밀반입을 통해 쉽사리 무의미해져 버리기 때문에 쓸모가 없을 뿐 아니라 만약 시행된다면 '동양 사람들'이 은을 대가로 자신들의 값비싼 제품들을 팔려고만 할 것이기 때문에 심지어 유해하기까지 하다. 이런 주장이 성공한다는 것은 엄밀한 의미에서의 '중상주의'에서 현대의 '보호무역'으로 이행한다는 것을 가리킨다. 중상주의 옹호자들은 자신들의 근거를 바꾸었으며, 그저 귀금속 수출을 금지하려 한 것이 아니라 현지 산업을 위한 일반적 보호책을 마련했다.

그들이 취한 조치가 모두 똑같이 나쁜 것은 아니었다. 예컨대 애덤 스미스는 「항해조례」를 변호했으며, 밀은 국민을 방어하는 것이 국민이 풍요로워지는 것보다 더 중요하다는 것을 근거로 스미스의 변호를

지지한 바 있다.[10]

이러한 「조례」들 가운데 가장 유명한 것은 1651년의 법률이었다.[11] 그 법률에 따르면 아시아, 아프리카 또는 미국에서 재배했거나 제조한 어떤 제품도 영국 신민이 소유하고 승무원 3/4이 영국인인 선박을 이용하지 않으면 잉글랜드, 아일랜드 또는 '식민지 농장'으로 수입될 수 없었고, 유럽 어떤 나라의 어떤 제품도 영국 선박이나 그 제품이 나온 나라가 소유한 선박을 이용하지 않으면 수입될 수 없었다. 이 법률을 주창한 사람들이 이용한 논거는 영국으로 향하는 운송업에서 네덜란드인을 배제함으로써 그 운송업이 영국 선주 수중에 놓이게 해야 하며 그러면 영국 선박이 증가하리라는 점이었다. 사실, 이 법률이 영국 선주와 영국 선원에게 독점권을 부여하게 되리라는 점과 그런 까닭에 운임이 비싸질 것이며 상업의 성장을 억제하게 되리라는 점은 인정된 바였다. 비싼 요금 때문에 영국 선박이 중립국 항구에서 쫓겨나게 되리라는 점은 더 널리 인정된 바였다. 그러나 미국과 서인도와 영국을 오가는 운송업 전체를 우리가 확보해야 한다는 것과 그렇게 되면 우리가 다른 상업 분야에서 축출된 것을 충분히 벌충하게 되리라는 것이 당시 주장되던 논점이었다.

이들 기대는 대체로 들어맞았다. 영국 선박은 건조하고 승무원을 태우는 데 네덜란드 선박에 비해 더 비용이 많이 들기 때문에 운송료가 올랐고, 그래서 우리 무역의 총합계는 줄었다.[12] 우리가 독점권을

---

10) 「국부」, 제iv책, 제ii장 (제ii권 38쪽[김수행, 561쪽 – 옮긴이]); 밀의 「원리」(제1판), 제v책 제x장 (제ii권, 485쪽[박동철, 제4권, 336~337쪽 – 옮긴이]).

11) 엄격함은 달랐어도 이보다 더 일찍이 헨리 7세 시대부터 줄곧 「항해조례」가 있었다.

12) 앤더슨, 제ii권, 443~4쪽; 「국부」, 제iv책, 제vii장, (제ii권, 179쪽[김수행, 736쪽 – 옮긴이]); 차일드, 「무역에 관하여」, 93쪽(1692년판); [페티트,] 「브리타니아 언어」(1680년), 66쪽; 리처드슨(1750년) ['Richardson'만으로는 어떤 저술인지 확인할 수가 없었다 – 옮긴이], 52쪽.

주었던 영국 선주들이 요금을 올렸기 때문에, 우리는 중립국 항구에서 쫓겨났고 러시아 무역과 발트해 무역을 잃었다.[13] 그러나 다른 한편으로 우리는 「조례」의 효력이 미치는 범위 안에 드는 항구들로 들어오는 무역을 독점했고, 그렇게 했던 주요한 목적은 "우리 식민지 농장 무역 전체의 보존"이었다.[14] 우리 해운업은 큰 자극을 받았고, 우리 해상권은 그와 함께 성장했다. 「항해조례」가 통과될 당시에 우리의 식민지 무역은 보잘것없었는데, 뉴욕과 뉴저지는 네덜란드 것이었고, 조지아, 캐롤라이나, 펜실베이니아, 노바스코샤는 아직 식민하지 않았고, 버지니아, 메릴랜드, 뉴잉글랜드는 유아기였다.[15] 세기말이 되면 식민지가 증가함에 따라 바다에서의 영국 권력이 증가하면서 바베이도스[16] 한 곳에서만 배 400척을 사용했으며, 이는 네덜란드의 힘이 우리의 맞수가 될 때까지 그랬다. 그다음 세기에는 미국 무역과 동인도 무역이 계속 발전하여 우리는 해상에서 의심의 여지가 없는 우월한 지위를 갖게 됐다.[17]

어쨌든 초창기라면 '보호무역'을 찬성하는 또 하나의 논거가 있다. 보호무역의 자극은 순수한 농업인구의 무관심과 둔감을 헤쳐 내고 인민의 일부를 무역으로 끌어내는 데 도움을 주었다.[18] 그러나 다른 모든 곳에서 그렇듯 여기서 '보호무역'에는 일단 진행되면 거두어들이기가 어렵고 그리하여 마침내는 이익보다는 해가 더 많다는 커다란 불

---

13) 차일드, 98쪽(1692년판).
14) 앤더슨, 제ii권, 416쪽.
15) 『국부』, 같은 곳[김수행, 735쪽 - 옮긴이].
16) [바베이도스the Barbados는 1563년에 포르투갈이 발견한 카리브해에 있는 섬나라이며, 1627년부터 영국령이 됐다. - 옮긴이]
17) 페인의 『식민지의 역사』, 78쪽.
18) 밀의 『경제학의 원리』, 제i권, 제8장, §2, 141쪽[박동철, 제1권, 202~203쪽-옮긴이].

리함이 포함된다. '보호무역'이 없었다면 영국 산업이 이처럼 급속히 진전하지 않았을 것이긴 하지만, 그 체제는 일단 확립되면 맞수가 되는 산업에 끊이지 않고 불화가 일어나도록 했고, 인도와 식민지를 우리의 거대 제조업자들에게 제물로 바쳤다. 그리고 '보호무역'에 대한 우리의 국민적 반감은 그 체제의 세부 사항들을 검토할 때면 한층 깊어져 혐오가 된다. '보호무역'이 완벽한 힘을 발휘하던 1688년부터 1776년까지의 시기 동안 나타난 결과를 보자면, 우리는 애덤 스미스가 상인을 향해 내뱉은 독설이 아무리 격렬했다 하더라도 사실들이 요구했던 것보다 더 강력하지는 않았음을 인정하지 않을 수 없다.

그러나 '보호무역' 주장을 전적으로 상인 탓으로 돌릴 수는 없다. 장사에 종사한 계급이 '혁명'에서 대단한 영향력을 얻었다 하더라도, 토지를 소유한 젠트리는 여전히 '의회'에서 최고 권력자였다. 그렇다면 왜 그들은 모직물 수출 금지에서 그렇듯 많은 경우에 농업의 이해득실에 명백히 대립하는 정책에 골몰했어야 했을까 하는 질문이 생긴다. 애덤 스미스의 설명은 매우 단순하다. 당연히 "독점이라는 비열한 정신에 누구보다도 덜 빠져 있던" 지방에 사는 신사는 "상인과 제조업자의 아우성과 궤변"과 "상인을 눈에 띄게 만드는 꼼수"에 위압을 느끼게 됐는데, 상인이 지방에 사는 신사를 설득하여 상인의 이해득실이 공중의 이해득실이지 신사의 이해득실이 공중의 이해득실은 아니라는, 단순하지만 정직한 확신을 가지도록 했던 것이다.[19] 그런데 이런 설명은 참이긴 하지만 온전한 진실은 아니다. 의심할 것도 없이 지주들은 무역을 보호하는 것이 자신들의 의무라고 생각했고, 그와 관련된

---

19) 『국부』, 제i책, 제x장, 제iv책, 제iii장 (제i권, 134쪽[김수행, 166~167쪽 – 옮긴이]; 제ii권, 34쪽[김수행, 560쪽 – 옮긴이], 68쪽[김수행, 601쪽 – 옮긴이])

세부 사항은 이해하지 못한 채 상인들의 가르침을 암묵적으로 따랐다. 그러나 이런 것 말고도, 지주들과 상업 계급 사이에는 이미 언급한 것과 같은 긴밀한 연관이 있었다. 지주들의 장남이 아닌 아들들은 종종 장사에 나섰고, 많은 경우에 그들 자신이 상인의 딸과 결혼했다. 그들은 까닭 없이 지지를 보낸 것도 아니어서, 자신들을 위해 '보호무역'을 원했고, 모직물 수출의 금지에 동조할 때는 상인들을 설득해 그 대가로 곡물 수출에 대해 쿼터당 5실링의 특별 장려금을 받게 허락해 달라고 했다.

이 체제의 최악의 특징 가운데 하나는 국내에서 맞수가 되는 측 사이에서 벌어진 투쟁이었다. 중요한 사례는 모직물 업종과 면직물 업종[20]의 전쟁이었는데, 토지 소유자 측의 지지를 받는 모직물 업종이 오랫동안 우위를 지켜서 날염된 캘리코에 물품세가 부과됐다가 1721년에는 날염된 캘리코 제작이 아예 금지됐다. 날염된 캘리코가 다시 허락된 것은 1774년이 되기 전이었고, 물품세는 1831년이 돼서야 폐지됐다. 또 하나의 사례를 보자. 1750년에 '의회'에서는 식민지에서 선철銑鐵과 조철條鐵을 수입하는 것을 허락하자는 제안이 있었다. 무두장이들은 즉각 그에 반대하는 진정서를 냈는데, 미국의 철이 수입되면 영국에서 철이 더 적게 제련되므로 나무를 더 적게 벨 것이고 그런 까닭에 자신들의 산업이 손해를 보리라는 것이 근거였다. 그리고 삼림지 구역의 소유자들은 자신들의 목재의 가치가 영향을 받지 않게 하려고 무두

---

20) 『양털을 빗질하여 실로 만드는 공장에 대한 참된 묘사True Representation of Manufacture of Combing and Spinning of Wool』(Bib. Bodl. : N. D.)에서 저자가 언급하는 바에 따르면, 인도의 실이 수입되면서 "양털이 대량으로 소비되지 못할 것인데, 그렇게 됨으로써 양털을 키우는 데 토지를 이용하고 있는 신사들의 차지인들은 부득이 자신들의 양털을 낮은 가격에 팔 수밖에 없게 될 것이다." [괄호 안의 내용을 포함하여 언급된 저술에 대해서는 확인할 수 있는 것이 전혀 없었다. ─옮긴이]

장이들을 지지했다.[21] 이런 것들이 보호무역 제도 아래에서 상업적 이해득실이 혼합됨으로 인해 정치가 어떻게 복잡해지고 품위가 떨어지는지를 보여 주는 전형적 예다. 그리고 정부가 자유로울수록, 그리고 신민들로부터의 압박에 더 노출돼 있을수록, 결과는 더 나쁠 것이다. 어떤 미국인이 얼마 전에 말한 바와 같이, '보호무역'은 전제정치 아래서라면 충분히 괜찮을 수도 있지만 공화국에서는 절대로 성공할 수 없다.[22]

아일랜드와 식민지들을 향한 우리의 정책에서 우리는 '보호무역'의 해악을 보여 주는 훨씬 강력한 예증을 발견하게 된다. 크롬웰 지지자들이 정주한 뒤 아일랜드 가축이 잉글랜드로 수출됐다. "그러나 우리 나라의 토지를 소유한 신사들을 진정시키기 위해,"[23] '왕정복고'가 있은 뒤 아일랜드의 가축, 육류, 유제품의 수입은 1660년부터 1685년까지 금지됐다. 그때 낙농이 이윤을 내지 못하게 되자, 아일랜드인들은 자신들의 토지를 양을 키우는 목장으로 바꾸어 양털을 수출했을 뿐 아니라 국내에서 모직물 제조업을 시작하기도 했다. 그러자마자 아일랜드 양털을 잉글랜드 시장에 수출하는 것을 제한하는 법률이 통과됐다(1699년). 그리고 그에 이어서 금지하는 것이나 마찬가지인 높은 관세가 아일랜드 모직물 제조업에 부과됐다. 잉글랜드 제조업자들은 아일랜드 제조업자들이 잉글랜드의 보호를 받고 있고 아일랜드가 번성한 것은 잉글랜드 자본 때문이므로 잉글랜드 제조업자들의 이해득실을 위해 무역에 제한을 가하는 것을 받아들여야 한다고 주장했다. 게다가, 잉글랜드와 아일랜드가 각각 모직물 산업과 리넨 산업을 독점하

---

21) 스크리베노, 73~4쪽.

22) ['어떤 미국인an American observer'에 대해서는 확인할 수 있는 것이 없었다. ─옮긴이]

23) 앤더슨, 제ii권 507쪽.

고 두 국민이 그리하여 서로 의존하게 되면 두 왕국 공통의 이해득실에서 최선이라고 보았다. 식민지로 눈을 돌려 보면, 식민지가 단순히 모국의 시장과 농장으로 여겨지고 있음을 발견하게 된다. 동일한 논거가 이용됐다. 식민지는 영국에 모든 것을 빚지고 있고, 그런 까닭에 영국이 자신의 이해득실에 따라 식민지를 착취한 것이 폭정은 아니라는 것이었다. 그런 까닭에 식민지에는 브리튼의 것이 아닌 그 어떤 배로도 수출하거나 수입하도록 허락되지 않았다. 식민지는 영국인이 그레이트브리튼이 아닌 그 밖의 유럽 지역으로 수출하기를 원하는 상품들을 수출해서는 안 됐다. 반면에 우리의 지주들이 경쟁을 두려워하는 식민지의 원료로 만든 상품은 영국 시장에서 배제됐다. 그레이트브리튼이 아닌 유럽의 그 밖의 지역에서 식민지로의 모든 수입이 금지됐는데, 이는 우리의 제조업자들이 미국 시장을 독점하게 하기 위함이었다. 게다가 국내에서 그 어떤 제조업도 시작되지 못하도록 막기 위한 온갖 시도가 있었다. 17세기 말에 몇몇 미국인이 모직물 산업을 시작한 바 있다. 1719년에 그 산업은 금지됐다. 모든 철 제조업 ― 심지어 못 제작까지 ― 을 금했다. 모자 제조업이 시작돼 번영했으나, 영국 모자 업자들이 진정서를 내자 이 경쟁자들에게는 영국으로 수출하는 것이 허락되지 않았고, 심지어는 한 식민지에서 다른 식민지로 수출하는 것까지 허락되지 않았다. 애덤 스미스가 다음과 같이 말한 것은 당연한 일이었다. "사람들을 고객으로 만든다는 단 하나의 목적을 위해 위대한 제국을 세운다는 것은 언뜻 보면 소매상들의 나라에나 어울리는 기획처럼 보일는지도 모른다."[24] 이러한 상업 체제만큼이나 '독립선언'에 이바지한 것은 없었으며, 독립선언의 반포를 본 것과 같은 해에

---

24) 『국부』, 제ⅳ책, 제ⅶ장, 제ⅲ부. (제ⅱ권, 196쪽[김수행, 756쪽 ― 옮긴이].)

『국부』의 출판도 보았다는 사실은 의미심장하다.

『국부』를 처음 읽게 되는 많은 사람은 실망한다. 명쾌한 논거와 보편적 법칙에 대한 명료한 해설을 기대하며 책에 다가가지만, 꽤나 장황하고 갈팡질팡하는 추론들과 일시적으로만 중요한 일단의 사실들을 발견하게 된다. 그러나 바로 이러한 흠들이 그 책이 즉각적으로 성공을 거두는 데 이바지했다. 애덤 스미스가 자기 시대의 실리적인 사람들에게 그렇게 강력한 호소력을 지닐 수 있었던 것은 그가 그 시대의 실제 조건을 세부적으로 검토했기 때문이며, 정치가를 위한 안내서를 쓴 것이지 튀르고가 그랬듯이 그저 철학자를 위한 체계화된 논문을 쓴 것이 아니기 때문인데, 피트를 포함한 그런 실리적인 사람들은 스미스의 "세부 사항에 대한 광범위한 지식"은 물론이고 "그의 철학적 연구의 깊이"도 칭찬했다.[25] 스미스에게 힘을 주었던 것은 그 둘의 결합이었다. 그는 그 주제에 관한 최초의 위대한 저술가였다. 그와 더불어 정치경제학은 거래소와 장터에서 교수의 연구실로 옮겨갔다. 그러나 그는 손으로 더듬으며 나아가는 정도였을 뿐이어서, 그의 책에서 깔끔하게 정돈된 내용이나 학문적으로 정확한 처치를 마주치길 기대할 수는 없다. 그의 언어는 시안試案이라 할 만한 것이어서, 다른 곳에서는 잊고 넘어갔던 것을 구별하는 일이 때때로 있는데, 이는 자구와 관련된 끝없는 논의를 통해 경제학의 언어가 고정되기 전에는 불가피한 것이었다. 스미스에게는 리카도의 추상적 추론의 힘이 조금도 없었다. 스미스의 타고난 재능은 관찰의 범위와 속도에 있었고, 놀랄 만큼 멋들어지게 제시한 예증에 있었다. 우리가 그를 연구하는 이유는 플라톤에서

---

25) [1792년에 재무상Chancellor of the Exchequer인 윌리엄 피트가 의회에서 연설하며 애덤 스미스에 대해 쓴 표현들이다. – 옮긴이]

그렇듯 그에게서 위대한 독창적 사고를 마주하게 되기 때문인데, 그 정신은 우리에게 어떻게 생각하고 공부해야 하는지 가르친다. 독창적인 사람은 신중하기 때문에 언제나 갈팡질팡한다.

　이전의 저술가들과 가장 명확히 구별되는 애덤 스미스의 근본적 발상을 찾는다면, 제일 먼저 그의 사해동포주의와 맞닥뜨리게 된다. 상업은 한 국민의 것이 아니며 세계 모든 국민을 하나의 커다란 공동체로 보아야 한다는 믿음이라는 면에서 보자면, 그는 코브던의 선구자였다. 스미스가 쓴 책의 제목『국부』를 먼이 쓴 논문의 제목『외국무역으로 측정한 영국의 재보』와 대조하기만 해도, 스미스가 낡은 국민적 경제체제에 얼마나 크게 거슬렀는지 볼 수 있을 것이다. 이러한 사해동포주의에는 중상주의에 대한 세부적인 논박이 필요했다. 그는 금과 은이 다른 형태의 부보다 더 중요하지는 않다는 것을 입증해야 했고, 우리가 교환할 때 내놓을 소비할 수 있는 다른 제품들을 가지고 있다면 금과 은을 사고자 원할 때 언제나 살 수 있어야 한다는 것을 입증해야 했다. 그러나 다음과 같이 이의가 제기될 수도 있다. '어떤 나라의 국민이 당신의 다른 제품을 받으려 하지 않고 당신의 금을 원한다면 어찌 되는가?' 애덤 스미스는 이렇게 답변했다. '그런 경우라면, 금은 당신의 나라를 떠나 해외로 갈 것이다. 그 결과로, 국내에서 가격은 하락할 것이고, 외국인들은 당신의 시장에서 낮은 가격에 살 수 있게 되는 것에 매력을 느낄 것이고, 그러면 금은 돌아올 것이다.' 나는 그의 연역이 진실에 부합한다는 것을 입증하기 위해 요즈음의 역사에서 가져온 실제의 예를 제시할 수도 있다. 1847년에 감자 기근이 벌어지는 동안, 우리는 미국에서 어마어마한 양의 곡류를 수입해야 했으며, 그 결과 미국으로 16,000,000파운드스털링에 이르는 금괴를 보내야 했다.

그러자마자 물가가 미국에서는 상승했고 영국에서는 하락했으며, 영국 상인들은 미국에서 그만 샀던 반면에 미국 상인들은 영국에서 대량으로 샀고, 그리하여 이듬해에 모든 금이 다시 돌아왔다.

　이와 마찬가지로 애덤 스미스에게서 나타나는 두드러진 점은 개인주의, 즉 개인의 사리사욕에 대한 완전하고도 망설임 없는 신뢰다. 그는 사리사욕이 사회를 결속하는 중요한 요소라며 사리사욕에 호소한 최초의 사람이었다. 예리한 관찰자로서 그는 어떤 사실들을 가리킬 수 있었고, 그 사실들은 그의 신조를 확증할 것처럼 보였다. 우리가 일단 분업의 원리를 인정한다면, 그에 뒤따르는 결론은 어떤 사람은 다른 사람들이 원하는 것이 무엇인지 알아내야만 생활할 수 있다는 점이다. 예컨대 런던의 식량 공급을 좌우하는 것은 그와 같은 사실이다. 이것이 자유방임 학설의 토대다. 거기에는 경쟁이 내포돼 있는데, 애덤 스미스가 믿었던 바와 같이 경쟁의 결과로 사람의 욕망은 최소한의 비용으로 충족될 것이다. 경쟁을 옹호하면서 스미스는 이전의 저술가들에 근원적으로 반대했는데, 그들은 경쟁을 증오할 만한 것으로 생각했던 것이다. 그러나 스미스의 결론이 전적으로 옳았다. 또한 그 결론에는 있을 수 있는 최선의 산업 분포가 내포돼 있다. 왜냐하면 자유경쟁 체제 아래서는, 누구나 가장 적합한 장소에서 직업에 종사할 것이기 때문이다.

　그러나 자유방임 원리는 애덤 스미스가 인식하지 못한 어떤 지점들에서는 작동하지 않는다. 예컨대 소비자의 욕망을 있을 수 있는 최선의 방식으로 충족하는 것이 생산자의 이해득실에 유리하다는 점, 상품을 정직하게 제조하는 것이 생산자의 이해득실에 유리하다는 점을 가정하지 못한다. 직업이 오래전에 자리 잡아 평판을 유지하고 있는 곳에서는, 또는 소비자가 어떤 상품이 진품인지 아닌지 알아낼 정도로 충분히 총명한 곳에서는, 그런 것이 생산자의 이해득실에 유리하다는 사실이 전적으로 옳다. 그러나 그런 조건들은 현대 상업에서는 매우 적게만 존재한다. 오늘날의 장사는 주로 빌린 자본으로 이루어진다. 그리고 몇 년 안에 될 수 있는 대로 많은 양의 제품을 팔고는 사업을 접는 것이 현명한 사람의 이해득실에 유리할 것이다. 이렇듯 생산자의 이해득실과 소비자의 이해득실이 충돌해서「불순물 법령」들이 통과될 필요가 있음이 밝혀졌는데, 그 법령들은 판매자의 이해득실과 구매자의 이해득실이 같지 않음을 인정하고 있다.[26] 실제로, 이 법령들이 발의됐을 때 의회에서 논의된 이야기는 소비자들이 스스로를 돌봐야 하지만 그렇게 하기에는 너무 무지하다는 것이었고, 특히 불순물을 섞지 못하도록 보호할 품목들의 대량 소비자인 빈민이 그렇다는 것이었다. 게다가 애덤 스미스는 국내 자유무역이 자연독점이라는 결과를 낳을지도 모른다는 것을 내다볼 수 없었다. 우리 시대의 똑똑히 보이는 특징은 어떤 산업들이 소수 대자본가의 수중에 집중됐다는 것인데, 특히 미국에서 그런 일이 벌어져서 그런 패거리가 실제로 시장가격을 멋대로 정한다. 예컨대 펜실베이니아 석탄광 85퍼센트는 단결하여 행동하는 예닐곱 회사 수중에 있다. 그와 같은 독점에 대한 가장 손쉬운 치유책은 국제 자유무역일 것이며, 국제 경쟁이 벌어지면 유지될 수 있는 독점은 소수일 것이다. 끝으로, 부의 분배에는 이해득실이 영속적으로 적대되는 일이 반드시 있을 수밖에 없다. 애덤 스미스 자신도, 임금률은 이해득실이 동일하지 않은 두 당사자 사이의 계약에 달려 있다

---

26) [영국에서 음식에 불순물을 넣는 일이 자주 벌어지자 1860년에「음식 불순물 법령Adulteration of Food and Drinks Act」이 처음으로 만들어졌다. – 옮긴이]

고 말할 때 이를 보고 있었다. 이런 점이 인정된다면, 분배에서는 개별 이익과 공공 이익의 "조화"라는 것이 허구임을 보게 된다. 오늘날 노동자의 각각의 층은 자기 자신의 구성원들의 임금을 돌볼 뿐이다. 그리하여 임금 문제에서는 자유방임 체제가 완전히 무너졌다. 우리는 전국에 걸쳐 '조정 회의소' 설립을 시도하도록 몰렸고, 그리하여 사실상 자유방임 원리를 저버렸다. 사리사욕이 우리의 모든 욕망을 충족하기 일쑤라는 말도 참이 아니다. 병원 같은 우리의 가장 훌륭한 기관이 존재하는 것은 이타적 감성 덕분이다.[27] 이러한 적대들은 애덤 스미스 시대 이후로 더 강하게 드러나게 될 것이었다. 심지어 그의 시대에도 어두운 구석이 있었지만, 우리는 지금 더 어두운 시기로 다가가고 있다. ─ 어떤 나라의 국민이 이제까지 통과해 왔던 것만큼이나 참혹하고 무서운 시기로 다가가고 있다. 그 시기가 참혹하고 무서운 까닭은 부의 엄청난 증가와 나란히 극빈층의 어마어마한 증가가 보였기 때문이고, 자유경쟁의 결과인 방대한 규모의 생산으로 인해 계급들이 서로 급속히 멀어지고 거대한 생산자 무리가 영락했기 때문이다.

---

27) 주제 전체에 관해서는 H. 스펜서의 「전문화된 행정」에 관한 시론과 「사회 유기체」에 관한 시론, 그리고 헉슬리 교수의 「행정의 허무주의」에 관한 시론을 보라.

VIII. 혁명의 주요 특징들

'경제과학'의 발전 — 경쟁 — 경쟁의 이용과 남용 — '산업혁명'의
징후들 — 급속한 인구 증가 — 북과 남의 인구의 상대적 밀도 — 농
업혁명 — 인클로저 — 농장 합병과 농업 개량 — 제조업에서의 혁명
공장제도 무역 팽창 지대 상승 계급들의 상대적 지위의
변화

'산업혁명'의 핵심은 그 이전에 부의 생산과 분배를 통제해 왔던
중세의 규제를 경쟁으로 대체한 것이다. 이런 점에서 볼 때 영국 역사
에서 가장 중요한 사실 가운데 하나가 '산업혁명'일 뿐만 아니라, 유
럽에서 위대한 사상 체계 두 가지 — '경제과학'과 그것에 대한 안티
테제인 '사회주의' — 가 발달한 것도 '산업혁명' 덕분이다. 영국에
서 '경제과학'의 발전에는 네 개의 주요한 경계석이 있으며, 그 각각
은 위대한 네 명의 경제학자의 이름과 연관이 있다. 최초의 경계석은
1776년에 있었던 애덤 스미스의 『국부』가 출판된 것인데, 그 책에서
스미스는 부의 원인을 조사했고, 제한이 가해지던 체제를 산업의 자유
로 대체하는 것을 목표로 삼았다. 사람의 복리가 아닌 부의 생산이 애
덤 스미스가 본래 자신의 사고의 눈앞에 두었던 것이며, 그 자신의 말
로 하자면 "어떤 나라든 정치경제학의 중대한 목적은 그 나라의 부와
힘을 증가시키는 것이다."[1] 그의 훌륭한 책은 산업 '혁명' 직전에 나왔
다. 그 학문의 발달에서 두 번째 단계를 표시한 것은 1798년에 출판된

---

[1] 제 i 권, 제 ii 책, 제 v 장, 377쪽[김수행. 456쪽 – 옮긴이].

맬서스의 『인구에 관한 시론』이며, 이 책은 그때 이미 한창이던 그 혁명의 산물로 보아도 좋을 것이다. 애덤 스미스가 대규모 생산에 모든 주의를 집중했다면, 맬서스는 부의 원인이 아니라 빈곤의 원인을 탐구하는 쪽으로 관심을 돌렸고 인구이론에서 그 원인을 발견했다. 세 번째 단계를 표시한 것은 리카도의 『정치경제학과 과세의 원리』인데, 이 책은 1817년에 나왔으며 그 책에서 리카도는 부의 분배의 법칙들을 규명하려 했다. 애덤 스미스는 산업의 자유라는 체제에서 부가 어떻게 생산될 수 있는지 보여 준 바 있었다면 리카도는 그러한 체제에서 부가 어떻게 분배되는지 보여 주었는데, 이는 그의 시대 이전 사람 누구에게도 떠오를 수 없었던 문제였다. 네 번째 단계를 표시한 것은 존 스튜어트 밀의 『정치경제학의 원리』이며, 이 책은 1848년에 출판됐다. 밀 자신은 "자신의 논문의 주요한 공적"[2]이 생산의 법칙과 분배의 법칙을 구별한 것이라 단언했고, 그가 해결하고자 한 문제는 부가 어떻게 분배돼야 하는가였다. 자유경쟁 체제 아래서 불가피한 것이 무엇이며 그렇지 않은 것이 무엇인지 보여 주려는 밀의 시도로 인해 커다란 진전이 이루어졌다. 이런 시도에서 우리는 '사회주의'라는 맞수 체제가 이미 경제학자들에게 영향을 주기 시작했다는 것을 보게 된다. 밀의 책의 정신 전체는 그의 시대까지 영국에서 집필된 바 있는 다른 경제학 저작들의 정신과는 매우 다르다. 리카도의 체제를 다시 말하는 것이었다 하더라도, 밀의 책은 부의 분배가 "특정한 사회적 협정"[3]의 결과임을 승인하는 내용을 담았으며, 경쟁만이 사회의 만족스러운 토대는 아니라는 것을 인정했다.

---

2) [박동철, 제1권, 55쪽 – 옮긴이]
3) [밀의 책의 편집자인 애슐리William James Asheley의 표현이다 – 옮긴이]

애덤 스미스가 포고하고 리카도와 밀이 당연하게 생각한 경쟁이라는 것은 여전히 우리 시대의 지배적인 발상이다. 『종의 기원』이 출판된 이래로는 "생존을 위한 투쟁"이라는 이름으로 더 많이 듣게 되긴 하지만 말이다. 나는 여기서 이 주제에 관한 현재의 논거에 포함돼 있는 오류에 주목하고자 한다. 우선, 모든 경쟁이 생존을 위한 경쟁이라고 가정된다. 이런 가정은 참이 아니다. 그저 생존하기 위한 투쟁과 특정한 종류의 생존을 위한 투쟁에는 큰 차이가 있다. 예컨대, 여덟 사람만 들어갈 여지가 있는 어떤 업종에 열두 사람이 고용되기 위해 투쟁하고 있다고 하자. 넷은 그 업종에서 쫓겨날 것이지만 생존에서 멀어지도록 짓밟히는 것은 아니다. 상당수의 경쟁은 어떠한 종류의 일을 하게 될 것인지를 결정할 뿐이다.[4] 물론 어떤 사람이 한 종류의 일만 할 수 있다면 그 경쟁이 빠듯한 삶을 위한 투쟁이 되기가 쉽더라도 말이다. 그런 다음에는, 이러한 생존 투쟁이 자연법칙이며 그런 까닭에 거기에 인간이 개입하는 것은 모두 잘못이라고 가정된다. 거기에 대해 나는 문명이 지니는 의미 전체가 이러한 야수와 같은 투쟁에 대한 개입이라 대답하겠다. 우리는 싸움의 격렬함을 완화하고 약자가 마구 짓밟히지 않도록 막을 작정이다.

의심할 것도 없이, 경쟁은 쓸모가 있다. 경쟁이 없다면 어떠한 진보도 가능하지 않을 텐데, 왜냐하면 진보는 주로 외부로부터 오기 때문이다. 사람들을 진력하지 않을 수 없게 만드는 것은 외적 압박이다. 하지만 '사회주의자들'은 이러한 이점이 인간의 삶과 노동의 어마어마한 소모라는 희생을 대가로 얻어진다고 주장하며, 그런 희생은 규제를 통해 피할 수도 있을 것이라고 한다. 그러나 여기서 우리는 생산에서

---

4) 이런 사실을 보지 못하는 무능력이 '보호무역주의 오류'의 원천이다.

의 경쟁과 분배에서의 경쟁을 구별해야 하는데, 그 차이는 현대의 입법 행위가 인정하는 바이며, 그 차이로 인해 계약의 범위가 한 방향으로는 넓어졌고 다른 방향으로는 좁아졌다. 사람들의 투쟁에 대해 말하자면, 생산에서 서로를 능가하는 것이 공동체에 유리하다. 공통의 생산량의 분할을 놓고 벌이는 투쟁은 그렇지 않다. 더 강한 측이 자기 자신에게 유리한 조건을 멋대로 정할 것이다. 그리고 사실을 말하자면, 경쟁의 초창기에 자본가들은 노동자들을 억압하는 데 모든 힘을 써 임금을 기아선상까지 내려가게 했다. 이런 종류의 경쟁은 억제돼야 한다. 이런 경쟁이 단결이나 입법 행위를 통해, 아니면 그 둘 다를 통해 완화되지 않고 오래 지속된 역사적 사례는 없다. 영국에서는 이 두 치유책이 시행되고 있는데, 단결은 '노동조합'을 통해 시행되고 입법 행위는 공장법 입법을 통해 시행된다. 과거에는 다른 치유책이 적용됐다. 치안판사가 임금을 정하던 일은 경쟁의 해악을 막자는 바로 이러한 소망으로 제대로 설명할 수 있는데, 리카도에게 치안판사는 강자의 이해득실을 따르는 폭정이라는 옛 체제의 찌꺼기로 보였다. 이제 우리가 알게 됐듯이 경쟁은 그 자체로는 선도 아니고 악도 아니다. 경쟁은 연구되고 통제돼야 하는 힘이다. 경쟁은 힘과 방향을 관찰해야 하는 물줄기에 비교될 수 있을 것인데, 그 물줄기가 해를 끼치지 않고 혜택을 주도록 일할 수 있게 하는 범위 안에서 둑을 쌓아야 할 것이다. 그러나 우리의 연구 대상인 그 시기에는 경쟁을 복음서처럼 믿게 됐으며, 거기에 필연성이라는 발상이 덧붙여지면서, 보편적이고 제한 없는 경쟁이라는 가정에서 연역된 경제법칙들이 실용적 교훈으로 바뀌었고, 그 교훈을 거스르는 것은 부도덕한 것이나 마찬가지라고 간주됐다.

'산업혁명'이 낳은 사실들로 가자면, 우리 눈에 가장 먼저 들어오는 것은 인구 증가를 보여 주는 속도가 훨씬 빨라졌다는 점이다. 우리가 가진 불완전한 재료로 계산할 수 있는 한에서 볼 때, 1751년 이전에는 10년 동안의 증가 가운데 가장 큰 것이 3퍼센트였다. 그다음 세 번의 10년 시기 각각에는 증가가 6퍼센트였고, 그다음에 1781년과 1791년 사이에는 9퍼센트, 1791년과 1801년 사이에는 11퍼센트, 1801년과 1811년 사이에는 14퍼센트, 1811년과 1821년 사이에는 18퍼센트였다.[5] 이는 이제까지 영국에서 도달했던 가장 높은 수치인데, 1815년 이래로는 방대한 이주로 인해 증가가 완화되는 경향이 언제나 있었기 때문이다. 1815년과 1880년 사이에 8백만 이상(아일랜드인 포함)이 우리나라를 떠났다. 그런데 이 시기가 없었다면 우리의 10년 평균 증가율은 12퍼센트가 아니라 16퍼센트나 18퍼센트가 될 것이다.[6]

그다음으로 우리는 농업인구의 상대적이고도 절대적인 감소를 주목하고 있다. 1811년에는 농업인구가 그레이트브리튼 인구 전체의 35퍼센트를 이루었고, 1821년에는 33퍼센트, 1831년에는 28퍼센트였다.[7] 그리고 그와 동시에 농업인구의 실제 숫자도 감소했다. 1831년에는 농업에 고용된 성인 남성이 그레이트브리튼에 1,243,057명 있었고, 1841년에는 1,207,989명 있었다. 1851년에는 영국의 농업 종사자 전체 숫자가 2,084,153명이었고, 1861년에는 그 숫자가 2,010,454명이고 1871년에는 1,657,138명이었다.[8] 이러한 변화와 동시에, 인구 밀집의 중심

---

5) 1806년에 R. 필 경은 이렇게 말했다. "면직물 업종에서 기계가 새로운 주민을 낳았다. 기계는 조혼이 이루어질 정도로 주민의 안락함을 높여 주었고, 그로 인해 인구가 크게 증가했으니, 나는 조혼이 인류를 보태는 일을 한 셈이라고 말하려 한다." — 『의회 보고서』, 440쪽.

6) 제번스의 『석탄 문제』 170쪽과 『1881년 인구조사 결과』, iii쪽, xi쪽을 보라.

7) 포터의 『국민의 진보』(제2판, 1847년). 52쪽.

8) 같은 책. 61쪽. 65쪽. 콜프의 『국민들의 상태』, 브루어 여사 번역. 73쪽.

지가 '중부'에서 '북부'로 옮겨갔다. 오늘날 트렌트강 북쪽 주에는 제곱마일당 458명이 있는 반면에 트렌트강 남쪽 주에는 312명이 있다. 그리고 끝으로 잉글랜드와 아일랜드의 상대적 인구의 변화를 언급해야 한다. 세 왕국의 총인구 가운데 아일랜드 인구가 차지하는 비중은 1821년에는 32퍼센트였다가 1881년에는 고작 14.6퍼센트다.

농업혁명도 제조업에서의 혁명이 그랬던 만큼 18세기 말 산업의 거대한 변화에서 큰 역할을 했지만, 사람들은 대개 제조업에서의 혁명에 주의를 더 돌린다. 그런 까닭에 그다음에 탐구해야 하는 것은 이런 것이어야 한다. 시골 인구를 이렇게 주목할 정도로 감소하게 한 농업의 변화는 무엇이었는가? 효과가 가장 컸던 세 가지 원인은 이런 것이다. 공유 경지 체제 경작이 파괴된 것, 공유지와 황무지의 인클로저가 대규모로 이루어진 것, 작은 농장이 대농장으로 합병된 것. 이미 본 바와 같이, 1710년과 1760년 사이에는 대략 300,000에이커에서 인클로저가 일어난 반면에 1760년과 1843년 사이에는 거의 7,000,000에이커가 같은 과정을 거쳤다. 작은 농장이 대농장으로 대체된 것은 인클로저 체제와 밀접하게 연관이 있었다. 세기 전반기에 로런스는, 비록 경제적 관점에서 합병을 찬성했더라도, 지주를 퇴거시킬 때 악평이 따르면 그런 악평이 퇴거를 강력하게 억제하도록 작용하리라 생각했다.[9] 그러나 이런 거리낌은 이제 사라져 버렸다. 1795년에 이든은 경작지가 꼴밭으로 바뀌는 일에 종종 동반되어 얼마나 끊임없이 변화가 일어났는지 주목하며, 20년 전에는 농장이 서른 개였던 도싯셔의 어떤 촌락에서 자신이 발견한 농장이 두 개였다고 말한다.[10] 이런 과정은 금세기

---

9) 『청지기의 의무』, 3쪽, 4쪽.
10) 『빈민의 상태』, 제ii권, 147~8쪽. 621쪽도 참조.

에 이르기까지 중단 없이 이어졌다. 코빗은 1826년에 글을 쓰면서 이렇게 말한다. "버그클리어 교구에서는 카나번 백작 밑에 단 한 명의 농업경영자가 농장 하나를 가지고 있는데, 지금 살고 있는 사람들이 기억하기로는 그 농장은 농장 열네 개를 이루어 어엿하게 열네 가족을 먹여 살리던 토지였다고 한다고 한다."[11] 농장 합병은 농업경영자의 수를 줄인 한편 인클로저는 노동자를 토지에서 몰아냈는데, 양과 거위를 키울 목축지에 대한 권리가 없어 노동자가 공유지에서 존재하는 것이 불가능해지면서 그런 것이다.

하지만 시골 주민이 이런 변화들을 아무리 호되게 겪으며 견뎌야 했다고 해도, 의심할 것도 없이 그들은 농업적 관점에서 볼 때 명백한 개량을 이뤄 냈다. 그들은 비과학적 경작을 과학적 경작으로 대체하려 했다. 로런스는 이렇게 말한다. "기나긴 경험을 통해, 공유 경지나 개방 경지는 공공 이익에, 또한 모두가 스스로 이루었을 정직한 개량에 커다란 걸림돌이라는 점이 밝혀졌다." 인클로저는 경작지를 확장했고 열등한 땅을 경작하게 했다. 그리고 곡물을 반복해서 수확하여 토지가 고갈돼 있으며 점토와 진흙으로 벽을 삼아 지은 농장 건물과 토지의 $\frac{3}{4}$이 종종 물에 흠뻑 젖어 있던 40에서 100에이커의 작은 농장[12]에게, 100에서 500에이커의 농장으로 합병된다는 것은 돌려짓기, 19년 동안의 임차, 훌륭한 농장 건물 따위를 뜻했다. 이 시기는 농업에서 거대한 진전이 이루어진 시기 가운데 하나였다. 가축 품종이 개량됐고, 돌려짓기가 일반적으로 도입됐고, 증기 쟁기가 발명됐고, 농업 단체가

---

11) 『농촌 유람』, 1830년판, 579쪽. [코빗의 이 글은 자신이 창간한 신문 『정치적 기록부 Political Register』에 1822년부터 1826에 연재되다가 1830년에 단행본으로 묶였다. 웨일스 북부의 지명에서 유래한 "카나번 백작Lord Carnavon"은 1793년부터 생긴 작위다. - 옮긴이]

12) 케벨의 『농업 노동자』, 207～8쪽.

설립됐다.[13] 한 가지 점에서만 변화가 피해를 입혔다. 프랑스 전쟁[14]이 벌어지는 동안 곡물 가격이 내내 높았던 결과로, 최상의 영구적 꼴밭 일부를 개간하게 됐다. 그렇다 해도 1813년에 이야기된 바에 의하면, 그 이전 10년 동안 농업 생산량이 $\frac{1}{4}$ 증가했으며 이는 앞선 세대에 있었던 대단한 증가에 가까운 증가였다.[15]

제조업으로 넘어가면 여기서는 공장이 가내공업 체제를 대체하고 있다는 매우 두드러지는 사실을 보게 되는데, 이는 기계와 관련된 그 시대의 발견의 결과다. 네 가지 위대한 발명이 면직물 제조업의 특성을 바꾸어 놓았다. 하그리브스가 1770년에 특허를 받은 방적기, 아크라이트가 그보다 한 해 전에 발명한 수력방적기, 1779년에 도입된 크럼프턴의 뮬, 1792년에 켈리가 최초로 발명했지만 1825년에 로버츠가 개량하고 나서야 쓰기 시작한 자동 뮬.[16] 이 가운데 어떤 것도 혼자서는 산업에 혁명을 일으키지 못했을 것이다. 그러나 1769년 — 나폴레옹과 웰링턴이 태어난 해 — 에 제임스 와트가 증기기관에 대해 특허를 받았다. 16년 뒤에 증기기관이 면직물 제조업에 사용됐다. 1785년에 볼턴과 와트는 노팅엄셔의 패플위크에 있는 면직물 공장에 적용할 엔진을 만들었고, 같은 해에 아크라이트의 특허는 만료됐다. 이 두 가지 사실이 합쳐져 공장제도의 도입을 알렸다. 그러나 모든 것 가운데 가장 유명하면서 가내공업에 가장 치명적인 발명이었던 동력직기

---

13) 잉글랜드 북쪽과 서쪽에서는 농업 단체가 1777년에 설립됐고, 하일랜드협회는 1784년에 설립됐고, 농업회의소는 1793년에 설립됐다.

14) [1803년에 시작해 1815년에 끝난 나폴레옹과의 전쟁을 말한다. — 옮긴이]

15) 곡물무역위원회(1813년). 포터, 149쪽을 보라.

16) 베인스, 이곳저곳. [《위키피디아》의 〈방적기 | spinning mule〉 항목에서 "윌리엄 켈리 William Kelly"가 "리처드 로버츠"에 앞서 방적기 동력에 새로운 방식을 도입했음은 확인할 수 있었지만, 켈리에 대한 더 자세한 내용은 어디서도 찾을 수가 없었다. 또한 《위키피디아》에는 이 책과 달리 켈리의 발명이 1792년이 아닌 1790년에 이루어진 것으로 되어 있다. — 옮긴이]

는 1785년에 카트라이트가 특허를 받기도 했음에도 몇 년 동안 쓰이고 있지 않았고,[17] 동력직기가 도입될 때까지 노동자는 거의 피해를 보지 않았다. 사실 처음에는 기계가 그 업종을 크게 번성시켰기 때문에 기계가 방적 노동자와 직공織工의 임금을 올렸다. 15년 동안 면직물 업종은 세 배 규모가 됐다. 1788년부터 1803년은 "황금기"라 불린 바 있다. 동력직기는 도입되기 이전이지만 뮬이라든가 모슬린과 그 밖의 다양한 직물을 만들기에 충분히 고운 실을 최초로 방적하게 해 준 기계와 관련된 그 밖의 개량이 도입된 이후에, 다음과 같은 일이 필요할 정도가 됐기 때문이다. "낡은 헛간, 짐마차 창고, 온갖 종류의 부속 건물을 수리하고 아무것도 없던 낡은 벽에 창문을 뚫어 모두 직기 상점을 마련했다. 직공의 새로운 오두막에 직기 상점을 갖추는 일이 사면팔방에서 벌어졌고, 어떤 가족이라도 일주일에 40에서 120실링을 집으로 가져왔다."[18] 훗날에는 노동자의 처지가 많이 달라졌다. 그러는 동안 제철업에서도, 1740년과 1750년 사이에 쓰기 시작한 석탄을 이용한 제련법이 발명돼, 1788년에 증기기관이 고로高爐에 적용되면서 마찬가지로 혁명이 일어났다. 1788년에서 이어지는 8년 동안 제조된 철의 총량은 거의 두 배가 됐다.[19]

공장제도가 그 이상 발달한 것은 기계와는 독립적으로 벌어졌고 무역 팽창 덕분이었는데, 이 팽창 자체는 이 시기에 교통수단 분야에서 이루어진 거대한 진전 때문에 일어난 것이다. 운하 체제가 나라 곳곳에서 급속히 발전하고 있었다. 1777년에 96마일 길이로 트렌트강과 머

---

17) 1813년에는 2,400대만 쓰였고, 1820년에는 14,150대, 1833년에는 100,000대가 넘게 쓰였다. 베인스, 235~7쪽.
18) 래드클리프. 베인스, 338~339쪽에서 재인용.
19) 스크리베노, 83쪽, 87쪽, 93쪽.

지강을 잇는 그랜드트렁크 운하가 완공됐다. 킹스턴어폰헐과 리버풀이 하나의 운하로 이어진 한편, 또 하나의 운하는 그 도시 둘 모두를 브리스틀과 이었다. 그리고 1792년에는 90마일 길이의 그랜드정션 운하가 런던에서 시작돼 옥스퍼드를 거쳐 주요한 중부 도회지들에 이르는 물길을 만들었다.[20] 몇 년 후, 텔퍼드와 매캐덤이 도로를 크게 개량했다. 1818년과 1829년 사이에 유료도로가 1,000마일 이상 건설됐다.[21] 그리고 이듬해인 1830년은 최초의 철로 개통을 경험했다. 이들 개량된 교통수단 덕에 상업이 현저히 확대되었으며, 제품의 충분한 공급을 보장하려다 보니 직공織工을 교통수단 주변에 다수 모으는 것, 직기들을 하나의 작업장에 두는 것, 일꾼에게 날실을 손수 나눠 주는 것 따위가 상인들의 관심사가 됐다. 일꾼들에게 이 체제가 의미하는 것은 독립성이 의존성으로 변한다는 것이었다. 세기 초에 한 위원회의 보고서[22]가 단언한 바에 따르면, 가내공업 체제와 공장제도의 본질적인 차이는 공장제도에서 노동을 하는 사람은 "자신이 제조한 제품으로 된 재산이 없는 사람들"이라는 점이다. 이와 같은 무역 팽창의 또 하나의 직접적 결과는 과잉생산 시기와 불황 시기가 정기적으로 다시 돌아온다는 것인데, 이는 옛 제도에서는 전혀 알려지지 않았던 현상이며, 먼 곳에 있는 시장을 위해 대규모로 이루어지는 이러한 새로운 생산 형태 때문에 나타나는 것이다.

부를 생산하는 조건이 이렇게 바뀜에 따라 필연적으로 부의 분배에서도 마찬가지의 혁명이 뒤따랐다. 농업에서 두드러진 사실은 지대

---

20) 맥컬록의 『상업 사전』, 233쪽, 234쪽.

21) 포터, 293쪽.

22) [1806년의 영국 의회에서 발간한 「영국 모직물 제조업의 상태에 관한 보고서Report on the State of Woollen Manufacture of England」를 말한다. ―옮긴이]

의 어마어마한 상승이다. 지대는 1795년까지는 비록 몇몇 곳에서는 상승했다 하더라도 그 밖의 곳들에서는 '혁명' 이래로 내내 안정적이었다.[23] 그러나 포터에 따르면, 1790년과 1833년 사이에 지대는 적어도 두 배가 됐다.[24] 스코틀랜드에서는 1795년에는 2,000,000파운드스털링이었던 토지 임대료가 1815년에는 5,278,685파운드스털링으로 상승했다.[25] 에식스에서는, 1793년 이전에는 1에이커에 10실링에 임대되던 한 농장을 1812년에는 50실링에 세냈는데, 6년 후에는 다시 35실링으로 하락했지만 말이다. 버크셔와 윌트셔를 보면, 1790년에는 14실링에 세내던 농장을 1810년에는 70실링, 1820년에는 50실링에 세냈다. 의심할 것도 없이, 이렇게 임대료가 상승한 것은 대부분은 개량에 투자한 돈 때문이긴 하지만 — 제1대 레스터 백작[토머스 윌리엄 코우크 - 옮긴이]은 자기 소유지에 400,000파운드스털링을 지출했다고 한다[26] — 더 크게 보면 인클로저 체제, 농장 합병, 프랑스 전쟁 동안의 높은 곡물 가격 따위의 효과였다. 하지만 그 원인이 무엇이었든, 지대 상승은 거대한 사회혁명, 즉 정치적 힘의 균형이나 계급들의 상대적 지위에서의 변화를 상징적으로 보여 주었다. 농업경영자는 지주가 이룬 번성을 함께 나누었다. 많은 농업경영자가 유리한 조건으로 임차하여 농장을 유지하고는 그로부터 많은 이윤을 냈기 때문이다. 그 결과, 농업경영자의 성격은 완전히 변했다. 더는 일하지 않았고, 노동자들과 함께 살지 않았고, 독특한 계급이 됐다. 전시에 물가가 오르자 그들의 도덕은 완전히 문란해졌는데, 부가 너무 빨리 증가해서 그것으로 무엇을 해야

---

23) 이든, 제ii권, 292쪽.

24) 포터, 151쪽, 165쪽.

25) 『브리태니커 백과사전』, 「농업」 항목.

26) 예를 들면 리카도 같은 주식 매매업자는 토지를 사들였고, 소유지는 주인이 매우 많이 바뀌었다. 새로운 지주들은 십중팔구 자기 소유지에서 나오는 자원을 더 잘 발전시킬 것이었다.

할지 어쩔 줄 몰랐기 때문이다. 코빗은 그들의 습관에서 일어난 변화, 새로운 음식과 가구, 사치와 음주 따위를 묘사한 바 있는데, 그런 것들은 어떻게 써야 하는지를 알지 못할 정도로 많은 돈이 수중에 들어온 결과였다.[27] 한편, 농업에서의 이런 모든 변화가 노동자의 처지에 미친 효과는 위와는 정확히 반대되는 가장 참혹한 것이었다. 임금이 꾸준히 하락하는 동안 높은 물가로 인한 모든 부담을 느꼈고 공유권을 잃었다. 농업경영자와 노동자가 서로 멀어지기 시작했을 것은 이 시기, 즉 금세기 초부터다.[28]

이와 정확히 유사한 현상이 제조업 세계에도 나타났다. 대자본가 고용주라는 새로운 계급은 어마어마하게 큰돈을 벌었고, 자기 공장의 노동에 몸소 참여하는 일은 거의 또는 전혀 없었으며, 수백에 이르는 자신의 노동자를 개인적으로 알지 못했다. 그리고 그 결과, 주인과 종업원의 낡은 관계는 사라졌고, "금전 관계"[29]가 인간적 유대를 대체했다. 노동자들 측을 보자면, 단결을 호소했고, '노동조합들'은 합자한 공동 생산자들 사이에 벌어진 것이라기보다는 한쪽이 죽어야만 하는 적들 사이에 벌어진 듯한 싸움을 시작했다. 이 시기에 근로인민 대부분을 덮친 비참함은 언제나 그런 것은 아니라 해도 종종 임금 하락 때문에 생겼는데, 언제나 그런 것은 아니라고 말하는 것은 앞서 말했듯이[30] 몇몇 산업에서는 임금이 상승했기 때문이다. 그러나 노동자들은 공장제도 아래서의 노동조건으로 인해서도, 물가 상승, 특히 곡물

---

27) 코빗의 『농촌 유람』, 「라이게이트」, 1825년 10월 20일, 241쪽(1830년판). 마타누의 『1800년부터 1815년까지의 영국 역사』(1878년), 18쪽 참조.

28) 『노동자임금위원회의 보고서』(1824년), 57쪽.

29) [토머스 칼라일Thomas Carlyle (1795~1881)은 『과거와 현재Past and Present』에서 인간 사이의 관계nexus가 "현금 지불cash-payment"로 바뀐 것을 비판한 바 있고, 그 이후로 "금전 관계cash-nexus"라는 표현이 널리 사용되었다. 이 책 제 장에서도 아널드 토인비는 이 표현을 다시 언급한다.

30) [이 책 제VI장 앞부분을 보라. - 옮긴이]

법 폐지 이전의 높은 빵 가격으로 인해서도, 생산이 대규모가 된 이래로 혹독한 곤경의 시기가 다시 찾아오도록 만들어 온 무역의 갑작스러운 요동으로 인해서도, 마찬가지로 고생했다. 산업 '혁명'의 효과는 자유경쟁이 안녕을 생산하지 않은 채 부를 생산할 수도 있음을 입증하고 있다. 우리 모두는 입법 행위와 단결이 경쟁을 제지하기 전까지 그로 인해 영국에 잇달아 등장했던 공포를 알고 있다.

IX. 극빈층의 증가

'정치경제학'과 자비 본능 — '빈민법'의 '역사' — 16세기의 극빈층 — 1601년 '빈민법'과 그것의 수정 — 17세기와 18세기 극빈층의 더 딘 증가 — 18세기 말 극빈층의 급속한 증가 — 극빈층이 이렇게 늘어난 이유: 농장 합병, 인클로저, 물가 상승, 기계 도입 — 적용됐을 수도 있었을 치유책들 — 결함이 있는 옛 '빈민법'의 원리

맬서스는 자신이 책을 쓰게 된 동기가 고드윈의 『탐구』였다고 말하고 있지만, 맬서스가 책을 쓰도록 만든 것은 실제로는 자기 주위에서 본 극빈층의 급속한 증가였으며, 그 책은 영국 「빈민법」을 개정하도록 결정한 주요한 세력이 누구인지를 입증했다.[1] 극빈층 문제가 가장 지독한 형태로 사람들을 덮친 것은 1795년과 1834년 사이였다. 아래의 통계가 극빈층의 증가를 예증할 것이다.

연도	인구	구빈세	인구 일인당
1760년	7,000,000명	1,250,000파운드스털링	3실링 7페니
1784년	8,000,000명	2,000,000파운드스털링	5실링 0페니
1803년	9,216,000명	4,077,000파운드스털링	8실링 11페니
1818년	11,876,000명	7,870,000파운드스털링	13실링 3페니

---

[1] [흔히 "구빈법"이라고 번역하는 "Poor Law"의 내용이 꼭 빈민 구제만은 아니어서 "빈민법"이라고 번역했다. 단, "poor rate"는 "구빈세"로 번역했다. – 옮긴이]

위의 구빈세는 그때까지 도달했던 것 중 가장 많은 것이었다. 그러나 문제의 본성을 현실적으로 이해하려면 극빈층의 그 이전의 역사, 각각의 시기에 극빈층이 생겨난 원인, 극빈층이 증가했다고 결정한 주요한 세력 따위를 검토해야 한다.

'정치경제학'에 반대하는 선입관이 생긴 것은 '정치경제학'이 사람들에게 사리사욕을 따르라고 말하고 자비 본능을 억누르라고 말하는 듯이 보였기 때문이다. 개인의 사리사욕에서는 빈민을 위한 대비책이 나오지 않으며 그런 대비책을 마련하려면 그 밖의 동기와 발상이 사리사욕을 대신해야 한다는 것이고, 따라서 '정치경제학'은 그러한 대비책이 마련돼서는 안 된다고 가르쳤다는 발상에서 선입견이 생겼다. 실제로 옛날 경제학자 몇몇은 사람들이 길거리에서 죽도록 두어야 한다고 말했다. 하지만 맬서스는 「빈민법」을 대단히 증오했음에도 다음과 같이 생각했다. "해악은 이제 너무 깊숙이 자리를 잡게 됐고, 「빈민법」이 제공하는 구제책은 매우 널리 너무 뻗어 있어서 인정이 있는 사람이라면 그 누구도 그런 구제책을 즉각적으로 폐지하자고 감히 제안할 수 없게 됐다."[2] 정치경제학이 무자비하다는 가정은 그 학문의 영역에 대한 잘못된 개념에서 생겨나며, 앞서 넌지시 말한 바 있는[3] 갈팡질팡한 발상에서 생겨나는데, 그런 발상은 경제법칙을 실용적 교훈으로 바꾸고 또한 경제법칙에 따른 그 밖의 동기에서 비롯되는 행동을 참작하려 하지 않는다. 이제 우리가 보기에 필요한 것은 자비 본능을 억누르는 것이 아니라 자비를 펼칠 조직이다. 자비를 학문적인 것으로 만드는 것이 현시대의 중차대한 문제다. 예전에는 타고난 자제심에서

---

2) 『인구에 관한 시론』, 제7판, 429쪽[이극찬, 490쪽 ─ 옮긴이].

3) [제Ⅰ장 세 번째 문단 ─ 옮긴이]

나오는 자비 본능의 단순한 직접행동만으로도 사람들이 안타깝게 생각하는 비참함을 치유하기에 충분하다고 생각했다. 이제 우리는 생각만이 아니라 역사적 연구 또한 필요하다는 것을 알고 있다. 극빈층의 본성도 이해하고 그에 대한 효과적인 치유책도 알아내려면, 극빈층의 이전의 역사를 조사해야 한다. 그러나 그렇게 조사할 때 두 가지 경고를 마음에 새기고 있어야 한다. 첫째, 중세의 법들을 현대의 발상으로 해석하지 말아야 한다. 둘째, 극빈층의 원인이 언제나 같았다고 가정하지 말아야 한다.

「빈민법」의 역사는 1349년에서 1601년, 1601년에서 1782년, 1782년에서 1834년이라는 세 시기로 나뉜다. 그런데 중세 사회에서 극빈층의 본성은 무엇이었으며, 극빈층을 구제하는 수단은 무엇이었을까? 극빈층에 특징적인 어떤 것들은 모든 사회에 있을 만큼 영속적이어서, 다른 곳에서와 마찬가지로 중세의 삶에도 노동능력이 없는 빈민 계급이 있었는데, 그들은 스스로를 부양할 수도 없었고 그들에게는 자신들을 부양해 줄 친척도 없었다. 이것이 중세 사회 초창기에 있었던 극빈층의 유일한 형태였으며, 이들에게 필요한 것은 다음과 같은 방식으로 제공했다. 그때 공동체는 여러 집단 — 장원, 길드, 가족, '교회'와 병원 — 으로 나뉘어 있었고 집단 각각은 자신의 모든 구성원의 생계유지를 책임졌고, 이런 방식으로 모든 빈민 계급이 구제됐다. 도회지에서는 동업자 길드와 종교 길드가 자신의 구성원들에게 필요한 것을 제공했다. 길드에 대규모 부동산을 주었고, 이것이 "종교개혁이 일어날 때까지 조직된 구제 행정의 형태를 이루고 있었다." ("종교 길드는 곤경에서 구제하기 위해서만이 아니라 함께 서로를 위해 기도하기 위해서도 조직됐다.")[4] — 한

---

4) 스텁스의 『헌정사』, 제iii권 600쪽.

편, 길드 외부에는 교회, 병원, 수도원 등이 있었다. 도회지에 "자리를 잡은 빈민"은 길드가 구제했고, 지방에서는 장원의 영주와 녹을 받는 성직자가 빈민을 구제했다. 스텁스 교수는 "모든 장원에 체제가 마련돼 있었다"[5]라고 말하고, 빈민 해방을 언급하면서 "현지인은 영주에게 요구할 수 있었던 생계유지의 특권을 상실했다"[6]라고 덧붙인다. "부랑빈민"이라고 불리는 사람 가운데는 지금은 극빈자라고 불러야 하는 사람이지만 그때는 거의 그렇게 여기지 않았던 전문적인 거지가 있었으며, 오로지 일거리를 찾아 떠돌아다니는 "씩씩한 노동자"가 있었다. 그때는 누가 극빈자였을까? 도회지에는 기술공이 있었는데, 이들은 길드에 들어갈 수 있는 가입비를 손에 넣을 수 없었다. 지방에는 토지 없는 노동자라는 명목상으로는 자유로운 소규모 계급이 있었다. 노예제도에서 자유로 가는 운동은 생계유지를 보장받는 것에서 보장받지 못하는 것으로 가는 운동이기도 하다는 것이 사회 발전의 중대한 법칙이다. 자유의 증가와 극빈층의 증가는 긴밀하게 연관되어 있다. 극빈층의 증가는 자유의 증가에 대해 치러야 하는 가격이라고 해도 거의 과언이 아니다. 어떤 의미에서 볼 때 「빈민법」인 최초의 '법'은 농노해방이 급속히 진행되고 있을 때 제정됐다. 그것은 「노동자법」이며, 1349년에 만들어졌다. 그 법은 빈민의 생계유지와는 아무 관계가 없었다. 그 법의 목적은 빈민의 부랑 생활을 억누르는 것이었다.[7]

이 '법'은 다양하게 해석돼 왔다. 몇몇에 따르면,[8] 그 법은 지주들이 노동자들에게 '전염병'이 돌기 이전 시대의 옛날 임금을 받아들

---

5) 같은 책 599쪽.

6) 같은 책 604쪽.

7) 니콜스의 『빈민법의 역사』, 제 i 권, 36쪽.

8) 예를 들면 『격주 논평』, 제 ii 호, 270쪽에 실린 시봄의 글을 보라. 커닝햄의 『영국의 공업과 상업의 성장』, 191쪽을 보라.

이지 않을 수 없게 하려는 시도일 뿐이었다. 브렌타노를 포함하여 다른 사람들은 이러한 해석에 반대하여, 그 '법'은 계급적 입법 행위의 사례가 아니라 가격은 합리적으로 생각되는 것에 의해 정해져야지 경쟁에 의해 정해져서는 안 된다는 중세적 발상을 표현하고 있을 뿐이라고 믿고 있다. 같은 그 '법'이 식료품과 당시 팔리던 거의 모든 것의 가격도 규제하고 있었기 때문이다. 아마도 브렌타노가 대체로 옳을 것이다. 지주들이 그 '법'이 자신들에게 이점을 가져다줄 것을 안 상태에서 입법한 것은 맞다. 그러나 아무리 그렇다 해도 법률이라는 것은 그 시대의 모든 발상과 조화를 이루는 것이다. 그 '법'은 노동자에게 두 방향으로 영향을 끼쳤다. 노동자의 임금을 정했고, 노동자가 이주하지 못하도록 막았다. 그 뒤를 이어서 나온 것이 1388년의 '법'이며, 이것을 때때로 영국 「빈민법」의 시작이라 부른다. 우리는 여기서 노동능력이 없는impotent 빈민과 신체가 멀쩡한able-bodied 빈민을 처음으로 구별하고 있음을 보게 된다. 이 법률은 이웃이 필요한 것을 제공하지 못하면 빈민은 그 행정구역의 다른 곳에서 생계유지에 필요한 것을 구해야 할 것이라고 정하고 있다. 그들을 책임져야 한다고 생각되는 사람은 없었다. 교구의 사람들이 빈민을 부양하리라고 가정하는 것이다. 여기서도 우리는 어떤 노동자나 극빈자도 허가증을 지니지 않고서는 자기 행정구역 바깥에서 떠돌아다닐 수 없다는 조항에서 정주법定住法을 처음으로 슬쩍 보게 된다.

신체가 멀쩡한 극빈층이 증가한 것이 언제인지 정확한 시기를 지정할 수는 없다. 그 증가는 점차적으로 일어난 사회 변화의 결과이자 그 변화를 이해하지 못한 무능력의 결과였다. 1388년의 「법」이 영주와 식객의 결속이 끊어졌고 식객의 생계유지 보장이 이런 식으로 이미 끝났음을 보여 주고 있음에도, 중세의 입법 담당자들은 노동 이동성의 필연성을 파악할 수 없었고 빈민을 위한 강제 조항이 필수적임을 알 수도 없었다. '교회'와 사적인 자선사업으로 충분하다고 여겼는데, 법률이 통과된 것은 빈민에게 돌아가도록 예정된 기금이 다른 용도로 쓰이는 것을 막으려고 한 것이 맞음에도 그랬다.[9] 그리고 노동 이동성과 관련하여 말하자면, 그 시대의 부랑 생활이라는 것은 노동자가 곤경에 처해 있음을 뜻한 것이 아니라 번성을 누리고 있음을 뜻했다는 점을 기억해야 한다. 노동이 희소하여 높은 임금을 받을 수 있었으며, 그 시대 부랑 노동자는 언제나 훨씬 높은 임금을 찾아 떠돌아다녔지만 만족한 적이 전혀 없었던 것으로 보인다. 중세 사회의 안정성은 거기 속한 모든 부분의 고정성에 달려 있었는데, 이는 현대사회의 안정성이 거기 속한 모든 부분의 이동성을 바탕으로 하는 것과 마찬가지다. 위의 「법」은 높은 임금과 낡은 유대의 파괴가 정말로 무질서, 강탈, 폭행 따위로 이어졌다는 증거를 제공하고 있다. 그런데 머지않아 우리는 노동자의 처지가 뒤바뀌게 되는 것을 보게 된다. 다음 시기에서는 노동자는 일거리를 찾지 못하기 때문에 부랑자다.

16세기에 극빈층은 정말로 심각한 문제로 되고 있었다. 그때 극빈층의 원인이 무엇이었으며 어떤 치유책이 제안됐는지 묻는다면, 세기 초에 거대한 농업혁명이 진행되고 있었고 그런 동안 극빈층이 많이 증가했음을 알게 될 것이다. 농장들은 합병됐고 경작지는 꼴밭으로 바뀌었다.[10] 그 결과, 2백 명이 살았던 곳에 이제는 고작 목동 두셋이 있

---

9) 리처드 2세 15년의 법률(제15조)은 이렇게 정하고 있다. "교구 교회가 봉록을 받게" 돼 있다면 "관구의 주교는 얻은 열매와 이윤 가운데 알맞은 액수의 돈이 해마다 가난한 교구민의 생활과 생계유지를 돕기 위해 분배되도록 결정해야 하며 영원히 그래야 한다."

10) 모어의 『유토피아』(아버의 번각판), 41쪽[전경자, 36쪽 – 옮긴이].

을 뿐이었다. 쫓겨난 농업경영자에게 일자리가 없었기에, 그들은 단순한 방랑자, "씩씩한 거지"가 됐고, 이런 일은 무역이 증가하면서 그들이 도회지로 흡수될 때까지 계속됐다. 비록 간접적으로만 작용했음에도 농업에서 변화가 일어난 주요한 하나의 원인은 수도원의 해산이었는데, 거리낌 없이 퇴거시키는 것을 망설이지 않은 새로운 사람들의 수중으로 수도원의 재산이 가면서 벌어진 일이었다. 대략 같은 시기에, 귀금속이 유입되고 주화를 제조할 때 순도를 떨어뜨리면서 식료품 가격이 상승했다. 그리고 1541~82년에 곡물 가격은 과거 140년과 비교하여 240퍼센트 상승한 한편 임금은 160퍼센트만 상승했다.[11] 이런 사실에서 그 시대 극빈층의 두 번째 중요한 원인을 발견하게 된다. 18세기 말에 그랬던 것처럼, 우리는 임금이 상승하기를 그쳤고 상승한 물가로 인해 가장 많이 손해를 본 것이 노동자임을 보게 된다. 도회지에서의 극빈층 증가에 대해 말하자면, 그 주요 원인은 서머싯의 호민관[에드워드 시모어 - 옮긴이]이 길드 토지를 몰수한 것에서 찾을 수 있을 것이다.[12] 이들 길드는 실제로는 우애조합이었고 그 기금을 토지 재산에 의존하고 있었다.

그렇다면 정치가들은 이런 현상을 어떻게 다루었을까? "방랑자"와 관련된 그 시대의 법은 피로 물들어 적혀 있다. 추천된 유일한 치유책은 무자비한 고문 — 채찍질과 불도장 찍기 — 으로 부랑자를 처벌하는 것이었다. 두 번이나 세 번 위반한 뒤라면 심지어 죽음에 이르게 하기도 했다. 이런 형벌이 매우 효과적이지 않다고 입증됐음에도 아랑곳하지 않고, 엘리자베스 43년의 법률이 처벌은 치유책으로서 실패였음

---

11) 로저스의 『농업과 물가의 역사』, 제iv권, 718~9쪽.
12) 스텁스, 제iii권, 600쪽.

을 인정할 때까지는 이 제도를 버리지 않았다. 그 밖의 극빈자 계급인 노동능력이 없는 빈민을 보자면, 「리처드 2세 법」은 그들에게 어떤 제한된 구역 내부에서만 구걸하도록 명했다. 에드워드 6세와 엘리자베스의 통치 시기에 와서, 빈민 계급을 위한 강제 조항이 필요하다는 생각이 서서히 들게 됐다. 처음에는, 교구 위원에게서 구호금을 거둘 목적으로 회의를 소집하도록 명령했고, 모든 남성과 여성에게 자신들이 베푸는 자선으로 매주 빈민을 구제하기 위해 무엇을 해 줄 수 있는지 "다정하게 묻고 요구할" 감독관들을 지명했다. 시장, 수석 공무원, 교구 위원 등은 "일요일과 휴일마다" 상자에 돈을 거둬야 했다. 대리 목사, 교구 목사, 부목사 등은 돈을 주지 않으려는 사람들을 설득해야 했고, 설득에 성공하지 못했을 경우에는 완고하게 뜻을 굽히지 않은 사람을 주교에게 보내야 했고, 주교가 "권유하고 설득해야" 했다. 아니면 훗날의 법 조항에 따르면, 그런 사람은 낼 돈이 얼마인지를 '사계 법원'에서 정해야 했다(1562년). 이런 것이 강제 부양의 원리를, 그리고 아무도 구제하려 하지 않는 사람들이 공동체에 존재한다는 사실을 최초로 인정한 것이었다. 고립된 개인이 무대 위에 최초로 모습을 나타내는데, 중세 사회에는 알려지지 않았지만 현대 세계에서는 매우 눈에 띄는 현상을 구성하는 인물이다. 그리고 이때부터 '국가'와 개인 사이에 새로운 관계가 생겨난다. 개인은 더는 계약을 맺은 집단의 구성원이 아니므로 '국가' 스스로 그 개인과 직접적 연관을 맺어야 한다. 이렇듯, 자유와 빈곤이 동시에 증가함으로 인해, 노동계급의 신분 전체가 바뀌어 버렸고, 현대의 입법 행위의 문제는 다음과 같은 것이 됐다. 여전히 생계유지에 필요한 것을 쉽게 얻을 수 있어야 할 자유인인 노동계급이 있을 수 있는 방법을 발견하는 것, 달리 말하자면, 정치적 자유와 물질적 자유를 결합할 방법을 발견하는 것.

우리의 현대 「빈민법」들의 모든 원리는 우리가 주목해야 할 그다음 「법」인 엘리자베스 43년의 중대한 법에서 찾을 수 있는데, 그 법은 신체가 멀쩡한 빈민과 노동능력이 없는 빈민을 날카롭게 구별했으며 그런 구별은 그때 이래로 유지됐다. 노동능력이 없는 빈민은 감독관들이 강제로 거둔 지방세[구빈세 - 옮긴이]로 구제하기로 돼 있었고, 신체가 멀쩡한 빈민은 지방세에서 제공하는 재료들을 가지고 일하기 시작하는 것으로 돼 있었다. 아동과 고아는 도제로 보내기로 돼 있었다. 1601년의 이날부터 18세기 말까지 법에는 근본적인 변화가 없었다. 하지만 엘리자베스 「법령」에서 직접적으로 생겨난 정주법이 추가됐다. 노동자들의 이주를 처벌이 아닌 다른 수단으로 막으려 했던 최초의 시도였다. 이 시도는 1662년 「법」과 함께 시작됐는데, 그 법은 극빈자가 구제책을 자신이 정주해 왔던 교구에서만 얻도록 허락했고, 중단 없이 40일을 거주한 것을 정주라고 명시했다. 그러나 이 「법」 이후에 법이 끊임없이 바뀌며, 사태는 끝없이 복잡하게 됐다. 그리고 「빈민법」에 담겨 있는 그 밖의 어떤 점과 관련된 것보다 이 정주 문제와 관련하여 많은 법적 다툼이 일어났다. 1795년이 돼서야, 교구가 책임지는 것이 실제로 부담이 될 때까지는 새로운 정주자를 이전시킬 수 없다는 「법령」으로 엘리자베스 43년 법의 엄격함을 완화했다.[13]

엘리자베스 「법령」에 가해진 그 밖의 수정 두 가지를 주목할 필요가 있다. 1691년에 구제 행정을 부분적으로 감독관 수중에서 빼내 치

---

13) 애덤 스미스 책 「임금」에 관한 쟁[「노동과 자본의 서로 다른 사용처에서의 임금과 이윤」 - 옮긴이]에 나오는 정주법에 관한 간략한 설명[김수행, 183쪽 - 옮긴이]를 보라. 그리고 「빈민법」 일반에 대해서는 "영국 시민" 시리즈에 포함된 파울러의 「빈민법의 역사」[이 책의 정확한 제목은 「빈민법」이다 - 옮긴이]를 보라.

안판사에게 주었는데, 구실이 된 이유는 감독관이 권한을 남용했다는 것이다. 그 이후로는 치안판사의 명령이 있을 때를 예외로 하면 감독관에게 구제와 관련된 업무가 허용되지 않았는데, 이 조항은 치안판사에게 감독관 측을 이용하지 않고도 구제책을 제공할 권한이 부여된 것으로 해석됐고, 사실상 치안판사가 자신의 재량으로 구제책을 명령할수 있게 했다. 「빈민법」의 다른 중요한 변화는 1722년에 노역장[14] 심사가 도입된 것이다. 극빈층이 찰스 2세 통치 이래로 증가해 왔음은 분명하다. 치유책을 추천하는 것으로 가득한 그 시기의 소책자는 많지만, 성공한 유일한 발상은 이 노역장 심사라는 것이었다. 이제 노역장을 합치고 지을 권한과 노역장에 들어가려 하지 않는 모든 사람에게 구제책을 제공하지 않을 권한은 교구에 있었다. 그러나 노역장을 짓는 것과 관련된 조항은 여전히 효력이 없었는데, 그 조항을 채택하려 한 교구가 아주 적은 수였기 때문이다.

대답해야 할 질문이 남아 있다. 왜 임금이 상승했음에도 17세기와 18세기 동안, 그리고 곡물 가격이 낮았던 18세기 전반기 동안 여전히 극빈층은 서서히 증가하고 있었던 것일까? 아직은 비교적 소규모로 일어났다 하더라도 인클로저와 농장 합병이 부분적으로는 그런 사태에 책임이 있는데, 왜냐하면 한 세기 앞서 그런 것들이 일어났기 때문이다. 1727년에 이미 이야기된 바에 따르면, 몇몇 소유자는 농업경영자와 오막살이 노동자를 퇴거하게 하려고 너무 열을 올렸다가, 퇴거하게 된 차지인이 극빈층으로 내려앉은 결과로 지방세가 상승하여 응징을 받았다.[15] 이든 시대에 오면 퇴거 관행은 일반적인 것이 돼 버렸

---

14) [흔히 "poor low"를 "구빈법"으로 번역하면서 "workhouse"를 "구빈원"으로 번역하지만, 이 책에서는 사실에 어울리게 "노역장"이라고 번역했다. – 옮긴이]

15) 로런스, 3쪽, 4쪽.

으니, 대부분의 저술가가 간과해 왔다 하더라도 퇴거와 극빈층 사이에 연관이 있음은 논란의 여지가 없는 사실이다. 또한 이든이 제시하는 증거는 인클로저가 일어났던 곳에 극빈층이 가장 많았음을 보여 준다. 예컨대 1744년과 1766년에 인클로저가 일어난 윈즐로우를 보자면, "지방세가 증가한 것은 주로 공유 경지 인클로저 탓이었는데, 이야기되는 바로는 인클로저가 농장 수를 줄여 버렸으며, 경작지가 꼴밭으로 바뀜으로 인해 노동자에 대한 수요가 많이 줄어 버렸다고 한다." 또한 레스터셔에 있는 킬워스-보샹에서는, "경지가 이제는 목축지가 돼서, 농업경영자에게 노동자가 거의 필요 없게 됐고, 그럼으로써 일자리에서 내팽개쳐진 빈민은 당연하게도 교구가 부양해야 했다."[16] 여기서도 내쫓긴 농업경영자의 비운으로 인해 해악이 가중됐는데, 그들은 노동자의 처지로 내려앉았고 실업자 수를 증대시켰다. "대규모 농업경영자에게 비굴하게 의존한 상태에서 살고 있었기에, 또한 자신들의 희망을 합리적으로 이룰 수 있으리라고 고대할 전망이 없었기에, 그들의 근면은 발휘되지 못했고, 검약은 최대의 자극을 박탈당했으며, 그들의 유일한 생각이라고는 현재의 순간을 누리자는 것이었다." 또한, 동일한 농장 합병이 진행되고 있었던 블랜드퍼드에 대해 이든은 이렇게 언급한다. "이야기되는 바에 따르면, 농장 합병의 효과로 인해 근면한 소규모 농업경영자가 노동자나 종업원으로 바뀌지 않을 수 없는데, 이들은 더 나아갈 기회를 보지 못하여, 미래에 벌어질 일에 구애를 받지 않게 되며, 많지 않은 임금을 받았을 때 노령에 대비할 연금으로 일부를 떼어 두지 않고 써 버린다. 그리하여 매우 짧은 시간 지속되는 질병으로

---

16) 『빈민의 상태』, 제ii권, 30쪽, 384쪽. 또한 같은 책 제i권, 329쪽에서 인용한 제임스["조지프"의 오기 — 옮긴이] 매시의 소책자(1758년)도 보라.

인해서라도 일을 할 수 없게 되면 불가피하게 교구에 넘겨진다."[17]

공유 경지 인클로저와 농장 합병 이외에도, 공유지와 황무지의 인클로저도 마찬가지로 극빈층 증가에 이바지했다. 아서 영과 이든이 생각한 바에 따르면, 공유지는 나태의 원인이었고, 노동자는 나뭇가지를 모으거나 가시금작화를 찾아다니느라 시간을 소모했고, 돼지와 젖소 때문에 이웃과 끊이지 않고 다툼이 벌어졌고, 남의 토지에 불법 침입하려는 유혹은 끊이지 않았다.[18] 당연하게도, 이런 이야기는 다른 직업이 없는 빈민을 부양하기에 충분할 정도로 공유지가 넓은 곳에서는 옳았다. 그러나 다른 한편으로, 노동자가 정기적으로 고용돼 있는 곳이라면, 소규모 공유지는 노동자에게는 가외로 얻은 엄청난 자원이었다. 아서 영 자신도 노퍽에 있는 스네티샴의 경우를 언급하고 있는데, 거기서는 황무지에 인클로저가 일어났을 때 공동권리가 보존됐고, 이로 인한 결과로, 인클로저 때문에 노동이 증가한 것과 결합되면서, 구빈세가 1실링 6페니에서 1실링 또는 9페니로 하락한 반면에 인구는 5백 명에서 6백 명으로 증가했다. 이어서 그는 인클로저가 일반적으로 빈민의 권리를 완전히 무시한 채 이루어져 버렸다고 말한다. 손턴에 따르면 사냥터를 조성한 것이 전반적 결과에 이바지했다고 하지만, 나는 이에 대한 어떠한 증거도 알고 있지 못하다.

세기말로 가 보자면, 극빈층이 생긴 그 외의 원인은 임금과 비교했을 때 물가가 엄청나게 상승한 것이었다. 1782년에 곡물 가격은 53실링 $9\frac{1}{4}$페니였는데, 이는 앞선 50년의 평균보다 상당히 높은 것이었다.

---

17) 『빈민의 상태』, 제ii권. 550쪽. 147쪽.

18) 같은 책. 제i권. xviii쪽. 이든 자신은 인클로저의 결과로 정기적 노동에 대한 수요가 증가하면 노동자들에게 더 많은 것을 벌충해 주리라 생각하여 인클로저를 찬성했지만, 노동자 저마다는 "밭과 집에 딸린 작은 농장"을 보존해 두었으면 했다.

그러나 곡물 가격은 1795년에는 81실링 6페니로 상승했고, 그다음 해에는 훨씬 높아졌다. 곡물 평균 가격은 1795년부터 1805년까지는 81실링 $2\frac{1}{2}$페니였고, 1805년부터 1815년까지는 97실링 6페니였다. 1800년과 1801년에는 각각 127실링과 128실링 6페니라는 최고치에 이르렀는데, 이로 인해 우리는 14세기 이래로 그 어느 때보다 기근에 더 가까이 다가가게 됐다. 그 밖의 많은 품목도 가격이 상승했다. 미국독립전쟁이 벌어지고 있는 동안 진 부채 때문에 필요하게 된 세금으로 인해 비누, 가죽, 양초 등등의 가격은 $\frac{1}{5}$ 상승했고, 버터와 치즈는 1파운드에 $2\frac{1}{2}$페니, 육류는 1페니 상승했다. 그런 가운데 어떤 저술가는 1788년에 이렇게 묻고 있다. "지난 10년 또는 12년 동안 노동자 임금은 얼마나 인상됐는가? 정말이지 매우 조금 인상됐다. 날품에서는 전혀 오르지 않았는데, 농사에서도 그랬고 제조업에서도 그랬다." 도급노동의 경우에만 명목임금으로 더 얻을 수 있었다.[19] 끝으로, 도회지에서는 기계 도입이 일어났고, 금전 관계가 최종적으로 확립됐으며, 장사에 심한 요동이 생기기 시작했다. 옛날에는 종업원이 놀고 있을 때 고용주가 그의 생계유지를 책임졌으나, 이제는 고용주가 그런 책임을 받아들이지 않았다. 그리고 당대의 저술가들에 따르면, 기능공의 지위가 쇠퇴한 것은 "그들에 대한 지휘권을 지니고 있는 사람들의 사악한 억압적 관행"[20] 탓으로 돌릴 수 있었다.

이런 것들이 극빈층이 증가하고 노동자가 영락한 원인이어 왔던 것으로 보인다. 치유책으로 시도된 것 가운데 효과적이었던 단 하나는 노역장 심사였지만 이는 1782년에 폐기됐다. 그러나 지주와 농업경영

---

19) 하울렛「우리 나라에서 일반적으로 빈민과 구빈세 증가의 원인으로 꼽는 원인의 불충분함」- 옮긴이), 이든, 제 i 권, 380쪽과 그 이하에서 재인용.

20) 하울렛, 같은 곳.

자는 하락세를 억제하기 위해 그 이외에 무언가를 더 했을 수 있지 않았을까? 가능한 치유책은 없었을까? 우리는 문제가 인클로저와 관련한 상식적인 정의正義에 의해 해결됐으리라 생각하지 않을 수 없다. 이든과 영처럼 농업 개량을 위해 인클로저가 일어나는 것을 가장 찬성하던 사람은 노동자가 공유 경지와 꼴밭에 대한 권리 대신에 1에이커든 2에이커든 1/2에이커든 사정이 허락하는 대로 자기 오두막에 딸린 땅을 보유해야 한다는 생각을 여전히 간직하고 있었다. 그렇게 벌충하면 비참함을 많이 막을 수 있었을 것이다. 더 어려운 질문은 이런 것이다. 높은 물가로 인한 압박에서 직접적으로 구제하기 위해 무언가 할 수 있는 일이라는 것이 있었을까? 버크는 아무것도 할 수 없었다고, 임금과 물가 사이에는 필연적인 연관이 없었다고 주장했다. 그는 해악을 자연 치유책이 해결하도록 내버려 두었을 것이다.[21] 그리고 사실을 말하자면, 임금과 관련하여 인위적 개입이 없었던 '북부'에서는 광업과 제조업의 발전이 노동자들을 구했다.

필요한 자극이 없었던 '중부'와 '남부'에서는 경우가 달랐다. 여기서는 노동자가 존재하려면 노동자의 생계 수단이 어느 정도 증가하는 것이 절대적으로 필요했다. 되는 대로 그냥 두는 것은 위험했을 것이다. 그리고 어려움에 맞서는 진정한 방법은 농업경영자들이 임금을 올리는 것이었을 것이다. ― 이것이 그들이 때때로 밟아 온 행동 경로였다. 그러나 중부와 남부의 주에는 총명함도 관대함도 모두 없었고, 「빈

---

[21] "임금률이 식료품의 명목가격과 함께 상승하지 않았다는 것은 사실이 아니다. 나는 임금률이 식료품의 명목가격과 함께 요동치지도 않았고 그래야 되는 것도 아니라는 것을 인정한다. 그리고 노퍽의 에스콰이어들은 자신들의 견해를 제출할 때 임금률이 식료품 시장으로 인해 상승했을 수도 있거나 상승할 수밖에 없었다는 것을 부인했다. 임금률은 사실 식료품 가격과는 **직접적인** 관계가 없다. 노동은 다른 모든 상품과 같은 상품이어서, 수요에 따라 가격이 상승하거나 하락한다. 이것은 사태의 본성상 그렇다. 하지만 사태의 본성은 필요한 것을 대비해 두었다. 임금은 내가 사는 동안 두 배 상승했다. 그리고 임금은 지난 20년 동안 경기가 나쁘게 돌아갔을 때 식료품이라는 매개물과 완전히 비례한 채였거나 그 이전보다 훨씬 더 오르기까지 했다." ― 「희소성에 관한 사상들과 세부 사항들」, 버크 「저작집」, 제5권, 85쪽.

민법」들이 결함이 있는 채로 작동하고 있어서, 임금을 올리지 못하도록 막았다. 농업경영자들은 인정 人情과 사리사욕이라는 요구 모두를 인정하려 하지 않았고, 그리하여 판사들과 지방에 사는 신사들은 문제를 스스로 해결하려 했던 한편, 노동자들은 「빈민법」에 매달려, 농업경영자들이 하려 하지 않은 것을 교구가 해야 하며 불충분한 임금을 보조금으로 보충해 줘야 한다고 했다. 이는 옛 「빈민법」을 근원적으로 무효로 만들게 되는 원리였다. 농업경영자들은 그런 제도를 지지했다. 그들은 모든 사람이 가족 수에 따라 보조금을 얻게 되기를 원했으며, "높은 임금과 자유로운 노동으로 인해 사람들은 갈피를 잡지 못하게 될 것"[22]이라고 공표했다. 변화는 지주들이 인민과 맺고 있는 관계와 관련하여 지주들의 마음에도 찾아왔다. 생각이 얕고 무지한 자비 이외에도, 정도가 정해져 있지는 않더라도 빈민에게 국부의 일정한 지분에 무조건적 권리가 있음을 인정하는 감성이 자라난 것을 확인할 수 있다. 그러나 그 권리는 빈민을 여전히 의존 상태에 있게 하고 자존심이 줄어들게 하는 식으로 인정됐다. 프랑스혁명이 낳은 대혼란으로 인해 이런 일이 더 많아지긴 했다 해도, 인민에게 돈을 주어 수동적으로 만들겠다는 발상은 전혀 새로운 것이 아니었다. 그런 발상은 1782년에 길버트의 「법령」이 나오게 했는데, 그리하여 노역장 심사를 폐지했고, 자기 집 가까이에 있으려 하는 사람들에게 일거리를 제공했다. "근로빈민"이라는 용어를 자주 사용하기 시작하여 '법'과 애덤 스미스 글에서 이 말이 흔히 쓰이게 만든 것은 바로 이러한 토리당 '사회주의'[23],

---

22) [영국 의회의 빈민법위원회에서 「빈민법」 수정을 놓고 토론할 때 나온 발언이며, 1834년에 발간된 위원회 보고서에 담겨 있다.─옮긴이]

23) 영국에는 토지를 소유한 귀족계급이 지배하고 있어서 다른 곳에 비해 더 실용적인 '사회주의'가 언제나 존재해 왔다. 「1847년 공장법」은 '급진파' 제조업자들의 반대를 무릅쓰고 보수당이 통과시켰다.

즉 부자가 빈민을 보호해야 한다는 이러한 원리인데, 버크는 "근로 빈민"이라는 표현이 진저리 나게 만드는 그럴듯한 문구라고 공격했다.[24]

나폴레옹과의 전쟁은 이러한 극빈층 정책을 새로이 충동질했다. 피트와 지방에 사는 신사들은 프랑스와 싸울 강한 군대를 원했고, 인구 억제와 관련된 옛 정책들을 뒤바꾸어 버렸다. 지금까지는 오두막을 짓지 못하도록 하는 것으로 노동자 수에 대해 통제력을 행사해 왔다. 아서 영이 말하는 바에 따르면, 1771년에 "오두막과의 공공연한 전쟁"이 벌어진 바 있었는데 지주들은 종종 오두막을 헐어 버려서, "절대로 거지새끼들의 이른바 보금자리가 될 수 없게 했다."[25] 그러나 이제는 대가족에게 가외 보조금을 줌으로써, 조혼에 포상금을 준 셈이었고, 노동자들은 자녀 수에 따라 보조금을 받았다. 보조금 제도가 더 확장된 것은 국내에서 실제로 일어난 대혼란에서 비롯됐다. 농업경영자들과 지주들은 노동자들에게 겁먹었다. 맬서스에 따르면, 지주들 스스로는 자기 노동자들의 마음을 들쑤시면서 또한 순종하라고 설교했다.[26] 건초 더미에 불을 지르는 일이 자주 일어났다. 월트셔["버크셔"의 오기 ─옮긴이]에 있는 스왈로우필드에서 판사들은 "화재로 생겨난 대혼란의 영향을 받아, 겨울 동안 보조금 제도를 채택하는 것과 관련하여 농업경영자들이 성가시게 의뢰하는 것을 여태까지 들어줬다." 1795년에 버크셔의 일부 판사"와 그 밖의 분별 있는 사람들"이 성명을 발표했는데, 이는 '남부 잉글랜드'의 모든 하급 사법관에게 길잡이처럼 여겨지

---

24) 버크의 『저작집』, 제V권, 84쪽.

25) 『농업경영자의 편지』, 제I권, 302쪽.

26) "지난번 식량 부족 사태가 일어난 동안, 왕국에 있는 신사와 목사 절반은 치안방해 혐의로 기소되기에 충분했다. 농업경영자들이나 곡물상들과 관련된 소문을 퍼뜨리고 그들과 관련하여 설교하는 방식으로 그들에게 반감을 갖도록 보통 사람들의 마음에 불을 붙인 뒤라면, 빈민이 아무리 억압당하고 기만당한다 하더라도 평화를 유지하는 것이 의무라고 냉정하게 말하는 것은 이미 불어넣은 독에는 약효가 미미한 해독제였다." ─ 맬서스, 『인구의 원리』, 제7판, 438쪽, 주석[이극찬, 503쪽 ─ 옮긴이].

게 됐다.[27] 그들은 빈민의 상태는 일반적으로 제공되는 도움 그 이상을 요구하고 있다는 것이 자신들의 만장일치의 견해임을 공표했으며, 이런 점에서 볼 때 엘리자베스와 제임스 때의 법에 따라 임금을 규제하는 것은 도움이 되지 않는다는 생각을 품었으며, 농업경영자들과 그 밖의 사람들에게 현재의 식료품 가격에 비례하여 노동자들의 급료를 올릴 것을 진지하게 권하곤 했다. 그러나 농업경영자들이 그렇게 하려 하지 않으면 모든 가난한 가족에게 그 수에 비례하여 보조금을 줄 것이었다. 그들은 자신들이 생각하기에 남성과 그의 아내와 자녀들에게 필요한 것이 무엇인지를 이야기했는데, 그런 것들은 "그 자신과 그의 가족의 노동으로, 아니면 구빈세에서 나오는 보조금으로" 마련해야 했다.[28] 이런 것들이 보조금 제도의 시작이었고, 많은 형태를 취하다가 인민의 도덕을 철두철미 문란하게 만드는 것으로 끝을 맺었다. 보조금 제도가 그리 오래 시행되지 않았을 때, 우리는 노동자들이 게으르고 반항적이고 감독관들에게 건방지게 군다고 묘사되는 것을 듣게 된다. 임금을 보조하기 위한 교부금이 충분하지 않다고 여겨지면 사람들은 하급 사법관에게 가서 불평하곤 했으며, 하급 사법관들은 감독관들의 인정에 호소하곤 했으며, 사람들은 거기에 더해 협박하곤 했으며, 그러면 감독관들이 굽히곤 했다. 밴클리프의 교구에서는 "어떤 사람이 극빈자들을 돌보기 위해 고용됐지만, 극빈자들이 물에 빠뜨려 죽이겠다고 협박하여 물러나지 않으면 안 됐다."[29] 노동과 관계없이 구제를 받을 권리가 있다고 승인함으로써, 인민의 품성 전체가 저하된 것이다.

---

27) 이것이 그 유명한 "스핀햄랜드 법"이었는데, 그렇게 불린 이유는 '하급 사법관들'이 뉴베리 근처의 스핀햄랜드에서 만났기 때문이다.

28) 니콜["니콜스"의 오기 — 옮긴이]의 『빈민법의 역사』, 제ii권 137쪽.

29) 『밴클리프Bancliffe』가 무엇을 뜻하는지 확인하지 못했으며, 인용한 구절의 출처도 찾지 못했다. 니콜스의 『빈민법의 역사』에는 나오지 않는다. — 옮긴이]

X. 맬서스와 인구법칙

*맬서스와 고드윈 — 맬서스의 두 명제 — '수확체감의 법칙'은 확실
히 참이다 — '인구법칙'은 보편적으로 참은 아니다 — 맬서스에 관
한 헨리 조지의 생각 — '18세기'에 시골 지역과 도회지에서 인구가
증가한 원인들 — 맬서스의 치유책: '빈민법 폐지', '도덕적 제지'
맬서스 시대 이래 있었던 치유책: '빈민법 개정', '이주', '식량 수입',
중간 '계급'과 기능공 '계급'에서의 '도덕적 제지' — 고려되고 있던
'인위적' 인구 억제책 — 문제가 순전히 경제문제인 것은 아니다*

맬서스가 책을 쓴 것은 인구가 급속히 증가하고 있던 이런 형국 동
안이었다. 하지만 그가 직접적으로 생각하고 있던 것은 「빈민법」이 아
니라 고드윈이었는데, 루소의 영향을 받은 고드윈은 자신의 책 『탐구』
에서 인간의 모든 악을 인간의 정부와 제도 탓으로 돌리고는 개혁된
사회에는 어떤 것들이 있을 것인지 밝은 그림을 그렸다. 맬서스는 그
런 그림의 가능성을 부정했다. 맬서스가 주장한 바에 따르면, 어떤 체
제에서도 그런 행복은 보증될 수 없을 것이었다. 인간의 비참함은 인
간의 불의와 나쁜 제도가 낳은 결과가 아니라 가차 없는 자연법칙, 즉
인구는 생계 수단을 앞지르는 경향이 있다는 자연법칙의 결과라는 것
이다. 몇 세대 지나지 않아 이 법칙은 인간의 지혜가 생각해 낼 최선의
제도의 효과들을 거스르며 작용하리라는 것이다. 맬서스가 제1판에서
는 고드윈에게 단호하게 대답했음에도 불구하고 나중에는 그의 논거
가 지닌 힘으로부터 많은 것을 연역하며 승인의 뜻을 밝혔다는 점은

주목할 만하다. 맬서스는 비참함과 악덕에 대한 "절대적 억제책"에 도덕적 제지라는 "예방적 억제책," 말하자면 결혼 절제를 덧붙였다.[1] 이에 대해 고드윈은 그렇게 제한을 가하는 것은 사실상 사회가 완벽할 수 있음을 인정하는 것이라고 명백히 답변했다. 그러나 맬서스는 여전히 자신의 논거가 고드윈의 '공산주의'를 반박하는 것으로서 결정적이라고 생각했다.[2] 고드윈은 사유재산이 폐지되면 도덕적 제지를 권유하는 일은 모두 사라져 버릴 것이라고 말했다. 하지만 그의 예언은 그의 시대 이래로 미국에서 있었던 공산주의사회의 경험에 의해 논박돼 왔고, 그 경험은 사유재산이 없다는 것이 도덕적 제지와 양립할 수 없지는 않다는 것을 입증한다.[3]

맬서스의 법칙은 정말로 참인가? 우리가 알고 있듯이 그 법칙은 두 가지 전제에 바탕을 두고 있다. 첫 번째는 인류의 잠재적 증가율은 억제되지 않는다면 25년 안에 두 배가 되리라는 전제다. 그리고 맬서스는 이 증가율이 어떤 인종에게든 어떤 시대든 한결같다고 가정한다. 그의 두 번째 전제는 수확체감의 법칙, 즉 어떤 경작 단계가 지나고 나면 어떠한 농업 개량이 일어난다 하더라도 주어진 토지 구획에서 산출되는 수확이 인간의 노동에 비례하여 증가하지 못한다는 법칙이다. 그런데 이 법칙은 참이다. 맬서스는 식량이 얼마간은 인구보다 빨리 증가할 수도 있음을 부정하지는 않았다. 그러나 토지는 증가될 수 없으

---

1) "이 저작 전체를 통틀어 여태까지 나는 다른 인구 억제책의 효능을 가정하는 것과 관련하여 앞서의 판과 원리에서 생각이 달랐는데, 그 억제책이란 악덕이나 비참함과 관련된 항목에 포함되는 것이 아니다. 그리고 책 후반부에서 나는 최초의 시론에서 내린 몇몇 좀 거친 결론을 부드럽게 다듬으려 노력했다." ― 제2판 「서문」, vii쪽[이극찬, 12쪽 ― 옮긴이]. 배젓의 『경제학적 연구』, 137쪽 참조. "최초의 형태에서 「인구에 관한 시론」은 논거로서는 결정적이었지만, 참되지 않은 사실들을 토대로 한 것이었다. 두 번째 형태에서는 참된 사실들을 토대로 했지만, 논거로서는 결정적이지 않았다."

2) 『인구에 관한 시론』(제7판), 271~280쪽[이극찬, 315~326쪽 ― 옮긴이].

3) 노드호프의 『합중국의 공산주의 단체들』, 그리고 『인구에 관한 시론』 286쪽[이극찬, 331쪽 ― 옮긴이]을 보라.

며, 만약 사람들의 욕구를 충족할 넓이가 제한돼 있다면 일인당 생산한 식량 총량은 한참이 지나면 감소할 수밖에 없고, 이런 결과가 나타나는 것이 오랫동안 지연될 수는 있다 해도 어쨌든 그럴 수밖에 없다는 것이다. 맬서스 자신은 자신의 결론 두 가지 모두를 똑같이 자명하다고 여겼다. 그는 이렇게 말한다. "나는 이들 명제 가운데 첫 번째 것은 미국인의 증가와 관련하여 말한 순간 입증됐다고 봤다. 그리고 두 번째 명제는 발표하자마자 입증됐다." 그렇다면 왜 그토록 길게 책을 쓴 것일까? 그는 계속해서 말한다. "나의 저작의 주요한 목적은 처음 여섯 쪽에서 확립했다고 생각하는 이 법칙들이 사회에 어떤 효과를 낳았으며 또 낳을 것 같은지 탐구하는 것이었다. — 매우 쉽게 파헤칠 수는 없는 주제다."[4] 그의 시론의 대부분은 인구 증가를, 그리고 서로 다른 시대와 나라에서 널리 자리를 잡았던 인구 억제책을 역사적으로 검토하는 것이다. 그리고 그는 자신의 결론을 영국에서 벌어졌던 「빈민법」들과 관련된 행정에 적용한다.

그런데 그의 첫 번째 전제가 보편적 진리인지에 대해 예사롭지 않은 의심들이 있다. 더블데이처럼 일찍부터 그를 반대했던 사람 가운데 몇몇은 다산多産은 영양과 반비례하여 변한다는 명제를 제시했다.[5] 이처럼 악의적으로 내뱉은 단언은 참이 아니다. 그러나 애덤 스미스가 오래전에 주목했듯이, 사치스러운 계급에는 자녀가 적은 반면에 "굶어 죽기 직전의 하일랜드 여성"에게는 20명으로 된 가족이 있을 수도 있다는 것은 관찰된 사실이다.[6] 허버트 스펜서 씨 또한 다산은 신경조직

---

4) 『인구에 관한 시론』, 491쪽, 주석. [어떠한 한국어 번역본에도 이 주석이 붙은 1806년판의 「추가Appendix」는 없다. — 옮긴이]

5) 더블데이의 『참된 인구법칙』(1842년), 5쪽.

6) 『국부』, 제ⅰ책, 제Ⅷ장[김수행, 103쪽 — 옮긴이].

과 반비례하여 변한다고 단언했으며,[7] 이 이야기는 캐리와 배젓[8]이 받아들인 바 있다. 그러나 이런 결과를 가져오는 데 이바지하는 것은 지력知力의 증가라기보다는 현대 생활에서 나타나는 걱정과 피폐다. 아마사 워커 씨가 인용한 몇몇 통계는 이를 입증하는 데 이바지한다. 그가 보여 준 바에 따르면, 매사추세츠에 이주자는 260,000명일 뿐인 데 비해 현지 출생자는 대략 980,000명이며, 두 집단의 출생자 수는 거의 정확히 같았고, 결혼 수는 이주자가 현지 출생자의 두 배였고, 이주자는 미국인 가운데서 장수하는 비율이 낮았고 사망률이 높았다. 클리프-레슬리 씨는 이러한 사실을 미국 시민에게 다산이 감소한 탓으로 돌린다. 하지만 질문 전체가 대단히 이해하기 어렵게 베일에 가려져 있어서 차라리 생리학자와 생물학자가 해결해야 할 듯하다. 그러나 맬서스가 그랬듯이 증가율이 변할 수 없다고 우리가 가정하지 못하도록 미리 작동하는 것으로 보이는 원인들이 있기는 하다.[9]

또 하나의 미국인 저술가인 헨리 조지 씨[10]는 최근에 맬서스는 그르고 고드윈이 옳다고, 빈곤이 생긴 것은 인간의 불의, 부의 불균등한 분배, 토지 사유재산의 결과 따위 때문이지 맬서스의 인구 증가 법칙이나 수확체감의 법칙 때문이 아니라고 논하고는, 두 법칙을 깡그리 받아들이지 않았다. 후자의 법칙과 관련하여, 그는 예컨대 캘리포니아처럼 수확체감의 법칙이 명백히 작용하지 않는 특정한 공동체에서도 극빈층이라는 동일한 현상이 나타난다는 사실로 자신의 주장을 편다. 그

7) [1852년에 『웨스트민스터 리뷰』에 실린 「동물 다산의 일반적 법칙에서 연역한 인구이론」을 말한다. 헨리 찰스 캐리가 맬서스의 인구이론에 반대했음은 여러 저작에서 확인할 수 있으나, 스펜서의 논의를 받아들인 저작이 무엇인지는 확인할 수 없었다. ― 옮긴이]

8) 배젓의 『경제학적 연구』, 141쪽과 그 이하.

9) [아마사 워커의 ― 옮긴이] 『부의 과학』, 462~4쪽.

10) 『진보와 빈곤』, 제ii책, 제i장[이종인, 108~119쪽 ― 옮긴이].

런데 조지 씨를 반박하여, 그의 주장이 참이 아닌 경우가 있다는 점을
사실로 입증할 수 있다. 그가 프랑스, 노르웨이, 스위스를 언급하지 않
은 것은 주목할 만하다 — 농민이 소유자인 나라, 따라서 토지를 몇몇
이 독점하지 않은 나라를 모두 언급하지 않은 것이다. 그런데 이 모든
나라에서 어쨌든 농업과 관련된 지식과 숙련 기술의 현재 상태에서 수
확체감의 법칙이 널리 자리 잡지 않은 것은 확실하다. 그리고 이들 경
우에서 빈곤의 원인이며 독과 같이 해로운 인구에 대한 억제책이 필요
하도록 만든 것이 인간의 불의이지 자연의 쩨쩨함은 아니라는 것은 논
할 필요도 없다. 그래도 나는 조지 씨의 논거가 부분적으로 참이라는
것을 인정한다. — 극빈층과 비참함의 많은 부분은 실제로 나쁜 정부
와 불의 탓이다. 그러나 이 논거가 주요 쟁점을 건드린다거나 수확체
감의 법칙이 잘못임을 증명하는 것은 아니다.

맬서스의 첫 번째 명제로 돌아가 보자. "인구는 생계 수단을 앞지르
는 경향이 있다"라는 문구는 모호하고 애매하다. 이 문구는 인구는 억
제되지 않는다면 생계 수단을 앞지르게 될 것임을 뜻할 수도 있고, 아
니면 인구는 생계 수단보다 분명히 빠르게 증가할 것임을 의미할 수도
있다. 두 번째로 말한 의미로 보자면, 그 명제가 오늘날 영국에 대해서
참이 아니라는 것은 매우 명확하다. 일인당 평균 식량 소비량은 해마
다 많아지고 있고, 자본은 인구보다 두 배 빨리 증가하고 있다.[11] 그러
나 인구에 관해 앞서서 글을 쓴 필자들은 변함없이 두 번째 의미로 이
문구를 사용하고 있으며, 이 문구를 자기 시대의 영국에 적용하고 있

---

[11] 1860년 이래로 연합왕국 인구는 29,070,932명에서 35,003,789명으로, 즉 20퍼센트 증가한 한편, 부는
같은 기간에 5,200,000,000파운드스털링에서 8,420,000,000파운드스털링으로, 즉 62퍼센트 증가했다.
1881년 12월 『동시대 논평』에 실린 멀홀의 글을 보라. 일인당 차 소비는 2.66파운드에서 4.66파운드로,
설탕 소비는 34.61파운드에서 62.33파운드로, 쌀 소비는 5.94파운드에서 14.31파운드로, 그리고 다른 많
은 품목의 소비도 비슷한 비율로 증가했다.

다. 오늘날 이 문구는 두 번째 의미로는 아주 적은 수의 나라에서나 참일 수 있다. 그 문구는 인도의 경우에는 참이라고 이야기돼 왔지만, 거기서도 그런 단언은 특정한 지역에만 적용될 수 있을 뿐이다. 하지만 조지 씨는 맬서스의 명제를 이런 의미에서 논박하는 것에 만족하지 않는다. 조지 씨는 그 명제를 깡그리 부정하여, 인구는 억제되지 않는다면 생계 수단을 앞지르게 될 것이라는 의미의 이야기를 부정하며, 부가 정당하게 분배된다면 과잉인구를 두려워할 필요가 없다는 것을 일반적 법칙으로 제시한다. 하지만 부의 분배가 꽤나 공평함에도 과잉인구가 분명히 존재하는 노르웨이나 스위스 같은 나라의 경험은 이 학설이 보편적으로 참인 것은 아님을 보여 준다. 하지만 조지 씨의 또 하나의 비판은 확실히 어느 정도는 훌륭하다. 맬서스의 명제가 다윈의 이론 덕에 힘을 받았다고들 했고, 다윈 스스로 자신이 이론을 세울 동기가 된 것은 맬서스 책의 연구였다고 했다.[12] 그러나 정당하게도 조지 씨는 사람과 동식물 사이의 유추에 이의를 제기한다. 생존 투쟁을 벌이고 있는 동물에게는 생계 수단의 총량에 엄격한 한계가 있는 것이 맞지만, 인간은 재간과 활력을 이용해 공급을 어마어마하게 증가시킬 수 있다는 것이다.[13] 이러한 이의 제기는 타당하다 하겠는데, 비록 주요 쟁점을 건드리고 있다고 말할 수 있기는 어렵다 하더라도 말이다.

나는 우리가 연구하고 있는 시기에 일어난 급속한 인구 증가에 관해 이야기한 바 있다. 우리는 맬서스가 이 점을 어떻게 해명했는지, 그의 설명이 얼마나 만족스러웠는지, 또한 그가 어떤 실용적 결론에 도

---

12) 『종의 기원』(대중판), 50쪽[장대익, 40쪽 ‒ 옮긴이].

13) "식물과 동물의 왕국 전체에 걸쳐서는 생계 수단의 한계가 그 생계 수단이 부양하는 것과는 무관한 반면에, 인간에게는 생계 수단의 한계가 지구, 공기, 물, 햇빛 따위의 최종적 한계 내부에서는 인간 자신에게 달려 있다." ‒ 『진보와 빈곤』, 제ii책, 제iii장, 117쪽[이종인, 150~151쪽 ‒ 옮긴이]. [러스킨의 ‒ 옮긴이] 『나중 온 사람에게도』(제3판), 157~8쪽 참조.

달했는지 등을 살펴보아야 한다. 시골 지역에 대해서 그는 인구의 과도한 증가가 「빈민법」들과 관련된 행정을 잘못 편 결과였다고, 그리고 조혼을 부채질하며 포상금을 준 결과였다고 생각했다. 이런 생각이 참이기는 했지만 온전한 진실은 아니었다. 그 밖의 점들도 감안해야 한다. 옛날에는 좀 젊은 노동자들은 농장주 가옥에서 하숙했고, 물론 홀몸이었다. 빈 오두막이 생기기 전에는 누구도 결혼할 수 없었고, 지방세를 줄이기 위해 오두막을 파괴하는 것이 "가까운 촌락"에 사는 지주의 정책이었다.[14] 그러나 이제는 농업경영자들의 사회적 지위가 상승해서 자기 집에 노동자들이 하숙하게 하려 하지 않았다. 내쫓긴 노동자들은 보조금 제도의 부추김을 받아 무모하게 결혼했다.[15] 그리하여 일부는 도회지로 이주했음에도 대단한 해악이 생겨났다. 오두막 숙소가 꾸준히 줄고 있는 동안에도 시골 인구는 계속 증가했고, 그 결과는 지독한 초만원 상태였다. 노동자의 무모함과 도덕 문란 때문에, 오두막 부족은 더는 인구 억제책으로 작동하지 않았다.[16] 농업경영자의 사회적 습관의 변화는 이처럼 시골 인구가 증가하는 데 상당한 효과를 미쳤고, 보조금 제도의 효과를 가중시키기 일쑤였다.

도회지에서는 기계 도입으로 인한 무역 확장에서 가장 큰 자극이 생겼다. 기능공의 범위는 흐릿해졌다. 생계 수단에 가시적 한계라는 것은 없었다. 노르웨이처럼 사회가 소규모 지역 단위로 이루어진 안정

---

14) 이든, 제i권. 361쪽. ― "내가 알고 있는 몇몇 교구에서는, 가난한 노동자가 처한 가장 큰 어려움이란 살 곳을 손에 넣을 가능성이 없다는 것이다."

15) 「노동자임금위원회」(1824년), 60쪽. 시골 지역의 오두막 수는 1860년에도 감소하고 있었지만, 이제는 「교구연합부담조례」가 "오두막을 없애 버리는 관행을 완전히 없애" 버렸다고 이야기된다. ― 1881년 '농업위원회' 앞에서의 스클래터-부스 각하의 증언 9090호 질문. [「교구연합부담조례Union Chargeability Act」란 빈민법이 수정된 뒤 1865년에 통과된 것으로, 노역장 건축 비용을 교구가 아닌 교구연합이 부담하도록 한 것이다. ― 옮긴이]

16) 하지만 그런 조치가 완전히 멈춘 것은 아니었다. 1872년 무렵에 벌어진 사례에 대해서는 히스, 「영국 농민층」, 36쪽을 보라.

적인 나라라면, 노동자는 자신의 공동체에 어떤 일자리가 있는지 정확히 알고 있다. 그리고 잘 알려져 있다시피, 노르웨이 농민은 가족을 부양할 수 있게 할 지위에 도달했다고 확신하기 전에는 결혼할 마음이 내키지 않는다.[17] 그러나 "제조업 노동에서 벌어지는 피할 수 없는 변동"[18] 가운데 있는 대규모 도회지에서는 이런 모든 확실한 한계가 제거됐다. 기능공이 언제나 희망할 수 있는 것은 산업의 성장이 다수 아동에게 일자리를 제공하리라는 사실이다. ― 이런 기대는 모직물 제조업과 면직물 제조업이 어마어마하게 급속히 성장하면서 상당히 정당한 것이 됐다. 그리고 지방에서는 보조금 제도가 그랬던 것과 마찬가지로, 도회지에서는 아동노동에 대한 수요로 인해 남성의 소득은 그 가족 수에 비례하여 증가했다.[19]

맬서스는 어떤 치유책을 제안했던가? 첫 번째는 「빈민법」 폐지였다. 그런데 그가 이런 견해를 가진 유일한 사람은 아니었다. 그 시대의 많은 빼어난 저술가는 「빈민법」이 본질적으로 나쁜 것이라고 믿었다. 맬서스는 1년이 경과한 뒤에 태어난 어떤 아동에게도 구제를 받을 자격이 있어서는 안 된다고 어떤 일자에 고지할 것을 제안했다. 앞날을 준비하지 않는 사람들은 "자연이 내리는 처벌"과 "사적인 자선사업이라는 불확실한 부양"에 내맡겨야 한다는 것이었다.[20] 다른 사람들은 그런 처치가 너무 가혹하다고 보았고, 어떤 종류의 「빈민법」은 필요하다고 보았고, 어떻게 도덕적으로 문란하게 만들지 않으면서 적지 않은

---

17) 『인구에 관한 시론』, 129쪽[이극찬. 185쪽 ― 옮긴이]. 제7판.

18) 같은 책, 315쪽[이극찬. 364쪽 ― 옮긴이].

19) 아동들은 지방 지역에서 도회지로 대거 이주했다. 그리하여 스위스에서는 지난 세기말에 몇몇 소규모 주canton에 제조업이 도입되면서 조혼을 크게 자극했다. ― 같은 책, 174쪽[이극찬. 203쪽 ― 옮긴이].

20) 『인구에 관한 시론』, 430쪽[이극찬. 492쪽 ― 옮긴이].

빈민에게 스스로를 부양할 재력을 보장할 것이냐가 문제라고 보았다. 맬서스의 두 번째 치유책은 도덕적 제지였다. — 독신으로 지내는 시기 동안 완전히 도덕적으로 처신하면서, 가족을 부양할 재력을 지니게 될 때까지 결혼을 절제하는 것을 말한다.[21]

이제 실제 치유책이 어떤 것들이었는지 보기로 하자. 주요한 것은 1834년에 있었던 「빈민법」 개정이었는데, 아마도 그것은 「개혁법안」[22] 이래로 통과된 가장 자비로운 '의회 조례'일 것이다. 그것이 담고 있는 원리는 이런 것들이었다. (a) 노역장 심사를 적용하고, 신체가 멀쩡한 노동자에게 시설 외부에서 제공되던 구제책을 점차적으로 폐지한다. (b) 경제성과 효율을 증진하기 위해 교구연합을 편성하고, 이들 교구연합은 지방세 납세자들이 선출한 후견인회의소가 운영함으로써, 치안판사의 해로운 통치를 끝장낸다. (c) 중앙 빈민법위원회의소를 두고, 후견인회의소에서 벌어지는 일을 다루고 후견인회의소의 행동을 통제할 대단히 큰 권한을 준다. (d) 서출庶出에 관한 새로운 법률. (e) 정주법의 완화. 새로운 법률의 효과는 대단히 주목할 만했다. 서식스의 경우를 예로 들어 보자. 1834년 이전에는 그 주州에 신체가 멀쩡한 극빈자가 6,000명 넘게 있었는데 두 해가 지나고 나자 124명이었다.[23] 이와 비슷한 변화는 거의 모든 시골 지역에서 일어났고, 대단히 성행했던 폭동이나 건초 더미에 불을 지르기는 덜 잦아졌다. 마찬가지로 주목할 만한 것은 지방세에 대한 효과였다. 1818년에 지방세는 잉글랜드와 웨일스에서 거의 8,000,000파운드스털링 걷혔다. 1837년에는 4,000,000파운드스털링 조금 넘는 수준으로 하락했고, 지금은 인구가

---

21) 같은 책, 403쪽[이극찬, 462쪽 – 옮긴이].

22) [1832년에 개정된 선거법을 말하며, 이에 대해서는 제 XII장 주 1)을 보라. – 옮긴이]

23) 몰레스워스, 「영국 역사」, 제1권, 319쪽.

어마어마하게 증가했음에도 겨우 7,500,000파운드스털링이다. 극빈자 수는 1849년에는 930,000명이었다가 1881년에는 800,000명으로 줄어들었는데, 그동안에 인구가 8,000,000명 넘게 증가했음에도 그렇다. 그렇다 하더라도 「빈민법」들의 이러한 개선이 결코 완벽한 것은 아니며, 아직도 크게 개정돼야 한다.

실제 치유책으로 그다음으로 중요한 것으로는 이주를 놓아야 한다. 맬서스는 이주를 얕봤다. 그는 이렇게 생각했다. "사람들이 본국을 버리려 하지 않으려 한다는 점과 새 땅을 치우고 경작할 때의 어려움을 생각하면, 이주를 택하는 것은 절대로 적절하지 않거나 적절할 수 없다." 그리고 이주가 당분간은 효과적일 수 있을지 몰라도 이주가 제공하는 구제책은 일시적일 뿐이며 "증오가 커진 채 무질서가 다시 나타날 것이다."[24] 물론 맬서스는 증기선이 생겨나고 그로 인해 영국과 미국이 긴밀하게 연결됨으로써 일어난 어마어마한 발전을 내다볼 수 없었다. 1815년 이래로 825만의 인민이 연합왕국에서 이주해 갔으며, 1847년 이래로 잉글랜드와 웨일스에서만 350만 명이 나갔으며, 물론 이런 대규모 이주는 노동시장의 짐을 적지 않게 덜어 주었다. 맬서스는 이후에 일어난 어마어마한 식량 수입도 내다볼 수 없었다. 그가 살던 시대에는 영국이 전쟁과 곡물법으로 인해 격리돼 있었고, 지금 우리는 우리 식량의 절반을 수입하고 그 대가를 우리 제조품으로 지불한다.

도덕적 제지에 관해 말하자면, 그것이 크게 효력이 있었는지는 매우 의심스럽다. 15년 전에 글을 쓴 제번스 교수에 따르면, 도덕적 제지

---

24) 「인구에 관한 시론」, 292쪽[이극찬. 338쪽 ─ 옮긴이].

는 대단히 적은 정도로만 행해졌다.[25] 1860년까지 결혼 수는 약간 증가하고 있었다. 그러나 대중들 사이에서 일어난 일을 보자면 식량이 싸져서 결혼이 더 잦아졌던 한편, 중간계급과 최상의 기능공 계급 사이에서는 도덕적 제지가 확실히 증가했다.

나는 맬서스가 받아들이지 않았던[26] 다른 치유책 하나, 말하자면 자녀 수의 인위적 억제라는 치유책에 대해 말하고 싶다. 그런 문제는 "사어死語로 단정하게 베일에 싸여"[27] 논의될 수 있을 뿐이라고 이야기된 바 있다. 그런 치유책에 대해서는 말을 아끼는 것이 생각을 건전하게 하는 데 필요하다. 그러나 우리는 그럼에도 불구하고 문제에 직면해야 하는데, 그 문제가 중대한 것이기 때문이다. 출생에 대한 이러한 예방적 억제책은 우리에게 강력한 도덕적 혐오를 일으킨다. 그러한 도덕적 혐오를 선입관이라 부를지도 모르겠지만, 이때의 혐오는 강한 본능에 따르는 의무는 회피하면서 그 본능을 만족시키는 것에 맞서는 항의이기 때문에 완벽하게 논리적이다. 그렇다 해도 우리의 도덕적 혐오 때문에 우리가 질문을 살펴보지 못하게 되면 안 된다. 결과를 검토해 보기로 하자. 인위적 억제책 제도의 효과와 관련하여 어떤 증거가 있는가? 적어도 유럽의 하나의 국민, 즉 프랑스가 그런 제도를 어느 정도 채택한 바 있다는 것을 우리는 알고 있다. 지금 우리는 순전히 시골인 외르현縣에서 아마도 인위적 억제책을 널리 채택했기 때문에 인구가 감소하고 있음을 보게 되는데, 그 지역이 프랑스에서 가장 잘 경작되고 있는 곳이고 상당한 물질적 번성을 누리고 있음에도 일반적 행복

---

25) 『석탄 문제』, 170쪽.

26) 『인구에 관한 시론』, 266쪽[이극찬, 316쪽 – 옮긴이], 286쪽[이극찬, 331쪽 – 옮긴이], 512쪽[이극찬, 538쪽 – 옮긴이].

27) [월터 배젓의 『경제학적 연구』에 나오는 표현이다. – 옮긴이]

이 약속되는 것을 발견할 수는 없다. 이 현은 범죄 통계에서 선두를 달리고 있다. 범죄의 $\frac{1}{3}$은 추잡한 폭행이고, 또 다른 $\frac{1}{3}$은 좀도둑질이고, 유아 살해도 성행하고 있다.[28] 이런 것은 매우 불완전한 증거이긴 하지만, 적어도 여러분이 약속된 결과를 얻지 못하면서 이런 조치들을 채택할 수도 있다는 것은 보여 주고 있다. 인구가 안정적이고 물질적으로 번성하고 있으면 반드시 악덕에서 자유로울 것이라는 발상은 그 자체로는 상당히 비합리적이며, 그것을 반박할 경험이 증거로 있다. 실제로, 그런 모든 제도에 대한 강력한 이의 제기는 인구가 안정적이라는 것이 국민 생활과 관련하여 건강한 사태는 아니라는 사실에서 찾을 수 있다. 인구가 안정적이라는 것은 진보가 일어날 커다란 자극이 사라졌다는 것을 뜻한다. 특히 프랑스에서는 인구를 현존하는 생계 수단에 적합하게 조절하려는 시도로 인해, 발명을 자극할 유인 하나가 사라졌다. 이런 점에서 볼 때, 생존 투쟁이 진보에 필수적인 것은 확실히 맞다. 게다가 그런 관행은 자녀들 자신에게 피해를 주는 것으로 입증되고 있다. 프랑스 농민은 자신의 자녀 하나하나가 안락한 생계유지 상태에 있도록 하기 위해 부단히 애쓰고 있다. 자녀들은 관대하게 양육된 뒤에는 자기 자신의 생계유지를 위한 투쟁에 놓이는 것이 더 좋을 것이다. 영국 도회지가 지닌 소질과 창의력 대부분은 대가족에 속한 사람들이 시골 지역에서 가져온 것인데, 이들은 노력해서 출세해야 한다는 생각을 마음에 새기고 삶을 시작했다. 이런 문제를 부富라는 관점에서만 살펴보는 것은 잘못이다. 우리는 국민 생활에서 가장 중요한 것의 원천인 가족생활의 중요성을 제대로 평가하지 못한다. 대가족

---

28) 노르망디에 관한 보들리아르 씨의 책을 보라. 그 책에서는 도덕적 고려만이 아니라 계몽된 사리사욕도 이 제도에 반대하기 위해 불러내고 있다.

을 부양하고 교육하는 데 필수적인 것은 대개는 부모의 생활에서 영향을 받아 훈련되고 순화되며, 이런 것이 평범한 사람으로 하여금 자신의 의무를 깨닫게 하여 훌륭한 시민으로 바꾸는 방법의 한 가지다. 결국에는 그러한 관행이 오늘날 영국에서는 불필요하다고 말할 수도 있다. 상급 기능공이나 중간계급에 속한 사람은 언제 평균적인 수의 자녀를 기를 충분한 재력을 지니게 될지 생각하기만 하면 된다. 말하자면 결혼 시기를 조절하기만 하면 된다. 결혼을 늦추는 것과 성장한 뒤에 일부 자녀가 자진해서 이주하는 것은 그런 사람의 경우에는 정말로 어렵게 된다. 그런 사람은 더 많은 사람에게 허용된 여지가 세상에 있는지를 고려할 필요가 없는데, 왜냐하면 그런 여지는 있기 때문이다. 그리고 문명을 이롭게 하려 한다면, 훌륭한 역사와 훌륭한 질을 가진 국민의 수가 늘지 않는 것은 바람직하지 않다. 다른 한편, 타산적인 동기가 중요하지 않은 노동대중에게 유일한 진정한 치유책은 주거지 개량이라든가 더 나은 교육과 더 나은 오락과 같은 훌륭한 사회 개혁 조치를 실행하는 것이며, 그리하여 노동대중을 기능공이 지금 차지하고 있는 지위로 끌어올려 도덕적 제지가 효력이 있게 하는 것이다. 무엇보다도, 이것은 순전히 경제문제도 아니고 기계장치로 해결될 수도 없다는 점을 기억해야 한다. 진정한 해결책에 이르기 위해 우리는 영적 생활의 높은 이상을 결연하게 지켜야 한다. 기계장치가 어쩌다 우리에게 줄 수도 있는 어떤 것이란 우리가 우리 나라를 위해 소망하는 어떤 것이 아니다. 다른 한편, 진정한 치유책이란 우리가 얻기 위해 분투하려 하는 그와 같은 더 순수하고 더 높은 사회 상태를 향해 성장하는 것을 뜻한다.

XI. 임금기금이론

맬서스가 '임금기금이론'을 창시했다 ─ 그 이론에 대한 밀의 이야기 ─ '노동조합'에 지니는 그 이론의 함의 ─ 주어진 시점에서 임금에 적용될 때의 그 이론 ─ 그 이론의 오류 ─ 그 이론의 기원 ─ 완전한 임금 이론을 구성할 때의 어려움 ─ 주어진 나라에서 임금은 생산 총량과 그 생산량이 나뉘는 방식에 달려 있다 ─ 영국보다 미국에서 임금이 더 높은 이유 ─ '보호무역'과 상업 "패거리"가 임금에 끼치는 영향 ─ 영국의 임금과 '대륙'의 임금의 '비교' ─ 영국에서 임금이 높은 것은 주로 노동 효율성 탓이다 ─ 특정한 업종에서의 임금 인상의 한계 ─ 전반적 임금 상승으로 나타날 수 있는 영향들 ─ 1790년과 1820년 사이에 있었던 임금 하락에 대한 설명

맬서스는 자신의 이름을 담은 인구이론을 창시한 이외에도, 임금기금이론이라는 이름으로 영국에서 50년 동안 받아들인 임금에 관한 학설의 원조였다. 그 이론이 어떤 것인지 규명하려면, 손턴이 1869년에 쓴 『노동에 대하여』에 관한 논평에서 밀이 밝힌 이야기를 보아야 할 것이다. 밀은 이렇게 말한다. "어떤 주어진 순간에 노동임금을 지불하는 데 무조건 바쳐야 할 부富의 액수가 있다고들 한다. 이 액수가 변할 수 없으리라 여겨지지는 않는데, 왜냐하면 그 액수는 저축으로 인해 커지고 부의 누진과 함께 증가하기 때문이다. 그러나 어떤 주어진 순간에도 미리 정해진 총량이 있는 것으로 추론된다. 그 총량보다 많은 것은 임금을 받는 계급이 자신들 사이에서 도저히 나눌 수 없으리라고 가정된다. 그 계급은 그 총량보다 적은 게 아니라면 도저히 얻을 수 없다는 것이다. 그리하여 나눌 액수는 고정돼 있고 각각의 임금은 나눗수, 즉 참가자 수에만 달려 있다는 것이다."[1] 맬서스 시대부터 1870년 무렵까지 사람들은 이 이론을 암묵적으로 믿었다. 우리는 예컨대 마터누 양이 『이야기』들에서 이 이론을 받아들이는 것을 보게 된다.[2] 그리고 이 이론으로부터 몇 가지 결론이 연역됐는데, 그 결론들은 실용적 중요성 때문에 진실과 관련된 우리 탐구의 맨 앞에 놓을 만하다. 이론 그 자체와 그 이론의 것인 학문이 노동계급 전체를 공격하게 만든 것은 바로 이 결론들이다. 우선 임금기금이론에 따르면, '노동조합들'은 임금의 전반적 상승을 가져오는 효과를 그 언제라도 낳을 수 없으리라고 이야기된다. 특정한 업종에서 노동자가 단결을 통해 임금 인상을 얻어 낼 수도 있다는 점이 실제로 때때로 인정됐지만, 이는 그 밖의 업종의 노동자의 희생을 대가로 해서만 가능하리라고 했다. 예컨대 건축업에서 '조합'을 통해 더 높은 임금을 받는다면, 주철소나 그 밖의 산업에서는 그에 해당하는 만큼 손해를 보지 않을 수 없다는 것이다. 그다음에 논의된 바에 따르면, 노동자의 단결은 길게 보면 결국 임금을 지불하는 기금을 증가시킬 수가 없다. 자본은 저축에 의해 증가할 수도 있으며 또한 이 저축이 노동자 수보다 더 급속히 증가한다면 임금이 상승할 것이지만, '조합'이 그러한 저축 증가가 일어나지 않을 수 없게 만드는 어떤 효과를 지닐 수 있다는 점은 부정됐다는 것이다. 그리하여 그에 뒤따르는 것은 낮은 임금에 대한 유일한 현실적 치유책은 노동자 수를 한정하는 것이라는 결론이었다. 임금률은 전적으로 인구

---

1) 『격주 논평』, 1869년 5월. 『논설과 논의』, 제iv권. 43쪽에 번각.

2) [해리엇 마티누는 『사촌 마셜』(1833년), 『교구』(1833년), 『부락들』(1844년) 등 "이야기A Tale"라는 부제를 단 여러 저작을 남겼다. ─ 옮긴이]

억제책의 효험에 달려 있다고들 했다.

잘못은 전제에 있었다. 관찰한 바에 따르면, 옛날 경제학자들은 자신들의 전제를 좀처럼 검토하는 일이 없었다. 앞서 말한 이론을 위해 가정하는 것은 이런 것들이다. (1) 특정한 개인이 임금 지불을 위해 쓸 수 있는 자본은 고정돼 있다. 또는 어쨌든 공동체가 그렇게 하기 위해 쓸 수 있는 총자본은 고정돼 있다. (2) 임금은 언제나 자본에서 지불된다. 그런데 특정한 고용주가 고정된 양의 화폐를 노동에 쓰기로 마음을 먹는다는 이야기는 명백히 맞지 않는다.[3] 노동에 쓰게 될 화폐 총량은 자본가 측에서 본 이윤 전망에 영향을 끼치는 많은 사정에 따라, 예컨대 노동 가격에 따라 변한다. 트렌치 씨가 나소 시니어에게 이야기를 전해 준 아일랜드에서 있었던 농업 노동자의 파업을 예로 들어 보자. 트렌치 씨는 하루에 10페니를 주며 100명을 고용하고 있었고, 그리하여 일주일에 임금에 25파운드스털링을 썼다. 급료를 올려 달라며 파업이 일어났다. ― 최소한 1실링 2페니이어야 하고, 더 능력 있는 사람이라면 더 많아야 한다고 했다. 트렌치는 요구하는 임금을 주겠다고 했지만, 총지출을 크게 줄였고, 더 높아진 시세로는 그 수의 사람을 고용해서 임금을 지불할 수 없게 됐다. 그리하여 17명만 고용됐다. 그러자 다른 83명이 반대했고, 모두 옛 시세를 받고 일하는 것으로 되돌아가며 사태는 끝났다.[4] 사실을 말하자면, 어떤 개인에게도 고정된 임금 기금은 없으며, 그것을 축소하거나 증가하게 하는 것은 그 개인의 권

---

3) 고용주는 '임금에 이만큼 쓸 것이다'라거나 '노동자를 이만큼 고용할 것이다'라고 말하는 것이 아니라 '노동이 예컨대 30실링이면 이만큼 쓸 것이고, 노동이 20실링이면 이만큼 쓸 것이다'라고 말한다. 다른 한편, 히스 씨가 1872년에 농업경영자에 관해 했던 이야기는 사람들이 정해진 액수를 쓰기로 결정할 수도 있다는 것과 그 액수를 바꾸려 하지 않는다는 것을 보여 주고 있다. 하지만 그는 이를 "특징적인 완고함"이라는 우연적인 원인 탓으로 돌린다. ― 히스의 『영국 농민층』 121쪽과 『농민 생활』 348쪽을 보라.

4) 시니어의 『아일랜드와 관련된 언론 ⋯⋯』, 제ii권. 15쪽.

한이 아니다. 적절한 이윤과 양립할 수 없는 것으로 보이는 임금률을
지불하느니 차라리 노동에 쓰는 총합계를 줄일 수도 있는 것과 마찬가
지로, 만약 임금률이 높아지더라도 투자를 충분히 보상할 수 있는 수
입을 보장할 수 있다고 생각한다면 노동자들의 임금을 늘리기 위해 자
기 자신에게 쓰고 있는 액수를 줄이거나 놀고 있는 자본을 사용함으로
써 그 총합계를 증가시킬 수도 있다. 이렇듯 노동자는 주어진 고용량
이 전혀 변하지 않더라도 사정에 따라 현재의 시세보다 더 높은 임금
을 받을 수도 있고 더 낮은 임금을 받을 수도 있다. 도싯과 윌트셔에서
임금이 7실링이었을 때[5] 만약 노동자가 충분히 총명하고 단결력을 보
일 수 있었다면 농업경영자가 8실링이나 9실링을 지불하지 않을 수 없
게 만들 수도 있었을 것인데, 농업경영자는 매우 높은 이윤을 얻고 있
었던 것이다. 사실을 말하자면, 노동자가 강하고 고용주가 얻는 이윤
이 큰 곳이라면 종종 노동자는 고용주가 더 높은 임금을 주지 않을 수
없게 만들어 왔다.

그 언제라도 전체적으로 공동체 수중에는 노동자의 욕망 충족을 위
해 공급해야 하는 고정된 양의 자본이 있다는 이야기, 즉 고용주도 노
동자도 증가시킬 수 없는 만큼의 식량, 부츠, 모자, 옷 등등이 있다는
이야기도 맞지 않다. 화폐임금 상승이란 수요가 증가하기 때문에 노동
자가 구매하는 모든 상품의 가격이 그에 비례하여 상승하는 것을 뜻할
뿐이라고들 한다. 그리고 노동자의 실질임금, 즉 노동자가 화폐로 구
매할 수 있는 물건의 수는 그 전보다 절대로 많지 않을 것이라고들 한
다. 그러나 사실을 말하자면, 공급은 수요만큼 빨리 증가할 수 있다. 수
확과 수확 사이의 시기에 쓸 수 있는 곡물의 양은 고정된 것이 맞지만,

---

5) 케어드, 『1850년의 영국 농업』, 519쪽.

그 밖의 대부분의 상품의 양은 순식간에도 증가할 수 있다. 왜냐하면 상품은 소비를 대비해 대량으로 비축돼 있지 않고 수요가 생김에 따라 계속 생산되고 있기 때문이다.

여태까지는 특정한 시대에 임금에 적용됐던 이론에 대해 이야기했다. 그런데 그 이론은 길게 보았을 때 임금과 관련하여 무엇을 더 내포했던 것일까? 라쌀과 '사회주의자들'이 채택한 바 있는 리카도의 법칙에 따르면, 임금은 인구와 자본 사이의 비율에 달려 있다. 자본은 저축에 의해 점차 증가할 수 있으며, 인구는 점차 줄 수 있다. 그러나 리카도는 인구가 자본보다 더 빨리 늘고 있기 때문에 노동자의 처지는 내리막길을 걷게 된다고 생각했다. 그는 안락한 생활의 기준에 변화가 있어 왔음을 때때로 인정하면서도, 자신의 일반적 이론에서는 이 점에 주의를 기울이지 않아, 그 기준은 고정돼 있으며 임금 상승은 인구 증가를 가져올 것이며 임금은 그리하여 다시 옛 시세로 하락하리라고 가정했다. 노동자가 소비하는 곡물 총량은 줄지 않을 것이지만 노동자가 소비하는 그 밖의 상품 총량은 감소하리라는 것이다.[6] 이후의 경제학자들은 가정된 법칙에서 나온 이 이야기에 제한을 가해 왔다. 밀은 안락한 생활의 기준이 고정돼 있지 않고 언제든 변할 것임을 보여 주었다. 사정이 이러하므로, 노동자는 리카도가 있을 수 있다고 가정했던 것보다 훨씬 아래로 내려앉을 수도 있는데, 그 이유는 노동자가 다른 것들도 적게 가질 뿐 아니라 생활의 주요소도 곡물보다 낮은 급의 것, 예컨대 감자를 쓰지 않을 수 없게 될 때까지 인구가 증가할 수도 있기 때문이다. 그리고 사실을 말하자면, 이런 일이 몇몇 나라에서 일어났다. 그러나 다른 한편, 영국에서 그랬던 것처럼 기준이 상승할 수도 있

---

6) 리카도(맥컬록 판, 1881년), 54~55쪽[권기철, 104~5쪽 – 옮긴이].

다. 그리고 밀은 기준이 한층 더 상승하리라고 생각했다. 처음에는 이 것이 노동계급과 관련된 그의 유일한 희망이었다.[7] 이후 시기에 그는 노동자가 협업을 통해 점차 스스로를 고용하여 이윤과 임금을 모두 얻을 수 있게 되리라 믿었다.

이러한 임금기금이론이 어떻게 발전하게 됐는지를 탐구하면 흥미롭다. 왜 고용주가 더 높은 실질임금을 줄 수 없으리라고 주장했던 것일까? 그 이론의 기원은 쉽게 이해할 수 있다. 맬서스가 인구에 관한 시론을 썼을 때는 흉작이 이어졌고 그 시절에 해외로부터 얻을 수 있는 곡물 공급은 적은 양일 뿐이었다. 그리하여 해마다 나라에는 고정된 양의 식량이 있고 필요한 식량의 총량은 증가하고 있는 것으로 보였다. 인구는 생계 수단보다 빨리 증가하고 있었고, 화폐임금이 상승해도 가져야 할 식량의 양은 증가할 수 없었다. 그리하여 곡물이 1쿼터에 127실링이던 1800년에는 부자가 더 높은 임금을 주는 것으로는 빈민을 도울 수 없다는 것이 명확해졌는데, 더 높은 임금을 주면 고정된 양의 곡물의 가격을 올릴 뿐이기 때문이었다. 맬서스는 식량 총량이 실제로 고정됐다고 가정했다. 그런 까닭에 인구가 줄지 않는다면 임금이 하락하리라고 가정했는데, 나쁜 땅도 경작할 것이고 식량을 얻기가 더 어려워질 것이기 때문이라는 것이었다.[8] 그러나 그가 눈앞에 두었던 시기는 대단히 예외적이라 하겠는데, 평화 이후에는 풍작이 와서 곡물이 많아졌다. 식량은 점점 더 싸졌는데, 그와 같은 비율로 인구가 늘었음에도 그랬다. 그리하여 이런 모습의 이론은 1795년부터 1815

---

7) 초기 판본의 『정치경제학』, 제iv책, 제vii장인 「노동계급에게 있을 수 있는 미래」에 관한 장 [박동철, 제4권, 97~151쪽 – 옮긴이]을 보라.

8) 『인구에 관한 시론』, 제ii권, 64쪽[이극찬, 340쪽 – 옮긴이], 71쪽[이극찬, 344쪽 – 옮긴이], 76쪽[이극찬, 346쪽 – 옮긴이](제6판). 실제로는 나라의 농업 생산량은 1803년과 1813년 사이에 1/4가량 증가했다. 포터, 149쪽를 보라.

년까지 20년에 대해서만 참이었다. 그러나 임금이 인구와 식량 사이의 비율에 달려 있다고 일단 이야기되면, 식량을 자본으로 대체하고는 임금이 인구와 자본 사이의 비율에 달려 있다고 이야기하면서 옳지 못하게 식량과 자본을 동일시하기 쉬웠다.[9] 그렇게 동일시한 것을 잊었을 때는, 어떤 주어진 순간에도 임금을 지불하는 데 돌아가게 될 고정된 양의 임금-자본 — 식량, 부츠, 모자, 가구, 옷 등등 — 이 있으며 그것은 고용주도 노동자도 축소하거나 증가시킬 수 없다고 가정됐고, 그리하여 임금률은 두 당사자의 의지와는 독립하여 자연법칙이 규제하는 것으로 여겨지게 됐다.[10]

이 이론이 그르다는 것은 이미 보았다. 이제는 그 이론을 조금 더 옳은 이론으로 대체해야 하고, 그럼으로써 노동시장에서 실제로 일어나는 현상, 예컨대 시카고나 뉴욕에서는 생활필수품 가격이 영국보다 더 낮은 데도 임금이 영국의 두 배라는 사실 같은 것을 설명해야 한다. 현대 경제학자들이 낡은 임금기금이론의 오류들을 지적해 왔을지언정, 어떤 경제학자도 아직 그것을 대신할 완전한 임금 이론을 제시하는 데는 성공하지 못했다. 정말이지 나는 그렇게 얽힌 듯 복잡한 일련의 조건은 하나의 정식으로 설명할 수 없다고, 그리고 그렇게 하려고 시도한다면 오류를 가져오리라고 믿고 있다. 하지만 나는 공중公衆은 경제학자들이 지금 임금기금이론을 대신하여 틀에 박힌 또 하나의 편리한 문구를 제공하려 하지 않아서 상심했다고 느끼는 것처럼 보인다는 것과 그 결과로 경제학자들의 설명의 타당성을 의심하려 하고 있다는 것

---

9) 케건 폴의 『윌리엄 고드윈의 삶』 제 i 권 322쪽에 있는 맬서스가 고드윈에게 보내는 편지, 『인구에 관한 시론』 제 ii 권, 93쪽[이극찬, 356쪽 – 옮긴이], 94쪽[이극찬, 357쪽 – 옮긴이], 제임스 밀의 『정치경제학의 요소』 제 ii 장 29쪽(1821년)을 보라.

10) 밀의 『정치경제학』(제1판), 제 i 권, 475쪽 [박동철, 제2권, 230쪽 – 옮긴이].

또한 알고 있다. 자, 주어진 나라에서 임금은 그 나라의 생산 총량과 그 생산량이 나뉘는 방식이라는 두 가지 점에 달려 있다. 앞의 문제를 풀려면 생산된 부의 총량에 영향을 끼치는 모든 원인, 즉 그 나라의 천연자원, 정치제도, 거주자의 숙련 기술, 총명함, 창의적 소질 등을 조사해야 한다. 다른 한편, 생산량의 분할은 주로는 일자리를 찾고 있는 노동자의 수와 투자할 곳을 찾고 있는 자본의 양의 비율에 의해 정해진다. 또는 조금 달리 말하자면, 임금은 비축된 자본에서 지불된다고 말하는 대신에 이제는 임금은 생산량에 대한 노동자의 지분이라고 말하는 것이다.[11] 노동자의 지분을 좌우하게 될 것은 첫째는 그가 만들어낼 수 있는 생산량이고, 둘째는 그가 고용주와 성사시킬 수 있는 협상의 성격이다. 이제 우리는 위에서 제기한 질문, 즉 왜 미국에서는 임금이 영국의 두 배인지를 설명할 수 있다. 높은 임금을 지불하는 이유를 밝히라고 하면, 미국인 제철업자는 「무료농가법」[12]으로 인해 누구든 아주 적은 액수를 내고 토지 구획을 얻을 수 있었기 때문에, 그리고 어떤 정련공精鍊工도 이 토지에서 일해서 얻을 수 있는 것보다 적은 것을 얻으려고 일하려 하지는 않을 것이기 때문에 미국에서는 토지가 임금률을 정한다고 말할 것이다.[13] 그런데 '서부 주'는 땅이 대단히 비옥하며 그곳의 평균 산출은 윌트셔보다 낮음에도 지출되는 노동과의 비율로 볼 때 수입은 더 많다. 게다가 노동이 희소하여 노동자의 비위를 맞

---

11) 이런 해결책은 클리프-레슬리 씨가 1868년 5월 『프레이저의 잡지』에 실린 「정치경제학과 이주」에 관한 '기사'에서 처음으로 제시했다. 그러나 그 해결책의 완전한 함의를 처음으로 보게 해 준 것은 『임금 문제』에 관한 워커 씨의 책이었다.

12) [1862년에 링컨 대통령이 서명한 「무료농가법Free Homestead Law」에 따라 미국 서부에 사람들이 정착하기 시작했는데, 자유를 얻은 노예를 포함해 미국인이라면 누구나 160에이커까지 연방의 토지에 대해 권리를 주장할 수 있었고 결국 160만 명이 토지를 소유하게 됐다. ─옮긴이]

13) 『노동조합위원회』(1867년), 제3770호 질문(「보고서」, II, 3쪽). 제철업자인 A. S. 휴잇은 이렇게 말했다. "우리 나라(합중국)에서 임금률을 실질적으로 규제하는 것은 자기 자신이나 가족이 힘들여서 하는 노동 말고는 거의 또는 전혀 비용이 들지 않게 되는 땅에서 얻을 수 있는 이윤이다."

추어 주어야 했다. 노동자는 고용주와 협상할 때 유리한 지위여서 생산량에서 큰 지분을 얻었다. 그리하여 농업 관련 임금이 매우 높으며, 이런 사정은 미국 제철업과 그 밖의 미국 산업에서 임금이 높은 원인도 설명해 준다. 이렇게 임금이 높은 결과, 제조업자는 기계를 많이 사용하지 않을 수 없으며, 우리 영국의 기계의 대부분, 예를 들면 레스터의 부츠 업종과 신발 업종의 기계는 미국에서 발명한 것이다. 지금은 더 좋은 기계로 인해 노동이 더 효율적이게 돼 노동자 일인당 생산량은 높아졌다. 나아가, 자본가들의 증언에 따르면, 미국 노동자는 희망을 가지고 일하기 때문에 영국 노동자보다 더 열심히 일한다. 돈을 모아 출세한다는 전망이 있다는 것이다. 이로 인해 미국 제조업의 생산량은 대단하며, 노동자는 큰 지분을 얻을 수 있게 된다. 그런 까닭에 미국의 높은 임금은 노동자가 만들어 내는 생산량이 대단하다는 사실로, 경쟁의 효능이 노동자에게 유리하다는 사실로 설명된다.

하지만 노동자에게 덜 유리하게 미국의 임금률에 영향을 끼치는 그밖의 원인들도 있다. 예컨대 '보호무역'은 포크나 나이프 같이 흔히 쓰는 많은 품목의 비용을 올림으로써 실질임금을 줄인다. 자본가가 노동자의 희생을 대가로 예외적으로 높은 이윤을 얻을 수 있는 것도 '보호무역' 때문이다. 자본가는 단결하고 패거리를 이룸으로써, 시장을 좌지우지할 수 있으며, 물가를 통제할 뿐 아니라 임금률을 멋대로 정한다. 예닐곱 해 전에는 펜실베이니아의 무연탄 출탄 전체가 몇몇 회사 수중에 있었다. 그리하여 1877년 '노동전쟁'[14] 때 노동자들은 임금이 경쟁에 의해 정해지는 것은 꺼리지 않겠지만 패거리에 의해 정해지는 것은 감내하지 않을 것이고 그런 패거리 때문에 혁명이 일어날 것

---

14) [1877년에 미국에서 해고, 임금 삭감 등에 반대하며 철도 노동자들이 벌인 파업을 말한다. ─옮긴이]

이라고 공표하기에 이르렀다. 그런데 이런 회사들이 지닌 독점권은 엄청난 노동자가 '서부'로 이주하면서 비로소 무너졌다. 이 사례와 관련된 미국의 경험은 산업이 진전하면서 어떻게 장사가 더 소수 수중에 집중되는 경향을 지니게 되는지 보여 주고 따라서 독점권의 위험을 보여 준다는 점에서 흥미롭다. '자유무역'은 거대한 자연독점을 가져오리라고 오히려 단언돼 왔다. 이 말은 국내 자유무역은 있지만 국외 자유무역은 없는 미국 같은 나라에는 참일 것이다. 왜냐하면 외국과의 경쟁은 자본가 무리가 시장에 대한 완전한 통제권을 얻지 못하도록 할 것이기 때문이다.

나는 왜 영국보다 미국에서 임금이 더 높은지 보여 줬다. 계속해서 왜 유럽의 그 밖의 지역보다 영국에서 임금이 더 높은지 탐구해도 좋을 것이다. 그렇게 된 중대한 이유는 영국에서 생산되는 부의 총합계가 더 크며 거기에는 다양한 물질적 원인과 도덕적 원인이 있다는 사실이다. 주요한 물질적 원인은 우리에게 석탄과 철이 비할 데 없이 많이 비축돼 있다는 점과 아마도 무엇보다도 우리의 지리적 위치일 것이다. 도덕적 원인의 면에서 보자면, 자유를 보장하기에 유리한 우리의 정치제도는 다른 어떤 나라에서도 알려지지 않을 정도로 개인의 활력과 산업을 발전시켜 왔다. 다른 한편, 영국에서는 노동자가 토지에서 배제된 사실로 인해 임금을 내리는 경향이 생길 수밖에 없었다고 이야기돼 왔다. 그리고 의심할 것도 없이, 대규모 농장 체제를 채택하게 되면서 노동자들을 도회지로 몰아냈고 거기서 일자리 경쟁은 매우 격심해졌다. 그러나 이를 반박하자면, 영국 제조업 노동의 효율성은 대개 바로 이 사실, 즉 토지로 이동할 수 없다는 사실로 인한 것이다. 미국에서는 3년이면 면직물 공장의 직원 전체가 바뀌는 데 반해, 영국에서는 기능공이 "자기 업종에 눌러앉아" 자기 자녀도 그 일을 하도록 키운다. 그리고 물려받은 적성으로 이렇게 카스트가 형성돼, 노동을 더 효율적이게 만들어 생산량은 더 많아진다. 나는 '대륙'과 비교했을 때 영국에서 더 높은 임금이 널리 자리를 잡은 것은 주로 노동 효율성이 더 크기 때문이라고 믿고 있다. — 이것이 영국의 총생산량이 더 큰 주요 원인이라는 것이다. 그러나 한층 더 나아가 생산량의 분할을 결정하는 것이 무엇인지 묻는다면 주로 경쟁이 결정한다고 대답해야 한다. 미국과의 비교로 돌아가자면, 영국 노동자가 미국 노동자보다 더 낮은 임금을 얻는 이유는 노동시장에 재고가 넘쳐나 일자리 경쟁이 더 많기 때문이다.

위에서 이야기한 임금 이론에 대한 이의 제기 가운데 하나를 주목해야 한다. 내가 설명했다시피, 임금은 생산량에 대한 노동자의 지분이며 거기서 지불된다. 그러나 이렇게 말할 수도 있을 것이다. 우리의 새로운 '왕립재판소' 또는 장갑함이 건조되고 있는 — 결과가 완성되기까지 오랜 시간이 걸리는 작업이다 — 동안인데도 생산량에서 노동자에게 지불된다고 주장하는 게 옳을까? 노동자는 그런 노동을 하고 있는 동안에는 다른 사람의 생산량으로만 생계를 유지한다고 보는 것이 물론 완전히 옳다. 그리고 몇몇 대자본가는 자본을 축적해 두지 않았거나 빌리지 않는다면 노동자에게 지불할 수 없다고 보는 것이 완전히 맞다. 그러나 이런 점은 임금률과는 아무 관계가 없다. 임금률은 생산 총량에 의해 정해지는 것이지 지불 방법과는 무관하다. 앞의 경우에 자본가가 하는 일이란 그저 노동자의 지분을 편의상 선불로 지불하는 것뿐이다.

다음으로는 어떤 특정한 업종에서 임금 상승의 한계는 무엇인지 탐구할 것이다. 대답은 두 가지 점에 달려 있다. 첫째, 자본가가 통상적 이윤율보다 많이 벌고 있는가? 그렇지 않다면, 자본가는 더 많이 "제공할 수 없다"는 점을 근거로 임금 상승에 저항할 것이다. 이런 것이 예컨대 중재인이 장부를 검토하고 할지도 모를 말이며, 그렇게 말함으로써 중재인은 고용주가 임금을 인상해야 했다면 그 고용주는 다른 업종에서 얻을 수 있는 것보다 낮은 이윤에 만족해야 했음을 의미했을 것이다. 하지만 사실을 말하자면 자본가는 분명히 종종 예외적으로 높은 이윤을 얻으며, '노동조합'이 자본가로 하여금 이 예외적 이윤을 종업원에게 나누어 주지 않을 수 없게 만드는 데 대단히 성공한 것은 바로 이런 경우다. 둘째, 고용주가 통상적 이윤을 얻고 있을 뿐이라 하더라도 노동자가 강력해서 고용주로 하여금 더 높은 임금을 주지 않을 수 없게 만들 수도 있지만, 고용주가 영속적으로 그렇게 할 수 있는 것은 상품 가격을 올림으로써 벌충할 수 있을 때뿐이다. 이렇듯 특정한 업종에서의 임금 상승의 두 번째 한계란 소비자로 하여금 그 업종의 생산물에 대한 대가로 지불하지 않을 수 없게 할 수 있는 총액이다. 노동자는 종종 이런 점을 감안하지 않아 잘못을 저지르곤 했으며, 자신이 생산하는 품목에 대한 수요를 억제했고, 그리하여 주인과 자기 자신 모두에게 손실을 가져왔다.[15] 그렇다면 특정한 업종에서 임금 상승의 한계에 도달하게 되는 것은 임금이 더 상승하여 고용주를 그 업종에서 쫓아내게 될 때나 상품 가격이 상승하여 수요를 억제하게 될 때다. 하지만 한 나라에서 일반적인 업종을 다룰 때는 가격을 깡그리 무시해도 좋은데, 왜냐하면 귀금속의 가치가 안정적인데 가격이 전반적으로 상승하는 것과 같은 일은 일어날 수 없기 때문이다. 그렇다면 왕국 곳곳에 걸쳐 노동자 무리 전체가 훌륭한 조직을 통해 고용주에게

---

[15] 예를 들면, 말발굽을 다는 데 쓰는 못을 만드는 업종에서 임금이 1850년과 1864년 사이에 50퍼센트 인상됐지만, 그때 이래로 "말발굽을 다는 데 쓰는 못을 만드는 노동자들은 같은 기간 동안 일을 절반도 하지 못했고 임금도 감소했다." ― 티민스, 116쪽.

더 낮은 이윤을 받아들이라고 강요할 수 있을까? 총파업이 일어나면 굽히는 것이 고용주의 이해득실에 맞는 것일까? 그러한 질문에 사전에 대답하는 것은 불가능하다. 그런 질문은 두 당사자 사이의 힘을 온전히 시험해 보는 것이 될 것이며, 그런 종류의 일은 실제로 일어난 적이 없기 때문에 그 귀결을 예측할 수는 없다. 그리고 비록 지금이 앞서 가정한 조건에 예전 그 어느 때보다 가까운 근사치일지라도, 노동자를 전반적으로 묶은 조직 같은 것은 아직 있어 본 적이 없다.

하지만 노동자들이 그러한 파업에 성공한다고 가정하면, 길게 보아 전반적 임금 상승의 효과가 무엇일지 물을 수 있을 것이다. 몇 가지 결과 가운데 하나가 그로 인해 나타날 수 있다. 고용주가 얻는 보상이 감소하여 고용주 수가 줄 수도 있고, 그러면 노동 수요가 줄고, 따라서 임금이 하락할 것이다. 아니면 다시 이익률 저하가 자본축적을 억제할 수도 있고, 그리하여 다시 노동 수요가 줄 수도 있다. 아니면, 다른 한편으로, 임금 상승이 영속적으로 일어난다 하더라도 고용주가 얻는 보상이 여전히 충분한 것으로 밝혀지고 자본축적은 억제되지 않은 채로 있을 수도 있다. 아니면 마지막으로는, 더 높은 임금이 더 높은 노동 효율성을 가져올 수도 있으며, 이런 경우에는 이윤이 하락하지 않을 것이다. 위와 같은 결과 가운데 어떤 것이 실제로 발생할지를 선험적 근거로 결정하기는 불가능하다.

우리가 검토하던 시기로 돌아오면, 1790년과 1820년 사이에 있었던 임금 하락을 설명하는 데 이런 원리들을 적용할 수도 있다. 이 시기 동안, 지대는 두 배가 됐고 이자도 거의 두 배가 됐지만(그런데 이 사실은 그 점에 관한 조지 씨의 이론이 잘못임을 증명하고 있다)[16], 임금

---

16) 『진보와 빈곤』, 제iii책, 197쪽[이종인, 238~239쪽 - 옮긴이].

은 하락했다. 포터 씨의 어림값을 취할 수도 있을 것이다. "어떤 몇몇 경우에는 임금 인상이 있었지만, 이는 숙련 기능공에게만 일어난 일이며, 심지어 그들의 경우에도 그 인상은 모든 생활필수품 비용이 증가한 것에는 전혀 어울리지 않는 수준의 것이었다. 그저 노동자일 뿐인 사람은 …… 높은 물가를 이렇게 벌충하는 것에도 함께할 수 없었지만 …… 전쟁 이전에 받았던 것과 똑같거나 거의 똑같은 임금을 받았다." 1790년에는 숙련 기능공과 농장 노동자의 주급으로 각각 곡물 82파인트와 169파인트를 샀을 것이고, 1800년에는 53파인트와 83파인트를 샀을 것이다.[17] 당대의 저술가인 바턴 씨에 따르면, 임금은 1760년과 1820년 사이에 "화폐로 평가하면 100퍼센트 상승했고 상품으로 평가하면 33퍼센트 하락했다."[18] 이러한 하락의 원인은 무엇이었을까? 우선 기능공과 제조업 노동자의 경우를 보기로 하자. 이 경우에 하나의 원인은 흉작이 이어졌다는 것이다. 이 원인이 제조업 임금에 어떻게 영향을 끼치게 됐는지 설명하려면 연역적 방법에 기대야 하며, 우리의 결론을 이끌어 낼 어떤 조건을 가정해야 한다. 나란히 두 촌락이 있는데 하나는 농업 촌락이고 다른 하나는 제조업 촌락이며 농업 촌락에서 토지는 지주가 소유하고 농업경영자가 노동을 고용해 경작한다고 가정하자. 제조업 촌락은 포크나 나이프를 교환하여 이웃 촌락에서 먹을 것을 얻는다고 가정하자. 그렇다면 농업 촌락에 흉작이 들면, 제조업 촌락의 모든 노동자는 곡물에 비용을 더 많이 들여야 한다. 토지

---

17) 『국민의 진보』, 1847년, 478쪽.

18) 『농업 노동의 평가절하에 대한 탐구』, J. 바턴 지음(1820년). 11쪽. [바턴의 이 저작은 1830년에 출판됐으며, 1820년에 출판된 것은 『사회의 노동계급의 상태에 영향을 끼치는 상황에 대한 고찰Observations on the Circumstances which Influence the Condition of the Labouring Classes of Society』이다. — 옮긴이] 서쪽에 있는 베리에서는, 1801년에 노동자였던 어떤 사람이 임금이 5실링이었던 때를 기억하고 있었다. 이전에 5실링으로 샀던 것만큼을 1801년에 사려면 1파운드스털링 6실링 5페니가 있어야 했다고 한다. 임금은 실제로는 9실링에다 지방세에서 나오는 6실링을 더한 것. 즉 통틀어 15실링이었다고 한다.

소유자는 어마어마하게 벌 것이다. 농업경영자는 상승된 가격을 스스로 유지할 수 있는 한 부유해질 텐데, 소작지를 임차했다면 그렇게 하려 할 것이다. 그러나 그 밖의 모든 사람은 더 가난해질 텐데, 그 이유는 부의 손실이 있었기 때문이다. 곡물을 얻으려면 노동자는 생산량에 대한 자신의 지분에서 더 많은 것을 내주어야 할 것이다. 그리하여 노동자의 소비를 위해 생산되는 그 밖의 모든 제품에 대한 수요는 줄 것이다. 풍작인지 흉작인지 여부만큼 노동자에게 영향을 많이 끼치는 것은 없으며, 노동자가 '자유무역'으로 인해 그렇게 많이 이득을 보는 것은 바로 '자유무역'이 국내에 작물이 부족해서 나타나는 결과를 중화하는 경향을 지니기 때문이다. 이곳이 흉작이라면 미국에서 곡물을 많이 얻을 수 있어서, 노동자는 구운 빵을 얻는 데 거의 같은 가격을 지불하고, 그 밖의 상품에 쓰도록 남겨진 돈을 이전만큼 갖게 된다. 하지만 오늘날까지도 어떤 무역 불황은 일반적으로 흉작과 결부돼 있다. 그리고 '자유무역'은 흉작 발생이 특정한 장소에 미치는 힘을 줄이고 있기는 하더라도 흉작이 영향을 끼치는 넓이는 넓히고 있다. ― 브라질의 흉작이 영국의 무역을 망칠 수도 있다.

살펴봐야 할 그다음 항목은 이 시기에 노동자들에게 어마어마한 액수가 과세됐다는 점이다. 1834년까지도 노동자 임금의 절반이 세금으로 나갔다. '국채'도 증가했다. 대출금이 오르는 방식 때문에 국고로 들어온 실제 액수는 350,000,000파운드스털링뿐이었다 하더라도, 전쟁이 벌어지는 동안 우리가 빌린 돈의 명목적 가치는 600,000,000파운드스털링이었다. 이 모든 자본을 생산적 산업에서 거두어들여서, 노동수요는 그만큼 줄었다. 결국, 실제로 노동자들에게 종종 가짜 주화로 임금을 지불하게 됐는데, 제조업자들은 그럴 목적으로 그런 주화를 다량으로 사 두었던 것이다. 그리고 노동자는 트럭시스템에 의해 강탈을 당했는데, 고용주는 자신의 제품에 무한정 높게 가격을 매길 힘을 지닌 소매업자가 된 셈이었다.

이런 원인 가운데 일부는 농업 노동자와 제조업 노동자에게 똑같이 영향을 끼쳤다. 당연하게도 그들은 한결같이 흉작 때문에 고생했다. 그러나 앞서의 강의에서 본 바와 같이 이 시기에 농업과 사회의 변화가 있었고, 이 변화는 전적으로 농업 노동자에게만 타격을 주었다. 인클로저는 농업 노동자의 공유권을 빼앗아갔으며, 인클로저가 일어나기 전에 이미 토지가 경작되고 있었던 곳에서는 인클로저가 몸소 농업 경영자가 되리라는 농업 노동자의 희망을 박탈한 것에 더해 노동에 대한 수요를 줄였으며, 작아 보이지만 정말로 심각한 손실을 언급하자면 공유지에서 젖소를 기르던 "힘없는 사람들"이 농업 노동자에게 제공해 왔던 우유의 공급을 차단한 것이었다. 농업 노동자에게 이보다 심하게 영향을 끼친 것은 오두막 임대료의 어마어마한 상승이었다. 서리의 하급 사법관인 드러먼드 씨가 1824년에 노동자임금위원회에서 말한 바에 따르면, 자신이 기억하기로는 좋은 밭이 딸린 오두막을 전쟁 이전에는 30실링에 세냈는데 반해 발언하고 있던 당시에는 똑같은 오두막이 5파운드스털링, 7파운드스털링, 또는 10파운드스털링을 호가하고 있었다.

이렇게 임대료가 상승한 것은 우리가 앞서 검토한 원인들, 즉 인구 증가, 농장주 가옥에서 종업원을 축출한 것, 가까운 촌락에 있는 오두막의 철거 때문이었다. 노동자들이 부족분을 채우기 위해 스스로 황무지에 오두막을 지어 놓으면 농업경영자들이 헐어 버렸고, 노동자들이 오두막을 다시 지으면 농업경영자들은 그 노동자들을 고용하려 하지 않았고, 그 결과는 그렇게 된 노동자들이 도둑과 무단 침입자가 되는 것이었다.[19] 이 시기 동안에는 다시, 임금을 얼마나 지불해야 하는지를 농업경영자들이 절대자처럼 정하는 것은 보기 드문 일이 아니었으며, 무시당하고 있는 종업원들은 전적으로 농업경영자들에게 의존하고 있었다. 여기 그들의 굴종을 입증할 두 가지 사실이 있다. 하나의 사례를 보자. 해마다 교구에 자그마치 20파운드스털링의 비용을 들게 해 온 두 극빈자 가족이 있었는데, 그들에게 돈을 주는 대신에 지대를 받지 않고 토지 1에이커를 주었고 구빈세는 그만큼 경감됐다. 그러나 이 실험은 성공적으로 진행되고 있었음에도, "노동자가 농업경영자로부터 독립하지 못하게 하려고"[20] 중단됐다. 그리고 1793년에 에식스의 어떤 농업경영자가 한 이런 이야기가 있다. "나는 종업원들이 요청하지는 않았지만 급료를 올려서 주고 싶은 마음이 꽤 있었는데, 기대해도 될 액수보다 적은 것에 종업원들이 만족하고 있었기 때문이다." 이 시기의 농업 노동자는 고용주와 협상할 때 완전히 속수무책인 처지였다. 농업경영자가 농업 노동자의 지위 하락으로 이윤을 얻는 유일한 계급인 것도 아니었다. 그 시대에 높은 지대는 종종 노동자의 주머니에서 지불됐기 때문이다. 그 시기는 비용이 많이 드는 전쟁, 고르지 못한 일기, 산업의 변화 등이 있었던 시기의 하나였다. 노동하는 계급이 겪은 곤란은 부분적으로는 불가피했지만, 또한 대개는 불의의 결과였으며, 예외적 사정으로 인해 지주, 농업경영자, 자본가 등의 수중에 놓여 있었던 힘이 이기적으로 욕심을 채우는 데 이용된 결과였다.

---

19) 『노동자임금위원회』(1824년), 47쪽.
20) 같은 책, 48쪽.

XII. 리카도와 지대 상승

리카도가 경제학의 방법에 끼친 영향 — 리카도의 공적 생활 — 벤담 및 제임스 밀과 리카도의 관계 — 1817년에서 1848년까지 리카도는 영국 '경제학'에서 최고 권력이었다 — 리카도의 '산업 진보 법칙' 리카도가 금융과 일반적 입법 행위에 끼친 영향 리카도의 논문 에 담긴 자연법칙이라는 발상의 효과 — 리카도의 '사회주의자' 제자 들 리카도가 지대는 끊임없이 상승한다는 이론을 확립할 때 기초 로 삼은 가정들 '지대'는 물가의 원인이 아니라 결과다 1790년 과 1830년 사이에 있었던 지대 상승에 대한 설명 — 도회지에서의 지 대 상승 — '국가'에 제안하는 적절한 지대

다른 학문에도 그렇듯이, '정치경제학'에도 신중한 연구 방법이 절대적으로 필요하다. 그리고 방법이라는 이 주제는 이번 강의에서는 특별히 눈에 띌 텐데, 그 이유는 이제 우리가 비범한 지적 능력과 기력을 가진 사람의 글을 살펴봐야 할 것이고 그 사람은 다른 어떤 사상가 이상으로 자기 생각의 인상을 경제학의 방법에 남겨 두었기 때문이다. 그렇다고는 해도, 그조차도 자신이 사용한 방법이 지닌 필연적인 한계에 좀 더 신중하게 주의를 기울였다면 몇 가지 오류에서 벗어날 수 있었을 것이다. 인간의 실제 관행에 대해서는 물론이고 사회문제에 관한 이론적 연구에 대해서도 데이비드 리카도는 심지어 애덤 스미스보다 더 큰 효과를 낳았다고 말해도 맞을 것이다. 그의 책은 즉시 중간계급에게 거대한 버팀목이자 가장 지독한 재앙이 됐다. 재앙이라고 말한 것은 그 책에서 '사회주의'의 위대한 두 권의 교과서, 즉 카를 마르크스의 『자본』과 헨리 조지 씨의 『진보와 빈곤』이 직접적으로 생겨났기 때문이다. 그리고 이미 30년 또는 40년 동안 리카도의 글들은 현존하는 사회 상태를 인간의 눈이 보기에 정당화하는 데 그 밖의 어떤 저자의 글보다 많은 일을 했다.

리카도의 일생은 외부의 관심사와는 거의 관계가 없다. 그는 커다란 자금력으로 '증권거래소'에서 큰돈을 벌었고, 그런 뒤에는 물러나서 글 쓰는 일에 몰두했다. 의원으로 활동한 몇 년 동안에는 (허스키슨의 증언에서 알 수 있듯이) 입법 담당자들, 심지어는 지방에 사는 에스콰이어들의 견해에도 큰 변화를 가져다주었다. ― 이는 주목할 만한 사실인데, 왜냐하면 그의 연설은 몹시 추상적이어서 당대의 정치에 대해서는 넌지시 조금 말할 뿐 그저 자기 책의 일부 같은 것을 읽는 것이기 때문이다. 우리는 그의 연설의 직접적 효과 가운데 하나를 주목할 수도 있다. 그의 연설은 현찰 지불 재개를 결정하는 데 가장 강력한 영향을 끼쳤다. 사적 생활에서는 벤담이나 제임스 밀과 관계가 깊었다.

제임스 밀도 벤담이나 오스틴처럼 연역적 방법의 견실한 신봉자였으며, 리카도가 연역적 방법을 채택하게 된 것은 부분적으로는 바로 밀의 영향이었다. 밀은 리카도에게 가장 훌륭한 친구였다. 리카도를 설득하여 의회에 들어가게 하기도 하고 훌륭한 책을 출판하게 하기도 한 사람이 바로 밀이었다. 리카도의 정치적 견해라는 것은 사실상 제임스 밀과 그 시대의 그 밖의 철학적 '급진파'의 견해를 반영한 것일 뿐인데, 비록 '정치경제학'에서는 리카도가 그들의 스승이었다고 해도 그렇다. 리카도가 1817년부터 1848년까지 영국 '경제학'에서 군림했음은 논란의 여지가 없으며, 그때 이래로 그의 최고 권력은 종종 도전을 받았긴 해도 완전히 무너진 것은 전혀 아니었다. 리카도가 끼친 영향은 그의 방법이라는 것이 경제학자들이 일반적으로 받아들이는 방법이 될 정도였다. 그리고 그 방법이 끼친 영향이 얼마나 대단한 것인지 이해하려면 그의 글이나 그를 추종하는 사람들의 글을 읽다가 애덤 스미스나 헨리 메인 경을 읽어야 하는데, 그러면 여러분은 다른 성품을 마주할 것이고 완전히 다른 기분에 휩싸이는 것을 알게 될 것이다. 그러면 리카도가 사용한 이 연역적 방법이란 어떤 것인가? 연역적 방법이란 한두 가지 극도로 단순한 명제로부터 일련의 법칙을 추론하는 것이다. 그는 항상 이 방법을 사용했으며, 모든 사람이 모든 문제에서 자신의 이해득실을 따른다는 점을 중요한 공준 公準 으로 삼았다. 이 가정의 흠은 인간 본성에 관한 이론으로서는 너무도 단순하다는 점에 있다. 사람들이 자기 자신의 이해득실을 언제나 알고 있는 것은 아니다. 배젓이 지적하듯이, 최초의 「개혁법안」으로 인해 공민권을 얻게 된 10파운드스털링 가구주들은 1832년 이후에 공동체에서 가장 무거운 세금이 매겨진 계급이었는데, 그 치유책이 자신들 손에 있었음에도 그랬다.[1] 그들이 무지하고 무관심하기 때문이었다. 그리고 인간은 자신의 이해득실을 알고 있을 때라도 그 이해득실을 언제나 따르려 하지는 않는다. 그 밖의 영향력이 관여하는데, 관습, 선입관, 심지어 두려움 같은 것들이 그런 영향력이다. 케언스는 리카도의 방법에 있는 이러한 흠을 터놓고 인정한다.[2] 그러나 경제학자들이 자신들의 결론을 사실과 관찰로 심사해야 할 필요성을 배우는 데는 대략 30년 또는 40년이

---

1) [1830년 선거에서 휘그당이 승리하자 1832년에 이른바 '제1차 선거법 개정'을 통해 새로운 법안이 통과돼, 1년에 10파운드스털링 이상의 재산세를 내는 남성으로 선거권이 확대됐다. — 옮긴이]

2) 『정치경제학의 논리적 방법』, 42쪽, 제2판, 1875년.

걸렸다.[3] 1848년 이래로는 경제학자들의 태도가 개선됐다. 우리의 전제를 검증할 것을 고집해야 하고 우리의 연역을 역사의 빛으로 검토해야 한다는 것을 이제는 알고 있다.

리카도는 매우 단순한 자료로부터 산업 진보에 관한 유명한 법칙을 연역해 냈다. 그가 말하는 바에 따르면, 발전하고 있는 공동체에서는 지대는 상승하고 이윤은 하락하고 임금은 거의 같게 유지될 수밖에 없다.[4] 비록 클리프-레슬리 씨는 이 법칙을 깡그리 받아들이지 않으려 한다 하더라도, 우리는 이 법칙이 종종 참이며 합리적으로 적용될 수 있음을 실상으로부터 알게 될 것이다. 그러나 이 법칙을 보편적 법칙으로 받아들일 수는 없다. 다른 한편, 역사적 방법이 저절로 우리에게 진보의 법칙을 제시할 수는 없는데, 왜냐하면 그 방법이 믿고 기대고 있는 사실 가운데 너무 많은 것이 '경제학'에서는 우리에게 감추어져 있기 때문이다. 역사적 방법이라는 말로 우리가 뜻하는 것은 경제사가 흐르는 경로를 실제로 관찰한다는 것이며 그로부터 경제진보의 법칙을 연역한다는 것이다. 그런데 이 방법은 연역의 결과를 점검하는 데는 가장 쓸모가 있는 반면, 그 자체로는 불완전한 일반화를 내세우려는 경향에서 오는 위험으로 가득하다. 예컨대 H. 메인 경과 드 라벨레 씨는 토지 보유 조건을 역사적으로 개관했고, 그로부터 토지 재산은 언제나 집단소유에서 개인소유로 운동한다는 결론을 이끌어 냈다. 그리고 잉그램 씨[5]는 토지 사유재산을 향한 자연스러운 경향이 있다

---

3) 이는 1848년 『프레이저의 잡지』에 실린 밀의 『원리』에 대한 논평에서 처음으로 지적한 것이다. [해당 잡지 245~260쪽에 실린 「밀의 정치경제학Mill's Political Economy」이라는 서평을 찾았으나 필자가 누구인지는 확인할 수 없었다 – 옮긴이]

4) 『저작집』(맥컬록 판, 1876년), 54쪽[권기철, 113쪽 – 옮긴이], 55쪽[권기철, 114쪽 – 옮긴이], 375쪽[부록에 해당하는 이 부분은 어떤 한국어 판에도 번역되어 있지 않다 – 옮긴이].

5) 『정치경제학의 현재의 입장과 전망』, 22쪽.

는 것이 맞는 양 받아들이며 이 법칙에 대해 다시 넌지시 말했다. 그는 자바부터 셰틀랜드에 이르는 보편적 관행을 근거로 자신의 논거를 수립할 수도 있으며, 그런 경향이 한결같으리라는 것은 합리적 결론처럼 보일 것이다. 하지만 오늘날에는 사적 소유를 집단소유로 되돌리는 쪽으로 가려는 독특한 운동이 존재하는데, 이는 토지 재산의 바탕이 돼야 할 토대에 관한 사람들의 견해가 점차 바뀌었기 때문이다. 1848년에 밀은 경작자가 소유자이기도 한 곳이 아니라면 사적 소유를 정당화할 수 없다고 논했다. 삶의 훗날에 그는 일을 하지 않았는데도 늘어난 토지를 몰수하는 것을 옹호했다.[6] "그가 옳았는가?"라고 묻는다면 — 대답은 다음과 같아야 한다. 사회제도 하나하나가 모두 효용과 전반적 민복民福의 심사를 받아야 하며, 그리하여 토지 사유재산은 이 심사를 거치지 못한다면 지속돼서는 안 된다. 이익률과 관련해서도 마찬가지다. 옛날 경제학자들은 자본축적을 북돋우기 위해 일정한 이익률이 필연적이라고 고집했다. 그러나 우리는 자본 사용에 대한 보상의 비율이 너무 높지는 않은지 공정하게 물을 수도 있다. — 더 쉬운 조건으로 충분한 자본을 얻을 수 있는 것은 아닌지 물을 수도 있다는 것이다. 이러한 점들을 살펴보면, 산업 진보의 실제 경로를 예측할 때에는 과거에 어떤 방향으로의 운동 — 예를 들면 신분에서 계약으로의 운동 — 이 있었기 때문에 그 운동이 미래에도 계속될 것이라고 말하는 것에 만족해서는 안 된다는 사실을 보게 해 준다. 언제나 다음과 같은 심사를 거쳐야 한다. 그것은 인간 본성에서 나오는 현재의 긴급한 요구에 어울리는가?

---

6) 『논설과 논의』 제iv권에 실린 토지보유조건개혁협회에 관한 글을 보라. [「개혁에 관한 최초의 저자들」을 말한다. 토지보유조건개혁협회The Land Tenure Reform Association는 1868년에 존 스튜어트 밀이 창립한 토지 개혁을 위한 압력단체이며 장자상속에 반대했다. – 옮긴이]

앞서 이미 넌지시 말한 바 있지만, 리카도는 입법 행위에 두 가지 방식으로 영향을 끼쳤다. 그 영향은 통화와 금융이라는 특별한 주제와는 직접적으로 관련이 있으며, 그리고 더욱 주목할 만한 것은 입법 행위 일반에 영향을 끼쳤다는 것이다. 금융과 관련하여 보자면 그의 소책자들은 우리 화폐제도를 정당화하는 실제 논거이며, 통화와 관련된 원리에 정통한 사람들은 여전히 그의 소책자들을 읽는다. 그 밖의 입법 행위와 관련해서 말하자면, 그와 그의 벗들은 일반적으로는 무역에 대한 제한을 제거했을 뿐만 아니라 특별하게는 노동자들을 가장 가혹하게 압박하는 제한도 제거하는 데 일조했다는 큰 공적을 세웠다. 조지프 흄은 1824년에 「단결법」[7] 폐지를 제안하면서 리카도 때문에 그렇게 결심하게 됐다고 말했다. 그러나 리카도가 노동자에게 피해를 주는 제한을 제거하기를 옹호한 것이 사실이라 하더라도, 그는 모든 제한에 대해 자신에게 유리하게 반대론을 펼쳤다. 리카도는 「트럭시스템 법」들을 비웃었고 「공장법」들에 대한 제조업자들의 반대를 지지했다. — 그저 계급 이해득실이 충동질한 것이라고 기억될지는 모르겠지만, 이 반대 또한 경제과학의 이름으로, 또한 경제과학이 받아들인 원리 위에서 지지했다.

이런 식으로 리카도는, 내가 앞서 칭한 대로 하자면, 중간계급의 버팀목이 됐다. 그의 논문들은 곳곳에서 자연법칙이라는 발상을 말하고 있었으며, 그럼으로써 현존하는 사회 구성이 불가피하다는 일종의 정당화를 전달하는 것으로 보였다. 그리하여 그의 학설은 현존하는 제도를 수정하려는 입법적 개입이나 그 어떤 제안과 전투를 벌일 때 이

---

7) [1799년에 제정되고 1800년에 추가된 이 법은 노동자들의 단결과 단체행동을 엄격하게 규제했다. – 옮긴이]

용할 수 있도록 가장 잘 준비된 무기임이 입증됐다. 그리하여 또한 그가 내린 현실적 결론들은 침울하고 사람들을 낙담에 빠뜨리지만, 그에 아랑곳하지 않고 동시대인 대부분이 그 결론들을 덮어놓고 받아들였다. 하지만 또 하나의 학파가 생겨났는데, 이들은 그의 결론들이 현존하는 사회적 조건 아래서는 참이라고 받아들였지만 그의 "자연법칙"이라는 것이 지닌 오류를 간파했다. 이들은 '사회주의자'이며, 이들을 통해 리카도는 중간계급에게 공포의 대상이 됐다. '사회주의자들'은 리카도가 바꿀 수 없다고 가정한 사회적 조건을 바꿈으로써 그의 결론을 피해 갈 수 있다고 믿는다. 카를 마르크스와 라쌀은 리카도의 임금법칙을 받아들이긴 했다. 그러나 그들은 이 법칙으로 인해 현재의 우리 사회제도 아래서는 임금이 노동자의 빠듯한 생계에 족한 것 이상이 절대로 될 수 없으므로 사회의 바탕 전체에 대하여 재고해야 한다고 주장했다. 또한 마르크스는 그저 리카도의 가치이론을 받아들일 뿐이다. 리카도가 말한 바에 따르면, 생산물의 가치는 그 상품에 지출된 노동의 양에 의해 정해진다. 그리고 마르크스는 이 이야기를 이용해, 생산량의 가치 전체는 당연히 노동에 속하는데 노동자는 그 생산량을 자본가에게 나누어 주어야 하므로 강탈당하고 있다는 정리定理를 연역한다.

또한 최신의 '사회주의' 저술가인 헨리 조지 씨는 순전히, 그리고 전적으로 리카도의 제자다. 그의 논문 『진보와 빈곤』의 목표 전체는 사회가 발전하고 부가 증가하면서 지대는 상승할 수밖에 없음을 입증하는 것이다.[8] 리카도가 추론한 바에 따르면, 이러한 진보로 인해 더

---

8) 우리는 케언스 교수가 리카도의 전제들에서 이와 거의 정확히 똑같은 이론적 결론을 이끌어 내는 것을 보게 된다. 1864년[1874년의 오기 – 옮긴이]에 출판된 『정치경제학의 주요 원리』(333쪽)를 보라. 물론 케언스 교수는 조지 씨의 결론과 똑같은 사회주의적인 결론을 이끌어 내지는 않는다.

부유해질 사람은 노동자도 아니고 자본가도 아니고 토지 소유자다. 진보에 관한 조지 씨의 이론도 똑같다. 이자와 임금이 함께 상승하고 하락하리라고 주장하며 이자 법칙과 임금 법칙 사이의 연관을 보여 주려는 조지 씨의 시도를 제쳐 놓고 보자면, 그의 결론과 리카도의 결론은 거의 차이가 없다. 조지 씨 이전의 다른 사람들은 지대 법칙이 지닌 이런 함의를 충분히 명확하게 보았다. 독일 경제학자인 뢰즐러는 이렇게 말한다. "지대 법칙이 수정되지 않은 채 작동한다면, '정치경제학'은 인간의 영락과 빈궁에 관한 이론일 뿐일 것이다."[9]

이제, 리카도가 진보하고 있는 공동체에서 지대, 임금, 이윤 등이 나아가는 방향에 관한 법칙을 확립할 때 기초로 삼은 가정이 어떤 것인지 보기로 하자. 그가 주장한 바에 따르면, 인구 압박은 사람들을 열등한 땅에 의지하게 만든다. 그리하여 농업 생산 비용이 증가하고 그런 까닭에 지대가 상승한다. 그러나 이윤은 왜 하락할까? 그것은 이윤이 노동비용에 달려 있고[10] 노동비용을 정하는 주요한 구성 요소가 노동자가 소비하는 상품에 드는 비용이기 때문이다. 리카도는 안락한 생활의 기준이 고정돼 있다고 가정한다. 그런 까닭에, 구운 빵 1쿼터에 드는 비용이 증가하면 노동자가 같은 수의 빵을 얻어야 하므로 임금은 상승하지 않을 수 없고, 이윤은 그런 까닭에 하락하지 않을 수 없다. 끝으로, 임금은 왜 안정적이어야 할까? 노동자의 안락한 생활의 기준이 고정돼 있다고 가정하면 임금 상승이나 물가 하락은 그에 비례하는 인구 증가를 가져올 뿐일 것이기 때문이다. 지대론의 역사는 매우 흥미롭지만 우리가 가야 할 길을 벗어나는 것이므로, 슬쩍 건드릴 수 있

---

9) 뢰즐러, 『원리』, 210쪽. 로셔의 『원론』, 352쪽에서 재인용.

10) 밀이 리카도의 이론을 바로잡은 것을 받아들인다면 그렇다는 것이다. ─ 밀의 『정치경제학』, 제ⅰ권, 493쪽(초판, 1848년)[박동철, 제2권, 343쪽 ─ 옮긴이]을 보라.

을 뿐이다. 애덤 스미스에게는 그 주제와 관련하여 명확하거나 일관된 이론이 전혀 없어서, 지대와 물가의 관계에 대해 분명한 견해가 없었다. 현대의 학설을 최초로 발견할 수 있는 것은 제임스 앤더슨이라는 이름의 실용적 농업경영자가 『국부』가 나온 이듬해인 1777년에 출판한 소책자다.[11] 그러나 이 소책자는 에드워드 웨스트가 다시 이야기하고 그와 동시에 '곡물법들'에 관한 소책자에서 맬서스가 다시 이야기할 때까지는 거의 주의를 끌지 못했다.[12] 하지만 위의 두 사람이 이야기한 형태로 남아 있었다면 그 이론은 거의 영향을 끼치지 못했을 것이다. 지대 문제로 인해 난감해지면서 이 이론을 붙들고는 가치와 경제발전에 관한 자신의 학설 전체에 통합하여 유포시킨 사람은 리카도였다.

리카도의 중대하고 확실한 결론 두 가지는 이런 것이다. 첫째, 지대의 주요한 원인은 문명이 발전함에 따라 열등한 땅을 경작해야 할 필요가 생긴 것이다. 둘째, 지대는 물가의 원인이 아니라 결과다.[13] 이 이론은 논란을 일으키고 비판을 받은 바 있지만, 거의 모든 이의 제기는 그 이론을 이해하지 못한 사람들에게서 나온 것이었다. 지대의 원인에 관한 이론에 대해 말하자면, 그 이론을 일부로 삼아 리카도가 구성한 산업 발전에 관한 일반적 학설은 별도로 하더라도, 그 이론이 옳다고 결론적으로 말해도 좋을 것이다. 이 이론에 반대하여 역설할 수 있는 만만치 않은 이의 제기 하나는 현재의 지대 상승은 열등한 땅에 의

---

11) 『곡물법의 본질에 관한 탐구』(에든버러, 1777년).

12) 옥스퍼드대학 특별 연구원이 쓴 『자본을 토지에 사용하는 것에 관한 시론』(1815년). T. R. 맬서스가 개정한 『곡물법의 영향에 관한 고찰』(1814년).

13) 교과서에 등장하는 자구와 관련된 애매함을 주목하라. "지대는 가격의 **구성 요소**element가 아니다"라고 말할 때 그것이 의미하는 바는 지대가 가격의 **원인**cause이 아니라는 것이다. 예를 들면, 공장을 빌리며 지불하는 커다란 액수의 지대는 방사 가격의 **구성 요소다.**

지해야 할 필요성에서 생겼다기보다는 농업 개량에서 생겼다는 점을 지적하는 것이다. 그러나 소럴드 로저스 교수[14]가 이를 근거로 리카도의 이론을 공격할 때 그는 그저 리카도가 '중세' 이래로 지대 상승을 가져왔던 몇몇 중요한 원인을 간과했음을 입증할 뿐이다.

그렇다면 지대의 궁극적 원인이 무엇이라고 이야기해야 정당할까? 첫째는 땅의 비옥도와 경작자의 숙련 기술인데, 이를 통해 경작자는 자신의 생계 수단에 필요한 것보다 많은 생산량을 재배할 수 있다. 이것이 지대를 물리적으로 가능하도록 만든다. 그다음은 토지에는 양과 질에 한계가 있다는 사실이다. 즉 환경과 비옥도로 볼 때 가장 마음에 드는 토지의 공급은 수요보다 적다는 사실이다. 이로 인해 지대를 거둘 수 있게 된다.[15] 미국으로 건너간 초기 식민지 개척자들은 토지가 누구에게나 개방돼 있을 만큼 풍부했기 때문에 지대를 지불하지 않았다. 그러나 20년이 지나면 인구가 증가해 지대를 지불했다. 그런 경우에 무슨 일이 일어나는지 정확히 보기로 하자. 해안에 도회지가 세워진다. 도회지가 성장하면서, 그 도회지에 있는 사람들은 먼 곳에서 식량을 얻어야 한다. 곡물을 재배하고 도회지로 가져오는 비용은 5부셸당 20실링이고 도회지 가까운 곳에서 그 곡물을 재배하는 비용은 15실링이라고 가정하면(후자의 경우에는 운반비가 없다고 가정할 것이다), 둘 다 같은 가격에 팔릴 것이기 때문에 후자의 경우에 잉여 5실링이 지대가 될 것이다. 이렇듯 우리는 곡물이 시장에 올 때 비용이 다르

---

14) 『동시대 논평』, 1880년 4월.

15) 예를 들면 "히말라야에서는 환경과 비옥도 둘 모두의 차이의 결과로, 양 기슭 낮은 곳의 농업경영자는 총 생산량의 50퍼센트를 농장의 지대로 지불하고, 더 높은 곳으로 올라가면 지대는 생산량의 20퍼센트 이하이다." — 로셔, 『정치경제학』(영어 번역, 시카고, 1878년), 제ii권, 19쪽. 부에노스아이레스에서는, "얼마 전부터나, 영국식 1에이커의 지대가 수도에서 15레구아[1레구아 = 약 5,572미터—옮긴이] 떨어진 곳에서는 3페니에서 4페니, 50레구아 거리에 있으면 2페니에 이르렀다." — 같은 책, 제ii권, 28쪽.

기 때문에 지대가 생겼다는 것을 알게 된다. 20년이 더 지나면, 비옥도나 환경이 훨씬 열등한 땅이 경작되고 있을 것이기 때문에 지대는 한층 더 상승할 것이다. 그러나 지대 상승이 직접적으로 열등한 땅의 경작 때문은 아니다. 직접적 원인은 그와 같은 경작을 필요하게 만든 인구 증가다.

농업 개량이 지대에 미친 효과와 관련하여 로저스 교수가 제기한 질문으로 돌아가면, 이 질문에 관한 논전은 리카도와 맬서스 사이에서 처음으로 끝장을 볼 때까지 벌어졌다는 점을 주목해야 할 것이다. 리카도는 개량이 지대 하락을 가져오리라고 생각했고 맬서스는 그 반대를 주장했는데, 맬서스가 옳았다. 위에서 고찰하고 있었던 것과 같은 도회지 가까이에 있는 토지 1에이커, 즉 처음에는 생산량이 밀 5부셸이었지만 경작이 개량되면서 40부셸을 산출하게 된 토지를 예로 들어 보자. 밀 가격은 그대로이고 경작되고 있는 모든 토지가 같은 정도로 개량됐다면, 지대는 이제 5실링의 여덟 배가 될 것이다. 하지만 농업 개량에 뒤이어 지대 하락이 있었던 역사적 예는 몇 안 된다. 예컨대 삼십년전쟁[16] 기간 동안 스위스는 '서부 독일'에 곡물을 공급했는데, 수요의 압박을 충족하기 위해 농업에 개량을 도입했다. 베스트팔렌 강화 이후에는 수요가 감소했다. 스위스는 판매할 수 있는 것보다 많이 생산하고 있음을 알게 됐다. 가격이 하락했고, 그 결과로 지대도 하락했다.[17]

로저스 교수는 리카도의 이론이 지대의 역사적 기원을 설명하지 못한다며 그 이론에 한층 더 반대한 바 있다. "지대rent"라는 용어는 애매

---

16) [합스부르크가가 구교를 중심으로 독일을 통일하려 하자 신교의 대제후들이 반란을 일으켜 1618년에서 1648년까지 독일과 유럽 여러 나라 사이에 벌어진 전쟁이며, 베스트팔렌에서 강화조약을 맺으며 프랑스의 승리로 끝났다. ─ 옮긴이]

17) 로셔, 앞의 책, 제ii권 32쪽, 주석.

하다. 그 용어는 기사의 봉직과 종무宗務 수행에 대한 대가, 농노의 노동이나 그것을 대신하는 액수의 화폐 등을 일컫는 데 쓰여 왔다. 리카도의 입에서 그 용어는 자본주의적 농업경영자가 통상적 이윤율을 기대하며 지불하는 화폐지대만을 뜻했다. 그러나 이와 같은 현대적 경쟁지대라는 것이 제임스 1세 시대 무렵까지는 생겨나지 않았다는 것이 전적으로 맞다.[18]

지대론의 마지막 쟁점은 지대와 물가의 관계다. 리카도 시대 이전에 가장 실리적인 사람들은 지대가 물가의 원인이라고 생각했다. 리카도는 이렇게 답했다. '영국에는 지대를 지불하지 않고 경작되는 토지가 있다. 아니면 적어도 지대를 지불하지 않고 농업에 사용되는 자본이 있다. 그런 까닭에 시장에는 지대를 지불하지 않은 곡물이 있고, 같은 시장에서 모든 곡물의 가격을 정하는 것은 가장 메마른 토지에서 재배되는 이 곡물을 재배하는 데 드는 비용이다.'[19] 영국에 지대를 지불하지 않는 토지가 있다는 그의 이야기는 아마도 옳았을 것이다. 그러나 모든 토지와 모든 농업경영자의 자본이 지대를 지불했다 하더라도, 지대는 물가의 원인이 아니라 결과라는 논지에는 영향을 끼치지 않을 것이다. 우리는 오늘날 지대가 두 가지에 의해서, 즉 주민의 수요에 의해서, 그리고 쓸 수 있는 토지의 양과 질에 의해서 정해진다고 결론을 내려도 좋을 것이다. 이런 것들이 곡물 가격을 고정시킴으로써 지대를 정한다.

이제 우리의 이론이 얼마나 잘 작동하는지 보기 위해 사실에 눈을 돌리기로 하자. 1790년과 1830년 사이에 있었던 지대 상승을 볼 것이

---

18) 『동시대 논평』, 1880년 4월.
19) 『저작집』, 40쪽[권기철, 84쪽 - 옮긴이] (맥컬록 판. 1876년).

며, 그런 일이 어떻게 일어났는지 질문할 것이다. 주요 원인은 다음과 같은 것이었다. (1) 농업에서 일어난 개량. 그 가운데 주요한 것으로는 공유 경지 체제가 파괴된 것, 돌려짓기가 가능해진 것, 농장을 소작지 중심에 있는 농장주 가옥과 합병한 것, 기계와 거름을 도입한 것 등이 있다. (2) 기계와 관련된 발명에 자극을 받아 일어난 엄청난 인구 증가. (3) 일련의 흉작. 이로 인해 곡물 가격은 비할 데 없이 올랐다. (4) 공급의 한계. 영국 자체의 생산량으로 인구를 먹여야 했는데, 그 이유는 이 시기 초반부 동안에는 전쟁으로 인해 해외로부터의 모든 공급이 차단됐기 때문이고 나중에는 점점 더 높은 보호관세가 부과됐기 때문이며, 이런 사태는 유명한 1815년의 곡물법에서 절정에 이르렀다. 하지만 1815년 이후에는 지대 하락 — 대단한 것은 아니었지만 — 이 일어났는데, 이는 당시에 사람들을 대단히 난감하게 만든 과정이었다. 지대 하락은 농업 개량과 풍작이 갑자기 동시에 일어난 결과였다. 얼마간 곡물 과잉생산이 있었고, 밀 가격이 90실링에서 35실링으로 하락했다. 이런 사실이 농업 개량에는 지대를 줄이는 경향이 있다는 리카도의 잘못된 발상에 대한 설명이다. 맬서스에게 있었던 것과 같은 사고의 역사적 전환이 없었기 때문에, 리카도는 농업 개량의 이러한 효과가 매우 우연적이었음을 인식하지 못했다. 정말이지 이 사례는 위에서 제시했던 스위스의 경우나 1820년 무렵 독일에서 있었던 비슷한 사건과 함께, 그러한 효과의 역사적 예일 뿐이다. 얼마간 농업이 큰 곤경에 빠졌고, 농업경영자들은 물가 하락에 비례하여 지대를 줄일 수가 없었고, 예전에 유리한 조건으로 임차했을 때는 어마어마한 이윤을 냈었음에도 불구하고 많은 이가 파산했고, 농사를 짓는 계급은 「곡물법」들이 폐지되기 전에는 절대로 완전히 재기하지 못했다. 그러나 지대 하락은 일시적이고 예외적이었다. 이 시기를 전체적으로 보자면, 이 시기의 눈에 띄는 특징은 지대 상승이며, 이 상승은 앞서 이야기한 다음과 같은 원인들 때문이었다. 인구 증가로 인한 수요 증가, 그리고 개량된 질의 쓸 수 있는 토지 양의 한계.

지금까지는 농업과 관련된 지대의 이론을 살펴보았다. 이제 아마도 현재 더 중요할 주제로 옮겨 가 보자. — 도회지의 차지료 문제를 말하는 것이다. 농지 지대 상승이 컸다면, 도시 소유지 지대 상승은 훨씬 더 눈에 띄었다. 드레이퍼스컴퍼니 소유인 롬바드가街에 있는 어떤 주택은 1668년에는 25파운드스털링에 세냈는데, 1877년에는 부지敷地만 2,600파운드스털링에 세냈다. 이를 어떻게 해명해야 할까? 그것은 대규모 도회지가 성장한 효과이고, 기술이 발전하고 은행 업무와 신용이 확대된 탓에 대규모 도회지에서 더 많은 부가 생산될 수 있게 된 개량의 효과다. 그렇다면 도회지의 지대가 물가 상승의 원인일까? 확실히 아니다. 지대는 물가 구성 요소일 수는 있지만, 지불되는 지대의 실제 총액은 다음과 같은 두 가지에 달려 있다. 하나는 상품에 대한 주민의 수요인데, 이것이 물가를 결정한다. 다른 하나는 사업 목적에 맞는 특정한 부지의 가치다.

이런 점을 고려하면 지금 때때로 제기되는 다음과 같은 질문에 이르게 된다. 지대는 '국가'가 폐지할 수 있는 어떤 것인가? 지대는 인간의 제도인가 아니면 우리의 통제를 넘어선 물리적 원인의 결과인가? 만약 농업과 관련된 지대를 폐지한다면, 그 결과는 그저 리카도가 말하듯 지대가 농업경영자의 주머니로 들어가 그들 가운데 일부가 신사처럼 살게 되는 것일 테다. 지대 자체는 물리적 원인의 결과지만, 지대를 누가 받을 것인지 정하는 것은 우리 권한 안에 있다. 이는 막대하게 중요한 사실로 보이지만, 그 의미가 얼마나 큰 것인지는 주로 영국에서 지대가 미래에 걷게 될 경로에 달려 있다. 그래서 우리는 리카도가 진보하고 있는 국가에서는 지대가 반드시 상승한다고 가정했을 때 그가 옳았는지 탐구해야 한다. 많은 사람은 그 반대로 생각하여, 우리가 농업과 관련된 지대의 확실하고 영속적인 하락 직전에 있다고 생각한다. 그리고 지대가 계속 꾸준히 하락한다면, 위의 질문은 점점 더 의미 없는 질문이 될 것이다. 교통수단이 개량되면서, 특정한 장소의 욕망을 충족하기 위해 쓸 수 있는 토지의 공급은 점점 더 추가된다. 그리고 이렇게 공급이 증가함에 따라 — 증가 규모는 커질 것이다 — 토지 가격은 틀림없이 하락할 것이다. 사회적 원인들도 영국의 지대에 영향을 끼쳐 왔으며, 사회 변화가 아마도 곧 닥칠 것인데, 그 변화가 일어나자마자 농업 목적이 아닌 토지의 가치가 떨어질 것이며 농업에 충당되는 토지의 총량이 증가할 것이다. 그와 같은 변화는 마찬가지로 지대를 줄이기 일쑤일 것이다. 따라서 지대가 영속적으로 하락할 것 같은 이러한 징조들이 있으므로, 지대를 사적 소유자의 수중에서 국민으로 이전시키는 것과 같은 거대한 혁명이 국민이 얻게 될 액수로 정당화되지는 않을 것이라고 말해도 좋을 것이다. 그러한 혁명으로 인한 손실과 손해는 적절히 상환되지 않을 것이다.

그런데 도회지의 지대는 하락할 것인가? 여기서는 예측하는 것이 불가능하다. 예컨대 런던이 지금까지 그랬던 것처럼 급속히 계속 성장할지 여부를 말할 수 없다. 지금 런던은 세계의 화폐 중심지다. 전신電信이 더 많이 사용됨에 따라, 런던이 이러한 우위를 유지하지 못하는 일도 있을 수 있다. 지방 도회지가 쇠락한 것은 대개 커다란 토지가 증가했기 때문이었는데, 그러면서 토지 소유자가 런던에서 생활하고 돈을 쓸 수 있게 된 것이었다. 그러나 변화가 몰려와 이러한 막대한 재산이 흩어지면, 런던은 더는 유행의 중심지가 아니게 될 것이며, 그렇게 되지는 않더라도 어쨌든 유행을 따르는 인구가 그렇게 많지는 않게 될 것이다. 게다가 정치는 확실히 런던을 중심에 덜 놓는 추세다. 그리고 이동 수단에서 발명이 이어지고 전기가 더 많이 사용되는 것이 원인이 되어 인구가 더 흩어지게 될 것이다.

XIII. 경제진보에 관한 두 이론

*'부의 분배'는 현시대의 문제다 — 임금은 그대로인 채로 있고 이자
는 하락한다는 리카도의 이론 — 사실들은 두 명제가 모두 잘못임을
증명한다 — 헨리 조지의 경제진보 이론도 마찬가지로 사실들과 모순
된다*

밀이 1848년에 노동계급의 미래에 관한 장[1]을 쓴 이래로, 부의 분
배라는 문제는 점점 더 중요한 것이 돼 왔다. 뿌리에 이 문제가 있다는
점을 보지 않고는 오늘날의 정치 현상을 둘러볼 수가 없다. 우리는 사
람들이 처해 있는 난국을 보게 되며 우리의 거대 정당들 안에서 생겨
난 분할을 보게 되는데, 이는 그 난국과 어떻게 씨름해야 하는지에 대
해 정치인들에게 확신이 없기 때문이다. 정치적 힘은 지금 넓게 흩어
져 있다. 그리고 민주주의의 악이 그 무엇이든, 이러한 선은 민주주의
로부터 왔으며, 민주주의는 사람들이 대중의 비참함에 눈을 뜨고 부의
더 나은 분배 가능성에 대해 더 열렬히 탐구하지 않을 수 없게 만들었
다. 경제학자들은 노동계급 대중이 경쟁과 사유재산이라는 현재의 조
건에서 출세하는 것이 가능한가라는 질문에 답해야 한다. 리카도와 헨
리 조지 둘 다 아니라고 대답했다. 그리고 리카도는 경제발전의 법칙
을 정식화했는데, 우리가 본 바와 같이 그 법칙에 따르면 지대는 상승
하지 않을 수 없고 이윤과 이자는 하락하고 임금은 그대로인 채로 있

---

1) [존 스튜어트 밀의 『정치경제학의 원리』 초판 (1848년) 제4편 제7장의 제목은 "노동계급에게 있을 수 있
는 미래"였다. 박동철, 제4권, 97~151쪽. - 옮긴이]

거나 아니면 아마도 하락한다. 그런데 지대 상승과 임금 하락 사이에는 원인과 효과의 관계가 있는가? 리카도는 그렇게 생각하지 않았다. 그의 이론에 따르면, 이윤과 임금은 지대와는 독립적으로 정해진다. 지대 상승과 임금 하락이 동일한 원인 때문에 일어났을 수도 있지만 하나가 다른 하나의 결과는 아니었으며, 지대 상승이 노동자들의 희생을 대가로 한 것은 아닐 것이다. 하지만 실용적 견해는 반대 방향으로 간다. 농업경영자와 토지 관리인이 내놓는 증거로부터, 우리는 농업경영자들에게서 거두는 높은 지대가 부분적으로는 노동자들의 주머니에서 빼낸 것이라고 널리 믿고 있음을 보게 된다. 1834년에 의회 앞에서 이야기된 바에 따르면, "곡물 가격이 하락하면 농업 관련 임금은 하락할 것인데, 그에 상응하는 지대 하락이 없다면 그렇다는 것이다."[2] 10년 전에 아일랜드에서는 이런 연관성이 인정됐다. 그리고 1870년의 「토지법」은 다음과 같은 믿음, 즉 터무니없이 비싼 지대는 자본과 노동이 자신들의 공정한 대가를 받아간 뒤에 남는 잉여가 아니라는 믿음과 지대 상승의 유일한 한계는 농민층의 빠듯한 필수품이라는 믿음을 바탕으로 한 것이었다. 영국에서는 임금과 이윤이 지대와는 독립적으로 자체의 한계를 정해 왔다고 가정해 왔지만, 그런 가정이 보편적으로 참은 아니다. 높은 지대로 인해 농업경영자들이 고생했던 곳에서 그들은 노동자들을 괴롭혔던 것이다. 이렇듯 영국에서조차 지대는 노동자에게서 거둔 것이었다. 그리고 이는 하나의 견해가 아니라 관리인, 성직자, 농업경영자 들이 스스로 선서하고 증언한 사실이다. 높은

---

2) 「농업위원회」, 1882년, 제iii권, 37~38쪽과 다른 한편으로는 케벨의 「농업 노동자」, 22쪽과 히스의 「영국 농민층」, 67쪽과 348쪽을 보라. 케벨 씨의 이야기는 본문에 담긴 단언을 실제로 확증한다. "여러 해 동안 매우 낮은 임대료가 지불돼 왔지만 노동자의 임금은 아마도 가장 낮은 수준이었던 것으로 필자가 꼽을 수 있었던 대규모 부동산은 하나 이상이었는데, **거듭하여 차지인들이 이례적 상황에 주의를 돌렸음에도 그랬다.**"

지대는 몇몇 경우에 낮은 임금의 원인인 적이 있다는 것이 사태에 대해 정확하게 말하는 것으로 보인다.

어떤 조건 아래에서 지대가 임금에 미치는 이러한 직접적 효과는 라쌀이 리카도에게서 가져온 "임금철칙"과는 똑똑히 구별된다. 리카도에 따르면, 노동자가 현존하는 산업 상태에서 자신의 지위를 개선하는 것은 불가능한데, 임금이 상승하면 인구도 늘 것이고 그러면 임금은 원래 수준으로 돌아가기 때문이라는 것이다. 그런 까닭에 임금의 영속적 상승이란 있을 수 없다는 것이다. 사실 리카도는 안락한 생활의 기준이라는 것이 나라마다 다르고 또 시대가 다르면 같은 나라에서도 다르다는 것을 부정하지 않는다. 그러나 그가 이렇게 인정한 것은 그저 설명을 위해 끼워 넣은 것일 뿐이어서, 이렇게 인정한다고 해서 그가 인구 문제를 심각하게 건드린다고 생각하는 것으로 보이지 않았으며, 그렇게 인정한 것이 그의 주요한 결론에 영향을 끼치지 않았다. 예컨대 그가 주장하는 바에 따르면, 곡물에 매기는 세금은 전적으로 이윤에 떨어질 것인데 그 이유는 노동자는 이미 있을 수 있는 가장 낮은 임금을 받고 있기 때문이다. 이 이야기는 바로 그 최하층 노동자 계급과 관련하여서는 참일 수 있지만, 기능공과 현시대 영국 노동자 대다수에게는 적용되지 않는 것이 확실하다. 어쨌든 후자의 사람들에게는, 이미 있을 수 있는 가장 낮은 임금을 받고 있다는 것도 맞지 않으며, 그들이 나아지는 데 넘어설 수 없는 장애물이 놓여 있다는 것도 맞지 않다. 사실 검증에 눈을 돌려 1846년 이래로 임금이 상승해 왔는지 보기로 하자. 헨리 조지는 자유무역이 노동자를 위해 한 일은 아무것도 없다고 말한다.[3] 밀도 1848년에 똑같이 예측했다. 케언스 교수도

---

[3] 『진보와 빈곤』, 제iv책, 제iii장, 229쪽[이종인, 270쪽 – 옮긴이], 제4판, 1881년.

매우 비슷한 결론에 도달하여, 1874년에 글을 쓰면서 이렇게 말했다. "나라의 부에 추가되는 많은 것은 이윤이나 임금으로 가지 않았고, 공중에게도 가지 않았고, …… 땅을 소유한 사람의 지대 장부 두루마리를 두툼하게 만들었다."[4] 하지만 생활비가 의심할 것도 없이 증가했다 해도 임금은 그보다 더 높은 비율로 상승한 것이 사실이다. 기능공 계급의 공정한 평균적 표본으로 목수의 경우를 보기로 하자. 목수 가족의 필수품 비용은 1839년에는 일주일에 24실링 10페니였고 1875년에는 29실링이다. 그런데 그동안 목수의 화폐임금은 24실링에서 35실링으로 상승했다. 이렇듯 목수의 임금은 명목적으로만이 아니라 실질적으로도 상승했다. 노동자에게 눈을 돌리면, 생활비가 1839년에는 대략 15실링이었는데 1875년에는 15실링에 조금 미치지 못했다. 노동자가 소비하는 품목들은 비용 면에서 감소한 한편, 기능공의 경우에는 임금의 대부분을 빵에 쓰기 때문에 비용 면에서 증가했다. 노동자의 임금은 그동안 8실링에서 12실링이나 14실링으로 상승했다. 1839년에 노동자는 임금만으로는 자신을 적절히 부양할 수 없었다.[5] 이런 사실들

---

4) 『주요 원리』, 333쪽.

5) 아내와 세 자녀를 둔 목수의 일주일 지출

	1839년	1875년
구운 빵 8쿼터	5실링 8페니	4실링 4페니
육류 8파운드	4실링 4페니	6실링 0페니
버터 $1\frac{1}{2}$파운드	1실링 6페니	1실링 9페니
치즈 1파운드	0실링 7페니	0실링 8페니
설탕 2파운드	1실링 2페니	0실링 8페니
차 $\frac{1}{4}$파운드	1실링 6페니	0실링 8페니
비누 1파운드	0실링 5페니	0실링 4페니
양초 1파운드	0실링 4페니	0실링 6페니
쌀 1파운드	0실링 4페니	0실링 2페니
우유 2쿼터	0실링 4페니	0실링 8페니
채소	0실링 6페니	1실링 0페니
석탄과 연료	1실링 0페니	2실링 4페니
지대	4실링 0페니	6실링 6페니
옷과 잡동사니	3실링 0페니	3실링 6페니
합계	24실링 10페니	29실링 1페니

은 결정적으로 보이지만, 소비와 화폐임금의 어림값이 매우 다양해서 확정 짓기는 어렵다. 농업 관련 임금이 상승한 강력한 증거를 찾으려면 특정한 사례를 취해야 할 것이다. 포퍼에 있는 한 토지에서 최상의 쟁기꾼의 1년 임금은 임금 대장에 따르면 다음과 같았다.

1840년　28파운드스털링 2실링 0페니

1850년　28파운드스털링 15실링 0페니

1860년　39파운드스털링 7실링 0페니

1870년　42파운드스털링 5실링 0페니

1880년　48파운드스털링 9실링 0페니

본인이 인정한 바에 따르면 1880년에 이 토지에 고용된 최상의 쟁기꾼의 안락한 생활의 기준은 높아졌는데, 그 쟁기꾼은 자신의 지위를 묘사하는 편지에서 물건들이 비싸져서가 아니라 이제 더 많은 것이 필요해져서 지출이 증가됐다며 푸념했기 때문이다.

그 이상의 증거로 노동계급의 저축 통계를 들 수도 있을 것이

아내와 세 자녀를 둔 농장 노동자의 일주일 지출

	1839년	1875년
구운 빵 9쿼터	6실링 $4\frac{1}{2}$페니	4실링 $10\frac{1}{2}$페니
육류와 베이컨 $1\frac{1}{2}$파운드	0실링 $9\frac{3}{4}$페니	1실링 $\frac{3}{4}$페니
치즈 1파운드	0실링 7페니	0실링 8페니
버터 $\frac{1}{2}$파운드	0실링 6페니	0실링 7페니
차 2온스	0실링 9페니	0실링 4페니
설탕 1파운드	0실링 7페니	0실링 4페니
비누 $\frac{1}{2}$파운드	0실링 3페니	0실링 2페니
양초 $\frac{1}{2}$파운드	0실링 3페니	0실링 3페니
석탄과 연료	1실링 0페니	1실링 6페니
지대	1실링 0페니	1실링 6페니
옷과 잡동사니	3실링 0페니	3실링 6페니
합계	15실링 $1\frac{1}{2}$페니	14실링 $9\frac{3}{4}$페니

다. 근사치인 어림값 이상의 통계를 얻는 것이 불가능하지만, 대략 130,000,000파운드스털링에 달할 것이다.[6) 여기에다 주택에 실제로 투자된 저축을 더할 수도 있을 것이다. 버밍엄에는 기능공이 소유한 주택이 13,000채 있다. 이 모든 것은 이 나라 자본 전체와 비교하면 소소한 것인데, 자본은 1875년에 어림잡아 적어도 8,500,000,000파운드스털링이며, 연간 증가액은 235,000,000파운드스털링이다 — 이 후자의 액수가 노동계급의 저축 합계를 훨씬 초과한다.[7) 이렇게 비교하면 노동계급의 지위 개선이라는 것을 냉철하게 보게 될 것이다. 하지만 사실들을 보면, 비록 중간계급과 같은 비율은 아니라 하더라도 노동계급이 자신의 지위를 향상할 수 있다는 점이 명백하다. 멀홀 씨 역시 어림잡기를, 40년 전보다 지금이 두 계급 사이의 불균등이 덜 하다고 한다. 그가 계산한 바에 따르면, 부유한 가족의 평균 부는 28,820파운드스털링에서 25,803파운드스털링으로, 즉 11퍼센트 감소했고, 중간계급 가족의 평균 부는 1,439파운드스털링에서 1,005파운드스털링으로, 즉 30퍼센트 감소한 반면, 노동계급 가족의 평균 부는 44파운드스털링에서 86파운드스털링으로, 즉 거의 100퍼센트 증가했다.[8) 그러나 어떤 특정한 어림값에 대한 확신에 얽매이지 않더라도, 우리는 어떠한 개선도 가능하지 않다는 리카도의 명제가 잘못임을 사실이 증명한다는 것을 충분히 명확히 볼 수 있다. 그리고 현대사회의 경향 전체가 조건이 점차 균등해지는 쪽으로 향하고 있다고 생각하는 사람이 적지 않다.

---

6) 이 액수는 건축협회, 저축은행, 협동조합, 노동조합, 우애조합, 산업공제협회 등의 통계로 신중하게 계산한 것이다.

7) 기펜의 『재정 시론』, 173~5쪽. 1881년 12월 『동시대 논평』에 실린 멀홀의 글도 보라.

8) 『동시대 논평』, 1882년 2월. 멀홀 씨는 부유한 가족을 5,000파운드스털링 이상 소비하는 가족으로, 중간계급 가족을 5,000파운드스털링과 100파운드스털링 사이를 소비하는 가족으로, 노동계급 가족을 100파운드스털링 이하를 소비하는 가족으로 정의한다.

리카도가 이자와 이윤(리카도는 이 둘을 명확히 구별하지 않는다)이 하락할 수밖에 없다고 말할 때는 뭔가 좀 더 옳았는가? 사실을 말하자면, 지난 150년 동안 영국의 이자는 위대한 전쟁[9] 동안을 예외로 하면 거의 안정적이었다. 월폴 시대에는 3퍼센트였다. 전쟁 동안에는 두 배가 됐지만, 평화가 온 뒤에는 4퍼센트로 떨어졌고 그때 이후로 그 비율로 꽤 꾸준히 그대로였다. 리카도는 더 많은 토지를 경작해야 할 필요성 때문에 노동자의 생계비가 필연적으로 증가할 것이며 노동자가 이처럼 총 생산량에 대해 더 많은 지분을 요구함에 따라 자본가를 위해 남겨진 부는 더 적어지리라고 생각했다. 그는 이익률이 노동비용에만 달려 있는 것이 아니라 고용 분야에도 달려 있다는 사실을 간과했다. 문명이 발전함에 따라, 새로운 발명과 새로운 기업이 자본에 대한 신규 수요를 창출한다. 영국 철도에 투자된 것만 대략 700,000,000파운드스털링이다. 의심할 것도 없이, 영국 자본을 위한 분야가 영국에 국한된다면 이자율은 하락할 수도 있다. 그러나 리카도는 자본이 대규모로 이주할 가능성을 잊었다. 이렇듯 이 점과 관련된 리카도의 가르침에는 결함이 있는데, 추상적 이론 면에서도 그렇고 사실이 검사한 바로도 그렇다. 벌어진 일이 무엇인지 우리가 실제로 알게 되는 것은 지대가 상승했다 하더라도 미래에는 하락할 수도 있다고 가정할 충분할 이유가 있다는 점, 이윤이 많이 하락하지는 않았다는 점, 기능공과 노동자 의 안락한 생활의 기준과 임금률이 ― 기능공의 경우는 가장 명백하고, 노동자의 경우는 어느 정도 ― 상승했다는 점이다.

그다음에는 경제진보에 관한 조지 씨의 이론을 검토하고자 한다. 조지 씨는 방법과 결론 모두로 볼 때 리카도의 제자다. 조지 씨는 사실

---

9) [1803년에 시작해 1815년에 끝난 나폴레옹과의 전쟁을 말한다. ─ 옮긴이]

과 검증이라는 것을 리카도 자신이 그랬던 만큼이나 크게 경멸한다.[10]
이런 방법으로 그는 법칙을 정식화하는 데 성공하고, 그 법칙에 따르
면 문명이 진보하면서 이자와 임금은 함께 하락할 것이며 지대는 상승
할 것이다. 노동자만이 절망적 처지에 있는 것이 아니라 자본가도 마
찬가지로 그대로이거나 쇠퇴할 운명에 처해 있다. 그는 이렇게 말한
다. "지대는 경작의 최저수익점에 달려 있어서, 최저수익점이 하락하
면 상승하고 최저수익점이 상승하면 하락한다. 이자와 임금은 경작의
최저수익점에 달려 있어서, 최저수익점이 하락하면 하락하고 최저수
익점이 상승하면 상승한다."[11] 자본가가 자신의 자본에 대해 얻는 수
입과 노동자가 자신의 노동에 대해 얻는 수입은 경작되는 가장 나쁜
토지에서 얻는 수입에 달려 있다. 말하자면 지대를 지불하지 않고 자
본과 노동에 다가갈 수 있는 토지의 질에 달려 있다는 것이다.

그런데 조지 씨의 소견은 미국에서 이끌어 낸 것이며 그가 한 일은
이론을 일반화한 것이어서, 그 소견은 미국의 일부 지역에 대해서는 참
이지만 오래된 나라들의 지역에 대해서는 그렇지 않다. 그의 책은 언뜻
보기에는 충분히 결정적인 듯이 보인다. 전제를 인정한다면 추론에는
작은 틈이 있다. 그러나 사실을 검사했을 때 결과에는 큰 틈이 있다. 이
자와 임금은 언제나 함께 상승하고 하락하는가? 역사적 사실로는 그렇
지 않다. 1715년과 1760년 사이를 보면, 지대는 (로저스 교수에 따르면)
상승했지만 더디게 상승한 한편(아서 영은 상승했다는 것을 완전히
부정한다) 이자는 하락했고 임금은 상승했다. 1790년과 1815년 사이를
보면, 지대는 두 배가 됐고 이자는 두 배가 됐고 임금은 하락했다. 1846

<hr>

10) 『진보와 빈곤』, 제iii책, 제vi장. (제4판, 184쪽[이종인, 221쪽 – 옮긴이])
11) 같은 책, 197쪽[이종인, 236쪽 – 옮긴이].

년과 1882년 사이를 보면, 지대는 상승했고 이자는 그대로이고 임금은 상승했다. 이렇듯 이 세 시기 모두에서 사실과 조지 씨의 이론은 모순된다. 지대는 분명히 전반적으로 상승했지만, 이윤도 임금도 꾸준히 하락하지 않았으며, 그런 것들의 변동이 다른 것과 어떤 한결같은 관계를 맺은 것도 아니었다. 지대가 국부의 증가 전체를 흡수하는 경향을 끊임없이 보인다는 조지 씨의 주요한 입장으로 돌아가자면, 사실에 비추어 보면 이런 입장은 어떻게 보이는가? 예컨대 랭커셔 면직물 제조업에서의 부의 모든 증가가 그저 지대를 올리게 될 뿐일까? 명백히 아니다. 기계 개량 때문에 임금은 상승했고, 대부분의 경우에 이윤도 상승했다. 영국에서 자본가의 부가 지주의 부보다 빨리 증가했다는 것은 통계로 입증할 수 있다. 소득세를 산정한 것을 보면, 자본가의 이윤과 전문가의 벌이로 이루어져 있는 '세목 D'가 토지에서 나오는 소득으로 이루어져 있는 '세목 A'보다 훨씬 많이 증가해 왔다. 그와 동시에, 조지 씨는 대규모 도회지에 있는 사유재산에 반대하는 강력한 논거를 제시했다. 그러나 여기서 조지 씨는 애덤 스미스와 밀이 모든 세금에 대한 최소한의 이의 제기로서 차지료에 부과하는 세금을 권했을 때 옹호한 것을 더 강하게 다시 말했을 뿐이다. 현존하는 조건에서 대규모 도회지에 있는 근로인민은 열악한 주택 조건으로 인해 가장 나쁜 방식으로 과세되고 있다고 말해도 좋을 것이다. 개인이나 법인이 건물 한 블록을 몇 년 기한으로 세낸다. 임차인이 그것을 전대轉貸하고, 전대 임차인이 다시 세 번째로 빌려준다. 각각의 계급은 여기서 자기 밑에 있는 계급을 억압하고, 최하층 단위가 가장 고생한다. 이것이 부의 분배의 문제가 가까운 미래에는 우리 도회지의 노동자들에게 어떻게 주택을 마련해 줄 것인가라는 질문의 형태를 띠게 될 것이 확실한 이유다.

XIV. 노동계급의 미래

1846년 이래로 노동계급의 처지가 개선된 원인 — 자유무역 — 빵과 제조업 생산품의 안정적 가격 — 공장법 입법 — '노동조합' — 협업 — 노동계급 사이에서 일어난 도덕적 개선 — 노동자와 고용주의 더 나은 관계 — 이전 시대의 가까운 개인적 관계에 담겨 있는 악과 선 — '노동조합'은 두 계급의 관계를 개선해 왔다 — 노동자는 정말로 물질적 독립을 확보할 수 있을까? — 문제에 대한 다양한 해결책 — 산업 제휴 — '공산주의' — 수정된 '사회주의'

나는 지금까지 현재의 사회적 조건에서 노동자의 물질적 처지가 개선될 수 있다는 것을 보여 주려 했다. 이제 나는 1846년 이래로 노동자의 처지를 실제로 개선하는 데 이바지해 온 원인을 설명하고자 한다. 이들 원인 가운데 가장 두드러진 것은 '자유무역'이었다. 첫째, '자유무역'은 나라의 부 총량이 어마어마하게 증가하도록 했고, 그런 까닭에 노동 수요가 증가했다. 이는 논란의 여지가 없는 사실이다. 둘째, '자유무역'은 무역을 훨씬 안정적으로 만들었다. — 이는 이 주제를 논의할 때 자주 간과하는 점이다. 1846년 이래로 노동자들은 앞선 반세기보다 더 정기적으로 고용돼 왔다. 게다가 밀의 자유무역은 빵 가격을 더욱 안정시켰고, 이것이 노동자들에게 최고로 중요한 점이다. 그리고 이러한 안정성은 계속해서 커졌다. 밀의 최고 가격과 최저 가격의 변동 폭은 1850년부터 1860년까지는 36실링이었고, 1860년과 1870년 사이에는 24실링이었고, 지난 10년 동안에는 고작 15실링이었다. 그리고 노동자가 빵에 소비하는 액수가 점점 불변적이게 되면서, 제조업 생산품에 쓰려고 남겨 둔 총량 또한 변동이 덜했고, 그 결과 제조업 생산품의 가격은 안정적이었다. 여기서 물을 수 있는 것은 이런 것이다. 그런데 왜 1877년 이래로 최근의 무역 대불황이 일어났을까? 내가 믿기에 그 대답은 우리가 제품을 파는 다른 나라들이 흉작을 겪어서 살 능력이 줄었기 때문이라는 것이다. 랭커셔의 직공織工들은 저 멀리 떨어져 있는 국민이 면직물 제품을 구매할 수 없게 됐기 때문에 더 적은 시간 동안 더 낮은 임금으로 일해야 했고, 한 산업에서의 불황은 다른 분야의 업종으로 퍼졌다.

'자유무역'이 임금을 크게 안정시켰음은 엄청난 임금 상승이 없었던 업종에서도 볼 수 있다. 그러나 노동자의 하루당 임금 액수 이외에, 일 년 가운데 일한 날의 수와 하루 가운데 일한 시간의 수도 고려해야 한다. 노동자는 이제 (1846년 이전에는 기능공은 종종 일주일에 하루나 이틀만 일했다) 훨씬 많은 날 일자리를 얻지만, 각각의 노동일의 시간은 더 적다. 그래서 급료는 더 안정적이면서도 더 쉽게 번다. 그리하여 하루 임금이 거의 같은 곳이라 하더라도, 일자리가 더 상시적이고 빵이 싸기도 하고 가격이 고정돼서, 노동자의 전반적 지위는 개선됐다.

'자유무역' 이외에 이러한 개선을 가져오는 데 작동한 다른 힘은 무엇일까? 공장법 입법은 노동자의 노동시간에, 특히 위생과 관련된 환경에 한계를 부과함으로써 여성과 아동의 처지를 끌어올렸다. 공장법들은 작업장의 생활 전체를 규제하고자 했다. 또한 '노동조합들'은 사회와 산업에 무질서가 등장하는 것을 피하기 위해 많은 일을 했으며, 노동자들에게 조직과 자조를 통해 스스로를 믿으라고 가르쳤다.

여기에 영국 노동자와 '대륙' 노동자의 차이가 있다. 영국 노동자는 자발적 결사를 자유롭게 구성할 수 있어 왔기 때문에, 자신의 지위를 향상하기 위해 '국가'나 혁명적 조치에 기대지 않는다. 이에 대한 증거로는, 지난 노동조합총회에서 채택한 의회 관련 강령과 주네브에서 열린 인터내셔널이 채택한 조치들을 비교하는 것으로 충분하다.[1] 영국 '노동조합들'은 '국가'에 위험이 될 만한 것을 포함하지 않는 입헌운동을 호소한다. 앞서 말한 것처럼 실제로 그들의 행동은 격렬한 산업 혼란을 피한다. 그리고 이 외에도, '노동조합들'은 노동의 대의를 위해 몇몇 뚜렷한 성공을 거두었다. 노동자들은 축적된 기금을 이용하여 자신들의 노동에 대해 더 좋은 가격을 받으려 버틸 수 있었고, '조합들'은 나아가 공제 협회로서 활동하여 조합원들이 질병이나 노령에 대비해 돈을 모아 둘 수 있었다. 파업이 낳은 손해와 낭비에 대해서는 전반적으로 충분히 역설되고 있지만, 최대의 '조합들'이 인가한 파업이 아주 적다는 점은 그만큼 자주 기억되지 않는다. 회원이 46,000명이며 캐나다와 인도에도 지부가 있는 기술자연합Amalgamated Engineers이 1867년부터 1877년까지 파업에 지출한 금액은 소득의 6퍼센트뿐이었다. 그러한 거대 '조합'의 지도부는 노련하고 정보가 많아서, 파업을 회피하는 것이 이해득실에 좋다는 것을 알고 있다.[2]

끝으로, 위대한 '협동조합'을 언급하는 것을 잊으면 안 된다. 이것이 현대적인 모습으로 등장한 것은 로버트 오언의 가르침에 감화돼

---

1) [1871년 3월에 열린 영국의 노동조합총회Trades-Unions Congress에서는 당시 의회가 노동조합의 활동을 크게 제약하는 법률을 통과시키려 하자 의회에 압력을 넣어 노동조합이 법적으로 승인되도록 했다. 인터내셔널International, 즉 국제노동자협회는 1866년 9월에 스위스 주네브에서 창립 대회를 열었고, 이때 카를 마르크스가 작성한 「발기문」과 「임시 규약」을 승인했다. 두 개의 글 모두 『칼 맑스 프리드리히 엥겔스 저작 선집』 제3권(박종철출판사)에 실려 있다. ─ 옮긴이]

2) 하월의 『자본과 노동의 충돌』을 보라.

1844년에 세운 '로치데일 개척자 상점'[3]으로 거슬러 올라가지만, 거기서는 오언의 계획의 세부 사항들을 포기했다. '협동조합'은 '노동조합'처럼 자발적 결사와 자조가 지닌 힘과 장점을 가르쳐 왔다. 하지만 현재 '협동조합'은 소매 제품을 판매하는 큰 상점일 뿐이며, 이를 통해 노동자는 소매상을 없애고 자신이 구매한 것에 따라 분기 말마다 배당금을 받아 사업의 이윤을 함께 나눈다. 하지만 그런 상점은 제품 가격을 싸게 만드는 데 유용하며 그와 동시에 검약을 장려하지만, 협업의 궁극적 목적을 보여 주지는 않는다. 그 목적이란 노동자를 자신의 고용주로 만드는 것이다. 지금까지 그 운동은 생산적 사회를 설립하는 데 성공적이지 않았다. 겉으로 보기에 갈 길을 가로막는 두 가지 커다란 어려움은 사업을 잘 관리하지 못하는 노동자위원회의 무능력과 감독에 대해 충분히 높은 임금을 지불하지 않으려는 생각이다. 주요한 방해물은 이처럼 도덕적인 것이며, 노동자들의 특성과 그들에게 교육이 부족하다는 것에서 찾을 수 있다. 그러나 그들의 특성과 교육이 개선되면서 이런 어려움이 없어지지 않을 이유는 없다.

이런 것들이 우리가 지난 40년 동안 노동자의 지위가 개선된 원인으로 더듬어 찾은 주요한 힘이다. 이 시기 초기에 밀은 최고로 중요한 것으로 하나만을, 말하자면 인구 증가의 제한만을 고집했고, 이것이 안 된다면 모든 개선이 불가능하다고 믿었다. 하지만 알다시피 이 시기 동안 증가율은 완만해지지 않았다. 증가율은 지금은 거의 1831년과 1841년 사이만큼이나 높다. 지난 10년 동안은 1841년 이래로 보였던 것보다 더 높았다. 다른 한편으로, 노동 공급을 줄인 어마어마한 이주

---

3) [로치데일과 랭커셔의 직공을 중심으로 설립된 로치데일 개척자 상점Rochdale Pioneers' Store은 조합원들에게 배당금을 주는 초기 형태의 소비자협동조합이었고 이후 협동조합운동의 모델이 됐다. - 옮긴이]

가 있었다. 350만 명이 1846년 이래로 그레이트브리튼에서 이주했다.

지금 우리와 가장 관련이 깊은 질문은 이런 것이다. 미래에도 동일한 원인이 작용할 것인가? '자유무역'은 계속 유리할 것인가? 우리의 부는 계속 증가하고 우리의 무역은 계속 팽창할 것인가? 이 점과 관련하여 단호한 예측은 물론 불가능하다. 중립적 시장에서의 경쟁은 점점 더 격심해 가고 있으며, 우리는 그 시장의 일부에서 쫓겨날 수도 있으며, 그리하여 국부 총량이 줄 수도 있다. 그러나 다른 한편으로, 미국과 오스트레일리아에서 공급하는 곡물이 증가하면 무역이 어마어마하게 촉진되리라고 믿어도 좋은 이유가 있다. 과거에 그랬듯이 미래에도 곡물은 노동자에게 가장 중요한 상품이다. 만약 곡물 공급이 더 한결같아진다면 무역은 더 안정적이게 되고 임금은 아마 상승할 것이다. 게다가 곡물이 싸다는 것은 세계 곳곳에서 소비자의 구매력이 증가한다는 것을 뜻하고, 이는 다시 무역을 자극할 것이다. 그리하여 이런 점에서 볼 때 노동자의 앞날은 희망적이다. 이주와 관련해서도, 적어도 앞으로 50년 동안 노동자에 대한 이 구제책을 억제하는 어떤 것이 있으리라 가정할 이유는 없다. 또한 미래에 커다란 진보를 이룰 협업과 공평한 생산적 협업에 대한 갖가지 전망이 있다. 비록 나는 생산적 협업이 한동안은 노동자의 신분을 개선하는 데 중요한 요소일 것 같다고 생각하지는 않지만 말이다. 내가 언급한 협업적 생산에 대한 도덕적 방해물은 더디게만 사라질 것이다. 하지만 어떤 방향에서는 발전할 듯하다. 대규모 '도매 협동조합'을 위한 제조업이라는 방향을 뜻하는 것인데, 거기에는 시장이 보장돼 있기 때문이다. '노동조합'도 확장될 듯하다.

일꾼들의 도덕적 처지로 눈을 돌려 보면, 물질적 진보보다 훨씬 중대한 개선이 이루어졌음을 발견하게 된다. 우리의 대규모 도회지의 길거리에서 일어나는 일을 보거나 읽을 때, 우리는 노동자들의 도덕성이 매우 좋지 않다고 생각하게 된다. 그러나 제조업 지대에서 대단히 많은 것을 경험한 사람들의 견해에 따르면, 이미 드러났다시피 예를 들면 절제, 정돈된 처신, 용모, 복장 따위에서 도덕적 진전은 매우 대단했다. 일찍이 1834년에 작업장의 정신생활에서 나타난 개선을 보여 주기 위해, 제임스 밀의 친구인 프랜시스 플레이스가 그해 하원의 어떤 위원회에서 행한 증언을 예로 들겠다. 그는 위원회에서 말하기를, 자신이 소년이었을 적에 듣곤 했던 노래들은 고상한 상점 안에서 고상한 사람들이 부르는 것이었고 자신이 따라 부를 수가 없었는데, 이제는 그렇지 않게 됐고 이러한 변화를 어떻게 해명해야 할지 모르겠다고 했다.[4] 이와 비슷한 이야기를 오늘날 노동자들이 하고 있다. 노동자들이 말하는 바에 따르면, 나누는 대화는 때때로 불량하지만 여론은 점점 더 부도덕한 잡담에 등을 돌리고 있다. 일꾼들이 관심을 돌리게 만드는 화제는 예전보다 훨씬 많아졌고, 신문에서 벌어지는 논의가 작업장의 옛 상소리를 밀어내고 있다. 우리는 여기서 참정권 확대의 간접적 효과를 보게 된다.[5] 여기에 음주에 관한 통계를 더해 보자. 1855년에는 거의 20,000명이 음주로 인해 유죄판결을 받았는데, 1880년에는 그런 사람이 11,000명을 넘지 않았다.

게다가 노동자와 고용주의 관계는 확실히 많이 나아졌다. 오언과

---

4) 포터, 683~685쪽.

5) [영국에서는 프랑스에서 1830년에 일어난 2월혁명의 영향으로 휘그당 정부 시절인 1832년에 처음으로 선거법이 개정되어 중간계층으로 선거권이 확대됐다. 하지만 유권자 비율은 해당 연령 국민의 6퍼센트에 못 미쳤다. 이에 반발하여 노동자들이 선거권 확대를 요구하는 차티스트운동이 벌어졌고, 1867년에 보수당 정부는 도시의 소시민과 대다수 노동자, 그리고 일부 농촌 노동자에게까지 선거권을 확대하는 2차 선거법 개정을 시행했다. 이때에도 남성에게만 선거권이 있었고 유권자 비율은 국민의 14.2퍼센트였다. - 옮긴이]

코빗이 묘사했던 식의 작업장에서의 도제라든가 농장주 가옥에서 하숙하던 노동자의 옛날 생활은 언뜻 보기에는 더할 나위 없이 매력적이다. 그리고 1806년의 '위원회'에서 드러난 사실들은 산업의 이상적인 생활을 실현하는 듯이 보인다. 주인과 노동자의 관계는 그때는 극도로 가까웠지만, 이 가까운 관계에는 나쁜 측면이 있었다. 종종 대단한 야수성과 엄청난 악덕이 나타났다. 노동자는 고용주의 처분에 맡겨져 있었다. 노퍽에서 농업경영자는 노동자들에게 말채찍을 사용했고 그의 아내는 여성들에게 그랬다.[6] 봉건적 의존의 상태가 존재했으며, 거기에는 모든 봉건주의가 그렇듯 어두운 측면과 밝은 측면이 있었다. 가까운 관계는 명백히 소규모 산업 체제의 결과였고, 그리하여 동력직기와 증기기관에 의해 산산이 부서졌다. 거대한 공장이 설립됐을 때는 주인과 종업원 사이에 더는 가까운 관계가 있을 수 없었다. 노동자는 자신의 고용주를 미워했고, 고용주는 자신의 노동자를 그저 일손으로 보았다. 1800년부터 1843년까지 그들 상호 관계는 양 당사자가 인정하듯이 있을 수 있는 최악이었다. 고용주들 말에 따르면 이해득실이 다른 계급 사이에 융합은 있을 수 없었고, 아주 오래된 관습과는 달리 농업경영자들은 일이 느려지면 인정 없이 노동자들을 해고했다. "금전 관계"가 유행했고, 칼라일은 『과거와 현재』을 써서 그에 항의했다. 그러나 칼라일은 그릇되게도, 옛 노동조건이 복구될 수 있으리라고 가정했다. 비록 아주 적은 몇몇 시골에서는 좀체 없어지지 않고 있을지라도, 봉건주의는 농업에서도 장사에서도 사실상 사라졌다. 보호와 의존이라는 낡은 관계는 고용주가 꾀할 수도 없고 노동자가 받아들일 수도 없다. 왜냐하면 현대에는 이곳에서 저곳으로, 또한 어떤 일자리에

---

6) 1882년 5월의 『19세기』에 실린 제슙 박사의 글을 보라.

서 다른 일자리로 노동이 끊임없이 이동해야 할 필요로 인해 지속적인 관계를 형성하는 것은 불가능해졌기 때문이고, 낡은 체제의 본질은 노동자의 종신고용에 있었기 때문이다. '노동조합'도 아직 남은 낡은 유대와 단절하기 위해 많은 것을 했다. 이제 노동자는 자기방어를 위해 단체로 행동하지 않으면 안 된다. 작업장마다 주인을 따르는 종업원이 있고 파업이 벌어졌을 때 끼지 않으려는 사람이 있지만, 이제는 공통의 이해득실을 위해 단체로 행동해야 한다. 이러한 의무감이 생기기 전에는 공론은 '조합'의 효과가 의심할 것도 없이 주인과 종업원의 관계를 악화시킨다고 인정했다. 특히 1840년과 1860년 사이에 그랬다.

하지만 1860년 이래로 '노동조합'은 두 계급의 관계를 명백히 개선해 왔다. 고용주는 '노동조합'의 필요성과 가장 총명한 구성원을 통해 노동자 집단 전체와 교섭할 수 있다는 이점을 인정하기 시작하고 있다. '조정회의소'에는 노동자와 고용주가 나란히 앉아 있으며, 이는 '조합'이 조합원에게 자신의 결정에 복종하라고 강제하지 않았다면 불가능했을 것이다. 현재 북부 영국에서는, 중재를 받아들이지 않고 있는 것은 비非조합원이다. 그리고 그러한 '회의소'가 성공해 온 이유는 고용주가 자진해서 봉건적 관계와 관련된 모든 발상을 버려 왔기 때문이다. 고용주는 노동자와 같은 식탁에 앉으면 품위가 떨어지리라고 말하곤 했다. 그러나 노동자가 공민권을 갖게 되자마자 노동자의 정치적 독립이 곧바로 인정됐고 그런 이의 제기가 사라졌다는 점은 주목할 만하다. 이런 식으로 생겨날 고용주와 노동자의 새로운 융합은 자유로운 상태의 시민으로서의 둘 모두의 독립을 토대로 삼는다. 고용주들은 정치 문제를 다루는 위원회에서, '교육청'이나 그와 비슷한 단체들에서도 노동자들을 만나며, 두 계급은 서로를 존경하는 법을 배우고 있다. 이렇듯 이 새로운 융합은 옛 융합보다 더 강력할 것 같다.

하지만 질문은 남아 있다. 이러한 노동자의 정치적 독립이 확실한 물질적 독립과 결합될 수 있을까? 이런 일이 이루어질 때까지는 노동자는 언제나 고용주의 처분에 맡겨져 있을 것이며, 조지 씨가 뉴잉글랜드에서 벌어지고 있다고 단언하듯이 고용주는 노동자의 투표에 영향을 끼침으로써 노동자의 정치적 힘을 사실상 무의미하게 만들지도 모른다.[7] 이 문제의 해결책으로 바로 우리 나라에서 제안된 많은 것 가운데 두 가지가 특별히 탁월하다 할 만하다. 첫 번째 것은 영국 '실증주의자'들의 해결책이다. 콩트는 영국 '노동조합들'을 그저 슬쩍 보았을 뿐임에도 그 의미를 밀보다 훨씬 잘 이해했다. 콩트에게 감화된 프레더릭 해리슨 씨와 그의 동료들은 노동문제가 협업적 생산이나 그와 같은 어떤 기획으로 해결될 가능성을 부정한다. 그들은 자본가들의 도덕적 본성이 점차 변화하는 것에 의지한다. 봉건적 보호라는 옛 체제로 돌아갈 것을 기대하는 것이 아니라, 미래의 "산업의 선장들"이 자신들의 지위에 대해 다른 생각에 다다를 수 있게 되리라고, 노동자의 독립을 인정하게 되리라고, 그와 동시에 노동자에게 공통의 생산량의 지분을 넘겨주려 하리라고 희망한다. 이러한 믿음은 어처구니없어 보일지 모르며, 우리는 자본가들이 여전히 있을 수 있는 최고의 이윤을 얻기 위해 분투하는 것을 오랫동안 보게 되리라고 예측해야 한다. 그러나 부에 대한 애착이 확실히 어떤 의미에서는 새롭다는 것을 보라. 부에 대한 애착은 금세기 초에 매우 급속히 성장했다. 그 애착은 지난 세기에는 그토록 강력하지 않았는데, 그때는 사람들이 지금보다 훨씬 더 기꺼이 대단히 수월한 여가 생활을 누리는 것에 만족했다. 변

---

7) 『진보와 빈곤』, 제x책 제iv장 480쪽[이종인 550쪽 – 옮긴이].

화는 현실적으로 사람들 사이의 관계에 영향을 끼쳤다. 그러나 미래에는, 부를 놓고 벌어지는 아귀다툼이 덜 격해지고 그와 반대 방향으로의 변화가 일어나는 것이 전적으로 가능하다. 콩트주의자들은 옳게도, 인간의 도덕적 발상이 고정돼 있는 것이 아니라고 말한다. 노예제도에 대해 공론의 태도는 20년 또는 30년 동안 완전히 바뀌었다. 여전히 나는 콩트주의자들이 희망을 걸고 있는 것과 같은 도덕 혁명은 합리적 시간 안에 가능하지 않다고 믿지 않을 수 없다.

나는 세들리 테일러 씨가 정교하게 묘사한 것과 같은 '산업 제휴'에 더 희망을 걸고자 한다.[8] 이 또한 고용주의 도덕성 본성의 어떤 변화를 내포하지만, 그 변화는 대안적 체제가 요구할 것 같은 것처럼 대단한 것이 아니다. 영국에서 있었던 브리그스 씨들의 실험이 끝났음에도,[9] '산업 제휴'는 '대륙'의 백 개가 넘는 작업장에 채택돼 왔다. 노동자의 활력을 증진하고 낭비를 줄여 고용주의 이해득실과 일치했기 때문에 미래에는 더 성공적이리라는 희망이 있다. 나는 '산업 제휴'가 몇몇 산업에서는 확장될 것이지만 전반적으로 채택되지는 않으리라 생각한다.

남은 것은 통상적인 '공산주의적' 해결책이다. 이 해결책은 갖가지 형태를 띠어 왔다. 가장 단순한 형태는 공유재산 원리를 토대로 한 개인들의 자발적 결사이며, 여기서는 모든 사람이 정해진 규칙에 따라 공동체를 위해 일한다. 아메리카합중국에서는 소규모로 진행된 성공 사례가 많지만,[10] 우리는 그러한 해결책이 사회 전체에서 가능하리

---

8) 『노동의 참여』(런던:1881년)와 『자본과 노동 사이의 이윤 나누기』(케임브리지: 1882년).

9) [1860년대에 영국에서 아키발드 브리그스Archibald Briggs와 헨리 브리그스Henry Briggs가 펼쳤던 이윤 나누기 운동을 말한다. ─옮긴이]

10) 노드호프의 『공산주의 단체들』을 보라.

라고 가정할 수는 없다. 그 해결책은 정선된 재료로만 시도돼 왔던 데 반해, 우리의 목적은 오히려 대다수 주민의 삶을 개선하는 것이다. 라 쌀로 가장 잘 알려진 요즈음 유럽 이론가들의 '공산주의'는 다소 다른 측면을 제시한다.[11] 그것은 '국가'에 의한 생산도구의 전유를 목표로 하며, 이때 '국가'는 산업 전체를 책임질 것이며 지휘할 것이다. 그러 나 그러한 기획에 따르는 실제적 어려움은 분명히 우리를 난처하게 만 들 것이다.

'공산주의적' 해결책에 대한 이의 제기는 다소 수정된 모습의 '사 회주의'에는 적용되지 않는다. 역사적으로 말하자면, '사회주의'는 '국가' 개입이 확장되는 것으로 영국에 이미 모습을 드러냈다. '국가' 개입은 「공장법」들을 낳았으며, 지금은 한층 더 진전하기 시작하고 있 고 노동자와 고용주 사이의 생산량 분할에 직접적으로 개입한다. 「고 용주책임법」[12]은 노동자가 '노동조합'에 가입해 있을 때라도 다른 도 움 없이는 완전한 정의를 확보할 수 없다는 것을 인정하고 있어서, 정 의의 이름으로 고용주의 부의 특정한 비율을 분명하게 노동자에게 넘 겨주었다. 하지만 규제적 개입이 이러저러한 방향으로 확장되리라 예 상될지라도, 그런 확장이 훨씬 더 중요해질 것 같지는 않다. 다른 한편, 과세와 관련해서는 '사회주의적' 원리들이 아마도 널리 적용될 것이 어서 여기서는 커다란 변화를 보게 될 것이다.

과세를 재조정하면 '국가'는 인민에게 인민 스스로 공급할 수 없는 많은 것을 공급할 수 있게 될 것이다. '국가'는 모든 종류의 생산을 책 임지지는 않더라도 철도라든가 가스와 물의 공급 같은 대단히 중요한

---

11) 드 라벨레 씨의 『동시대의 사회주의』에 실린 라쌀의 제도에 대한 이야기를 보라.

12) [1880년 9월 7일에 영국 의회에서 통과된 「고용주책임법Employers' Liability Act」에 따르면, 노동자가 기계로 인해서나 동료 노동자의 과실로 인해서 부상을 입으면 고용주가 보상해야 했다. ―옮긴이]

사업을 수중에 넣을 수도 있다. 그런데 '국가'는 미래에 노동자들에게 주택을 제공하는 것과 같은 문제들과 씨름하려 시도하면 안 되는가? 대지를 사서 건축 목적으로 온전한 경쟁 시장가치 이하로 세낼 권한을 지방자치단체에 줄 수도 있을 것이다. 나는 그런 기획이 인민을 도덕적으로 문란하게 만들지 않으면서도 실행될 수 있다고, 그래서 지금까지 사적 기업의 모든 형태를 난처하게 만들었던 문제를 해결하려 달려들게 되리라 생각한다. 왜냐하면 1842년 이래로 이런 목적으로 런던에 형성돼 온 '협회'를 모두 합해 보아야 고작 60,000명에게 주택을 제공하는 데 성공했을 뿐이기 때문이다. 그리고 그런 기획은 인민을 위한 공적 지출과 관련된 모든 문제를 제기한다. 요 몇 해 사이에 흔해볼 수 있게 된 새로운 형태의 협회는 '간이식당'이나 '기능공 주거지'나 저렴한 음악회 같은 공중의 몇몇 욕망에 필요한 것을 제공하기 위해 모인 특정한 수의 사적 개인의 협회다. 그러한 '협회들'은 주로 박애를 목적으로 창립되지만, 자본이 공정한 이윤을 얻도록 하는 것을 노리기도 한다. 지방자치단체들이 빈민을 위해 제공할 유사한 방식을 찾을 수는 없을까? 하지만 그와 같은 모든 기획을 논의할 때, 우리는 정말 문제인 것은 어떻게 노동자의 처지를 일부 개선하도록 할지가 아니라 — 왜냐하면 그것은 어느 정도까지는 이미 이루어졌기 때문에 — 어떻게 노동자의 완전한 물질적 독립을 보장할지라는 점을 기억해야 한다.

19세기 영국 지도

인물 설명

고드윈, 윌리엄 William Godwin (1756~1836) 영국의 언론인, 정치철학자, 작가.

글래드스턴, 윌리엄 이어트 William Ewart Gladstone (1809~1898) 영국의 정치가, 보수 당에서 정치를 시작해 자유당으로 옮긴 뒤 당수(1867~1874), 수상(1868~1874, 1880~1885, 1886, 1892~1894).

길버트, 토머스 Thomas Gilbert (1720~1798) 영국의 법률가, 정치인, 국회의원(1773~1794).

나세, 에르빈 Erwin Nasse (1829~1890) 독일의 경제학자, 정치가.

나폴레옹, 보나파르트 Bonaparte Napoléon (1769~1821) 프랑스의 군인, 제1통령 (1799), 프랑스 제1제국의 황제(1804~1814, 1815).

다윈, 찰스 로버트 Charles Robert Darwin (1809~1882) 영국의 생물학자, 지질학자.

대버넌트, 찰스 Charles Davenant (1656~1714) 영국의 경제학자.

더블데이, 토머스 Thomas Doubleday (1790~1870) 영국의 시인, 극작가, 저술가.

드 라벨례, 에밀 루이 빅토르 Émile Louis Victor de Laveleye (1822~1892) 벨기에의 역사가, 경제학자.

드러먼드, 헨리 Henry Drummond (1783~1855) 영국의 사법관.

디포, 대니얼 Daniel Defoe (1660~1731) 영국의 상인, 작가, 언론인.

라쌀, 페르디난트 Ferdinand Lassalle (1825~1864) 프로이센의 법률가, 철학자, 사회주의자.

레슬리, 클리프 Cliffe Leslie (1825~1882) 영국의 법학자, 경제학자.

로런스, 에드워드 Edward Laurence (?~1740?) 영국의 토지 관리인.

로버츠, 리처드 Richard Roberts (1789~1864) 영국의 기술자.

로우더, 제임스 James Lowther (1736~1802) 영국의 지주, 정치가. 론즈데일 백작.

로저스, 소럴드 Thorold Rogers (1823~1890) 영국의 경제학자. 애덤 스미스『국부』의 편집자.

뢰즐러, 헤르만 Hermann Roesler (1834~1894) 독일의 경제학자.

루소, 장 자크 Jean Jacques Rousseau (1712~1778) 프랑스의 작가, 사상가.

리처드 2세 Richard II (1367~1400) 잉글랜드의 왕(1377~1399).

리카도, 데이비드 David Ricardo (1772~1823) 영국의 경제학자.

릭먼, 존 John Rickman (1771~1840) 영국의 공무원, 통계학자.

마르크스, 카를 Karl Marx (1818~1883) 독일의 철학자, 혁명가.

마셜, 존 John Marshall (1783~1841) 영국의 통계학자.

마티누, 해리엇 Harriet Martineau (1802~1876) 영국의 사회학자, 여성주의자, 작가.

매콜리, 토머스 배빙턴 Thomas Babington Macaulay (1800~1859) 영국의 역사학자, 정치가.

매캐덤, 존 루던 John Loudon McAdam (1756~1836) 영국의 기사, 도로 건축가.

맥퍼슨, 데이비드 David Macpherson (1746~1816) 영국의 역사학자.

맬서스, 토머스 Thomas Malthus (1766~1834) 영국의 성직자, 경제학자.

먼, 토머스 Thomas Mun (1571~1641) 영국의 경제학자.

멀홀, 마이클 조지 Michael George Mulhall (1836~1900) 영국의 작가, 통계학자, 경제학자, 신문 편집인.

메인, 헨리 제임스 섬너 경 Sir Henry James Sumner Maine (1822~1888) 영국의 법학자.

밀, 제임스 James Mill (1773~1836) 영국의 역사학자, 경제학자, 철학자.

밀, 존 스튜어트 John Stuart Mill (1806~1873) 영국의 사회학자, 철학자, 경제학자.

바턴, 존 John Barton (1789~1852) 영국의 경제학자.

배젓, 월터 Walter Bagehot (1826~1877) 영국의 언론인, 상인, 저술가.

버크, 에드먼드 Edmund Burke (1729~1797) 영국의 정치인, 저술가, 정치 이론가.

버클리, 조지 George Berkeley (1685~1753) 영국의 철학자, 성직자.

베이컨, 앤서니 Anthony Bacon (1716~1786) 영국의 상인, 기업가.

베이크웰, 로버트 Robert Bakewell (1725~1795) 영국의 농학자.

베인스, 에드워드 Edward Baines (1800~1890) 영국의 신문 편집자, 국회의원.

벤담, 제러미 Jeremy Bentham (1748~1832) 영국의 법학자, 철학자.

볼턴, 매슈 Matthew Boulton (1728~1809) 영국의 제조업자, 기술자.

브렌타노, 루요 Lujo Brentano (1844~1931) 독일의 경제학자, 사회개혁가.

브리그스, 아키발드 Archibald Briggs(1818~1911) 영국의 사회운동가.

브리그스, 헨리 Henry Briggs (?~1882) 영국의 사회운동가.

브리지먼, 올랜도 경 Sir Orlando Bridgeman(1606~1674) 영국의 법률가, 국회의원.

사우디, 로버트 Robert Southey (1774~1843) 영국의 시인.

손턴, 윌리엄 William Thornton (1713~1790) 영국의 국회의원.

손턴, 윌리엄 토머스 William Thornton Thomas (1813~1880) 영국의 경제학자, 공무원, 저술가.

쇼터, 존 John Shorter (1660~?) 영국의 부유한 상인.

슈타인, 하인리히 프리드리히 폰 Heinrich Friedrich Karl von Stein (1757~1831) 프로이센의 정치인, 관료.

스미스, 애덤 Adam Smith (1723~1790) 영국의 경제학자.

스위프트, 조너선 Jonathan Swift (1667~1745) 영국의 작가.

스태퍼드, 윌리엄 William Stafford (1554~1612) 영국의 정신廷臣, 음모가.

스텁스, 윌리엄 William Stubbs (1825~1901) 영국의 역사가, 주교.

스펜서, 허버트 Herbert Spencer (1820~1903) 영국의 사회학자, 철학자.

시니어, 나소 윌리엄 Nassau William Senior (1790~1864) 영국의 법률가, 경제학자.

시모어, 에드워드 Edward Seymour (1500~1552) 서머싯의 호민관.

시스몽디, 시몽드 드 Simonde de Sismondi (1773~1842) 스위스의 경제학자.

아크라이트, 리처드 Richard Arkwright (1732~1792) 영국의 발명가.

알바, 페르난도 알바레스 데 톨레도 Fernando Álvarez de Toledo Alba (1507~1582) 에스파냐의 군인, 네덜란드 총독.

애디슨, 조지프 Joseph Addison (1672~1719) 영국의 작가, 정치인.

앤더슨, 제임스 James Anderson (1739~1808) 영국의 농업가, 언론인, 경제학자.

에드워드 3세 Edward Ⅲ (1312~1377) 잉글랜드의 왕(1327~1377).

에드워드 4세 Edward Ⅳ (1442~1483) 잉글랜드의 왕(1461~1470, 1471~1483).

에드워드 6세 Edward Ⅵ (1537~1553) 잉글랜드와 아일랜드의 왕(1547~1553).

에저턴, 프랜시스 Francis Egerton (1736~1803) 영국의 운하 건설업자, 브리지워터 공작.

엘리자베스 1세 Elizabeth Ⅰ (1533~1603) 잉글랜드와 아일랜드의 여왕(1558~1603).

영, 아서 Arther Young (1741~1820) 영국의 농업, 경제학, 사회통계 등에 관한 저술가.

오스틴, 존 John Austin (1790~1859) 영국의 법학자.

오언, 로버트 Robert Owen (1771~1858) 영국의 사상가, 사회주의자.

와이트로크, 불스트로드 Whitelock Bulstrode (1605~1675) 영국의 법률가, 작가, 국회의원.

와트, 제임스 James Watt (1736~1819) 영국의 발명가, 기계공학자.

와트, 존 John Wyatt (1700~1766) 영국의 발명가.

워즈워스, 윌리엄 William Wordsworth (1770~1850) 영국의 시인.

워커, 아마사 Amasa Walker (1840~1897) 미국의 경제학자, 통계학자, 저널리스트.

월폴, 로버트 Robert Walpole (1676~1745) 그레이트브리튼의 수상(1721~1742).

웨스턴, 리처드 경 Sir Richard Weston (1591~1652) 영국의 운하 건축가, 농업 개량가.

웨스트, 에드워드 경 Sir Edward West (1782~1828) 영국의 판사, 경제학자.

웰링턴 공작(아서 웰즐리) 1st Duke of Wellington (Arthur Wellesley) (1769~1852) 영국의 군인, 정치가.

이든, 프레더릭 경 Sir Frederick Eden (1766~1809) 영국의 사회문제 저술가.

잉그램, 존 켈스 John Kells Ingram (1823~1907) 영국의 수학자, 경제학자, 시인.

제번스, 윌리엄 스탠리 William Stanley Jevons (1835~1882) 영국의 경제학자.

제임스 1세 James I (1566~1625) 스코틀랜드(1567~1625)와 잉글랜드(1603~1625)의 왕.

조지 1세 George I (1660~1727) 그레이트브리튼과 아일랜드의 왕(1714~1727).

조지 2세 George II (1683~1760) 그레이트브리튼과 아일랜드의 왕, 하노버 선제후국의 선제후(1727~1760).

조지, 헨리 Henry George (1839~1897) 미국의 저술가, 정치가, 경제학자.

존슨, 새뮤얼(존슨 박사) Samuel Johnson(Dr. Johnson) (1709~1784) 영국의 작가.

차일드, 조시아 Sir Josiah Child (1630/31~1699) 영국의 상인, 국회의원.

찰스 2세 Charles II (1630~1685) 잉글랜드, 스코틀랜드, 아일랜드의 왕(1660 ~ 1685).

챔벌레인, 에드워드 Edward Chamberlayne (1616~1703) 영국의 작가.

카트라이트, 에드먼드 Edmund Cartwright (1743~1823) 영국의 발명가.

칼라일, 토머스 Thomas Carlyle (1795~1881) 영국의 역사가, 사상가.

캐리, 헨리 찰스 Henry Charles Carey (1793~1879) 미국의 경제학자.

캠던, 윌리엄 William Camden (1551~1623) 영국의 역사가, 기록가.

컬리, 매튜 Matthew Culley (1731~1762) 영국의 농학자.

컬리, 조지 George Culley (1735~1813) 영국의 농학자.

케네디, 존 John Kennedy (?~?) 14세기 영국의 모직물 업자.

케어드, 제임스 James Caird (1816~1892) 영국의 농업 저술가, 정치인.

케언스, 존 엘리엇 John Elliott Cairnes (1823~1875) 영국의 경제학자.

케이, 존 John Kay (1704~1779경) 영국의 발명가.

케트, 로버트 Robert Kett (1492경~1549) 영국에서 인클로저에 반대하는 반란을 주도한 인물.

켈리, 윌리엄 William Kelly (?~?) 영국의 발명가.

코벌리 경, 로저 드 Sir Roger de Coverley 조지프 애디슨의 작품『로저 드 코벌리 경과 보낸 나날:『목격자』중판』의 등장인물.

코브던, 리처드 Richard Cobden (1804~1865) 영국의 기업가, 정치인.

코빗, 윌리엄 William Cobbett (1763~1835) 영국의 농업경영자, 언론인, 국회의원.

코우크, 에드워드 Edward Coke (1552~1634) 잉글랜드의 법관, 정치인.

코우크, 토머스 윌리엄 Thomas William Coke (1754~1842) 영국의 정치인, 농업 개혁가, 제1대 레스터셔 백작.

콘웨이, 프랜시스 시모어 Francis Seymour Conway (1679~1731) 영국의 정치인.

콜베르, 장-밥티스트 Jean-Baptiste Colbert (1619~1683) 프랑스의 정치가, 루이 14세 아

래에서 재무부 장관(1665~1683).

콩트, 오귀스트 Auguste Comte (1798~1857) 프랑스의 철학자, 사회학자.

크럼프턴, 새뮤얼 Samuel Crompton (1753~1827) 영국의 발명가.

크롬웰, 올리버 Oliver Cromwell (1599~1658) 영국의 군인, 청교도혁명 당시 왕당파를 무너뜨린 정치인.

킹, 그레고리 Gregory King (1648~1712) 영국의 계보학자, 통계학자.

타운전드, 찰스 Charles Townsend (1674~1738) 영국의 정치인.

터취 Touchy 조지프 애디슨의 작품『재판을 받는 로저 경』의 등장인물.

테일러, 세들리 Sedley Taylor (1834~1920) 영국의 학자, 자유주의자.

텔퍼드, 토머스 Thomas Telford (1757~1834) 영국의 기사, 도로와 운하 건축가.

템플, 윌리엄 William Temple (1628~1699) 영국의 정치인, 문필가.

투서, 토머스 Thomas Tusser (1524~1580) 영국의 시인, 농부.

투크, 토머스 Thomas Tooke (1774~1858) 영국의 경제학자.

툴, 제스로 Jethro Tull (1674~1741) 영국의 농학자.

튀르고, 안 로베르 자크 Anne Robert Jacques Turgot (1727~1781) 프랑스의 정치가, 경제학자.

트레일, 랠프 Ralph Thrale (1698~1758) 영국의 양조업자, 정치인.

트렌치, 윌리엄 스튜어트 William Stewart Trench (1808~1872) 영국의 토지 중개인, 저술가.

페어팩스, 토머스 Thomas Fairfax (1612~1671) 영국의 귀족, 정치인, 장군. 내전 기간 동안 의회 측 총사령관.

페티, 앤서니 Anthony Petty (1587~1654) 윌리엄 페티의 아버지.

페티, 윌리엄 William Petty (1623~1687) 영국의 경제학자.

포터, 조지 리처드슨 George Richardson Porter (1792~1852) 영국의 통계학자.

프라이스, 리처드 Richard Price (1723~1791) 영국의 철학자, 수학자.

프리포트, 앤드루 경 Sir Andrew Freeport 조지프 애디슨의 작품『로저 드 코벌리 경과 보낸 나날:『목격자』 중판』의 등장인물.

플라톤 (기원전 428/427 또는 424/423~348/347) 고대 그리스의 철학자.

플레이스, 프랜시스 Francis Place(1771~1854) 영국의 사회개혁가.

피트, 윌리엄 Pitt William (1759~1806) 영국의 정치인, 재무상.

핀레이슨, 존 John Finlaison (1783~1860) 영국의 공무원, 정부 회계사.

필, 로버트 Robert Peel (1788~1850) 영국의 정치인, 수상.

하그리브스, 제임스 James Hargreaves (약 1720~1778) 영국의 직조공, 목수, 발명가.

하울렛, 존 John Howlett (1731~1804) 영국의 성직자. 경제학자.

해리슨, 프레더릭 Frederic Harrison (1831~1923) 영국의 법률가, 역사학자.

허스키슨, 윌리엄 William Huskisson (1770~1830) 영국의 재력가, 정치인.

헨리 3세 Henry Ⅲ (1207~1272) 잉글랜드의 왕(1216~1272).

헨리 7세 Henry Ⅶ (1457~1509) 잉글랜드의 왕(1485~1509).

홀린셰드, 라파엘 Raphael Holinshed (1525~1580?) 영국의 기록자.

휴잇, 에이브러햄 스티븐스 Abram Stevens Hewitt (1822~1903) 미국의 교사, 법률가, 제
철업자, 국회의원.

흄, 조지프 Joseph Hume (1777~1855) 영국의 의사, 국회의원.

히스, 프랜시스 조지 Francis George Heath (1843~1913) 영국의 농업경제학자.

문헌 목록

고드윈[, 윌리엄], 『[정치적 정의와 그것이 일반적 미덕과 행복에 끼치는 영향에 관한] 탐구』[, 1793년]. (William Godwin, An Enquiry Concerning Political Justice and Its Influence on General Virtue and Happiness, 1793.) [박승한 옮김, 『정치적 정의』, 형설출판사, 1991년.]

기펜[, 로버트], 『재정 시론』[, 1879년]. (Robert Giffen, Essays on Finance, 1879.)

나세[, 에르빈], H. A. 오브리 번역, 『중세의 농업 공동체[와 16세기 영국의 인클로저에 관하여]』[, 1871년]. (Erwin Nasse, On the Agricultural Community of the Middle Ages, and Inclosures of the Sixteenth Century in England, 1871.)

『노동조합위원회』, 1867년. (Trades-Union Commission, 1867.)

노드호프[, 찰스], 『합중국의 공산주의 단체들』[, 1875년]. (Charles Nordhoff, The Communistic Society of the United States, 1875.)

「농업」, 『브리태니커 백과사전』. (Agriculture, Encyc. Brir.)

『농업위원회』, 1882년. (Agricultural Commission, 1882.)

니콜스[, 조지], 『[영국] 빈민법의 역사』[, 전 3권], 1854년. (George Nicholls, A history of the English poor law, in three volumes, 1854.)

다윈[, 찰스 로버트], 『[자연선택 또는 생존을 위한 투쟁에서 유리한 종의 보존에 의한] 종의 기원[에 관하여]』, 1859년. (Charles Robert Darwin, On the Origin of Species by means of Natural Selection or the preservation of favoured races in the struggle for life, 1859.) [장대익 옮김, 『종의 기원』, 사이언스 북스, 2019년.]

대버넌트[, 찰스], 『저작집』, 휘트워스 판, 1771년. (Charles Davenant, Works, Whitworth's edition, 1771.)

더블데이[, 토머스], 『[사람들의 식량과 연관 지어 밝힌] 참된 인구법칙』, 1842년. (Thomas Doubleday, The true law of population shewn to be connected with the food of the people, 1842.)

드 라벨레[, 에밀 루이 빅토르], 『동시대의 사회주의』[, 1881년]. (Émile Louis Victor de Laveleye, Le Socialisme Contemporain, 1881.)

디포[, 대니얼], 『[그레이트브리튼의] 온 섬을 둘러본 여행』[, 전 3권], 1725년, 제7판, 1769년. (Daniel Defoe, A Tour through the Whole Island of Great Britain, 1725, 7th edition, 1769.)

──────. 『완벽한 [영국] 상인』, 체임버[W. 체임버와 R. 체임버] 편집, 1839년. (Complete

English Tradesman, ed. W. & R. Chambers, 1839.)

래드클리프[, 윌리엄, 『동력직기를 이용한 직조의 기원』, 1828년]. (William Radcliffe, Origin of Power Loom Weaving, 1828.)

[러스킨, 존,] 『나중 온 사람에게도』[, 1862년]. (John Ruskin, Unto This Last, 1862.)

레비[, 레오네], 『[1763년부터 1870년 사이의] 브리튼 상업[과 브리튼 국민의 경제진보]의 역사』[, 1872년]. (Leone Levi, History of British Commerce, and of the economic progress of the British Nation, 1763~1870, 1872.)

레슬리, 클리프, 「정치경제학과 이주」, 『[도회지와 시골을 위한] 프레이저의 잡지』, 1868년 5월. (Cliffe Leslie, Political Economy and Emigration, Fraser's Magazine for Town and Country, May 1868.)

레키[, 윌리엄], 『[18세기] 영국 역사』[, 1890년]. (William Lecky, A history of England in the eighteenth century, 1890.)

로런스, 에드워드, 『영주를 모시는 청지기의 의무』, 1727년. (Edward Laurence, Duty of a Steward to his Lord, 1727.)

로셔[, 빌헬름, JJ 레일러 번역], 『정치경제학 원론』[, 전 2권], 1878년. (Wilhelm Roscher, trans. by JJ Lalor, Principles of Political Economy, in two volumes, 1878.)

로저스, 소럴드, 『[영국의] 농업과 물가의 역사[: 옥스퍼드 의회 이듬해(1259년)부터 대륙 전쟁의 개시(1793년)까지]』[, 1866년]. (Thorold Rogers, A History of Agriculture and Prices in England: from the Year after the Oxford Parliament(1259) to the Commencement of the Continental War(1793), 1866.)

――――. [「영국 지대의 역사」,] 『동시대 논평』 [제37호], 1880년 4월. (The history of rent in England, Contemporary Review, Vol. 37, April 1880.)

뢰즐러[, 헤르만], 「[국민경제학의] 원리」[, 1864년]. (Hermann Roesler, Grundsätze der Volkswirthschaftslehre, 1864.)

르페브르[, 조지], 쇼, 『잉글랜드와 아일랜드의 토지문제에 관한 시론』[, 1881년]. (Shaw George Lefevre, Essays on English and Irish Land Question, 1881.)

리치[, 알렉산더 조지], 『아일랜드토지법』[, 1880년]. (Alexander George Richey, The Irish Land-Laws, 1880.)

리카도, 데이비드, 『정치경제학과 과세의 원리[에 대하여]』, 1817년. (David Ricardo, On the Principles of Political Economy and Taxation, 1817.) [권기철 옮김, 『정치경제학과 과세의 원리』, 책세상, 2010년.]

――――. 『[리카도] 저작집』(맥컬록 판), 1876년, 1881년. (The Works of Ricardo, M'Culloch's edition, 1876, 1881.)

릭먼[, 존], 「1841년 인구조사 결과의 도입부 언급」. (John Rickman, Introductory Remarks to Census Returns of 1841.)

마르크스, 카를[, J. 루아 번역], 『자본』 프랑스어 판[, 1872~1875년]. (Karl Marx, Trad. de J. Roy, Le Capital, 1872~1875.) [강신준 번역, 『자본』, Ⅰ－1, Ⅰ－2, 도서출판 길, 2008년.)

마셜[, 존], 『[브리튼 제국 각 나라의] 지리적, 통계적 표시』, 1833년. (John Marshall, A geographical and statistical display of each country of the British empire, 1833.)

————, 「의회에 제출된 보고서에 대한 분석」, 1835년. (Analysis of Returns made to Parliament, 1835.)

마셜, 윌리엄 험프리, 『요크셔의 농촌 경제』, 1788년. (William Humphrey Marshall, Rural Economy of Yorkshire, 1788.)

마티누, 해리엇, 『자서전』[, 1855년]. (Harriet Martineau, Autobiography, 1855.)

————, 『1800년부터 1815년까지의 영국 역사』, 1878년. (History of England from 1800 to 1815, 1878.)

매시[, 조지프, 『노출되었거나 버려진 여성과 소녀와 회개하는 매춘부들을 위해 여기서 쉽게 제안하는 자선 시설 설립 계획』], 1758년. (Joseph Massie, A Plan for Establishment of Charity Houses for Exposed or Deserted Women and Girls, and for penitent prostitutesprehend all that is here proposed on that head, 1758.)

매콜리[, 토머스 배빙턴], 『[제임스 2세 즉위부터의] 영국 역사』[, 전 5권, 1848년]. (Thomas Babington Macaulay, History of England from the Accession of James the Second, in five volumes, 1848.)

맥퍼슨[, 데이비드], 『상업[, 제조업, 어업, 항해의] 연대기』, 1805년. (David Macpherson, Annals of commerce, manufactures, fisheries, and navigation, 1805.)

————, [「유럽과 인도 사이의 상업의 역사」,] 『[제국의 인도] 관보』[,1812년]. (The History of the European Commerce with India, Imperial Gazetteer of India, 1812.)

맥컬록[, 존 램지], 『상업 사전. 상업과 상업 항해에 관한 실제, 이론, 역사』[, 1835년]. (MacCulloch, A Dictionary, Practical, Theoretical and Historical of Commerce and Commercial Navigation, 1835.)

————, 『정치경제학 문헌』[, 1845년]. (Literature of Political Economy, 1845.)

맬서스[, 토머스], 『인구의 원리[가 미래의 사회 개선에 끼치는 영향]에 관한 시론[. 고드윈 씨, 콩도르세 씨, 그 밖의 작가들의 숙고에 대한 언급을 포함하여]』, 1798년. (Thomas Malthus, An Essay on the Principle of Population as It Affects the Future Improvement of Society, with Remarks on the Speculations of M. Godwin, M. Condorcet, and Other Writers, 1798.)[이극찬 옮김, 『인구론』, 을유문화사, 1983년. (동서문화사에서 이서행의 번역으로 2016년에 발간한 것이 있으나 각주가 모두 빠져 있다.)]

───, 『곡물법의 영향에 관한 고찰』, 1814년. (Observations on the Effect of Corn Laws, 1814.)

먼[, 토머스], 『외국무역으로 측정한 영국의 재보[. 또는 우리 해외무역의 균형이 우리 재보의 규범이다]』[, 1664년]. (Thomas Mun, England's Treasure By Foreign Trade, Or, The Balance Of Our Foreign Trade Is The Rule Of Our Treasure, 1664.)

멀홀[, 마이클 조지, 「국민의 부와 지출」], 『동시대 논평』, 1881년 12월. (Michael George Mulhall, National Wealth and Expenditure, Contemporary Review, Dec. 1881.)

───, [「중간계급의 지위 상승」,] 『동시대 논평』, 1882년 2월. (The Rise of Middle Class, Contemporary Review, Feb. 1882.)

메인, 헨리, 『고대법. 사회의 초기 역사와의 연관, 현대 이념과의 관계]』[, 1861년]. (Henry Maine, Ancient Law, Its Connection with the Early History of Society, and Its Relation to Modern Ideas, 1861.)

───, 『[동부와 서부의] 촌락공동체』[, 1871년]. (Village-Communities in the East and West, 1871.)

모어[, 토머스], 『유토피아』[, 1516년]. 아버의 번각판[1869년]. (Thomas More, Utopia, Arber's Reprints, 1869.) [전경자 옮김, 『유토피아』, 열린책들, 2012년.]

몰레스워스[, 윌리엄 나소], 『[1830년에서 1874년까지의] 영국 역사』[, 1880년]. (William Nassau Molesworth, The history of England from the year 1830–1874, 1880.)

밀, 제임스, 『정치경제학의 요소』, 1821년. (James Mill, Elements of Political Economy, 1821.)

밀, 존 스튜어트, 『논리학 체계』[, 1843년]. (John Stuart Mill, System of Logic, 1843.)

───, 『정치경제학의 원리[: 사회철학에 대한 약간의 응용을 포함하여]』, 1848년. (Principles of Political Economy: with some of their applications to social philosophy, in 4 volumes, 1848.) [박동철 옮김, 『정치경제학 원리: 사회철학에 대한 응용을 포함하여』, 전 4권, 나남, 2010년.]

───, 『논설과 논의[:정치, 철학, 역사]』[, 전 3권, 1859~1867년]. (Dissertations and Discussions: Political, Philosophical and Historical, in three volumes, 1859~1867.)

───, [「노동과 그 요구에 관한 손턴의 생각」,] 『격주 논평』 1869년 5월. (Thornton on Labour and Its Claims, Fortnightly Review, May 1869.)

───, 「개혁에 관한 최근의 저자들」, 『논설과 논의[:정치, 철학, 역사]』, 제IV권 [, 1873년]. (Recent writers on Reform, Dissertations and Discussions: Political, Philosophical and Historical, 1873.)

바즈웰[, 제임스], 『존슨의 삶』, 제7판 [, 1831년]. (James Boswell, Life of Johnson 7th edition, 1831)

바턴[, 존], 『[현대에 벌어지는] 농업 노동의 [누진적] 평가절하[의 원인들]에 대한 탐구』[, 1830년]. (John Barton, An Inquiry into causes of the Progressive Depreciation of Agricultural Labour in Modern Times with Suggestions for its Remedy, 1830.)

배젓[, 월터], 『경제학적 연구』[, 1881년]. (Walter Bagehot, Economic Studies, 1881.)

버크[, 에드먼드,] [『「국가의 현재 상태」라는 표제를 단 최근의 출판물에 대한 고찰』, 1769년]. (Edmund Burke, Observations on a Late Publication, intituled, "The Present State of the nation," 1769.)

――――, 『저작집』[,전12권, 1792년]. (The Works of Edmund Burke, in twleve volumes, 1792.)

――――, 『국왕 시해 강화조약에 관한 편지』[, 1796년]. (Letter on a Regicide Peace, 1796.)

――――, 『희소성에 관한 사상들과 세부 사항들: 원래는 1795년 11월에 라이트 윌리엄 피트에게 바친 글』[, 1800년]. (Thoughts and details on scarcity: originally presented to the Right Hon. William Pitt, in the month of November 1795, 1800.)

버클리[, 조지], [『질문하는 사람. 공중이 고려할 것을 제안하는 몇 가지 질문을 포함하여』, 1735~]1737년. (The Querist, containing several queries proposed to the consideration of the public, 1735−1737.)

베이트먼[, 존], 『[그레이트브리튼과 아일랜드의] 대지주』[, 1883년]. (John Bateman, The Great Landowners of Great Britain and Ireland, 1883.)

베인스[, 에드워드], 『[그레이트브리튼의] 면직물 제조업의 역사』, 1835년. (Edward Baines, History of the cotton manufacture in Great Britain, 1835.)

보들리아르[, 앙리, 『프랑스의 농업 인구. 노르망디』, 1880년. (Henri Baudrillart, Les populations agricoles de la France. La Normandie, 1880.)

본, 폭스, 『무역 이야기』[, 1871년]. (Henry Richard Fox Bourne, The Romance of Trade, 1871.)

사우디[, 로버트], 『의사』[, 전 7권, 1843~1847년]. (Robert Southey, The Doctor, in sevev volumes, 1843~1847.)

손턴[, 윌리엄 토머스], 『노동에 대하여. 그른 주장과 올바른 의무. 노동의 실제적 현재와 가능한 미래』, 1869년. (William Thomas Thornton, On labour, its wrongful claims and rightful dues, its actual present and possible future, 1869)

스마일스[, 새뮤얼], 『산업의 일대기』[, 1863년]. (Samuel Smiles, Industrial Biography, 1863)

스미스[, 새뮤얼], 『때에 맞는 말: 또는 이윤을 남기며 밀을 재배하는 방법. 강건한 영국 농부들에게 보내는 글』[, 1849년]. (Samuel Smith, A Word In Season: Or How To Grow Wheat With Profit. Addressed to the Stout British Farmer, Fourteenth Edition, 1849.)

스미스, 애덤, 『국부[의 본성과 원인에 관한 탐구]』, 1776년. (Adam Smith, An Inquiry into the Nature and Causes of the Wealth of Nations, 1776.) [애덤 스미스, 김수행 역, 『국부론』(상, 하), 비봉출판사, 2007년.]

스미스[, 존], 『모직물에 대한 회고[: 모직물 제조업과 무역, (특히 잉글랜드의) 아주 초기부터 현재까지: 때때로 주석, 논설, 회고 첨부]』,[전 2권,] 1747년. (John Smith, Memoirs of wool: woolen manufacture, and trade, (particularly in England) from the earliest to the present times; with occasional notes, dissertations, and reflections, in two volumes, 1747.)

스위프트[, 조너선 폴, 『심사원』 제13호, 1710년]. (Jonathan Swift, The Eaminer, No. 13, 1710.)

스크리베노[, 해리], 『[전 세계] 제철업의 [포괄적] 역사[: 최초의 기록부터 현재에 이르기까지. 공식 표와 기타 공문서를 포함한 부록 수록]』, 1841년. (Harry Scrivenor, A Comprehensive History of the Iron Trade, Throughout the World: From the Earliest Records to the Present Period. With an Appendix, Containing Official Tables, and Other Public Documents, 1841.)

스태퍼드, 윌리엄[, 『1581년 우리 시대의 다양한 우리 나라 사람이 지닌 평범한 불만에 대한 간결한 고찰』, 1581년]. (William Stafford, Compendious Or Briefe Examination of Certayne Ordinary Complaints of Diuers of Our Countrymen in These Our Dayes A. D. 1581.)

스텁스[, 윌리엄], 『[영국] 헌정사[. 그 기원과 발전]』[, 전 3권, 1875년]. (William Stubbs, The Constitutional History of England, in Its Origin and Development, in three volumes, 1875.)

스펜서, 허버트[, 「동물 다산의 일반적 법칙에서 연역한 인구이론」, 『웨스트민스터 리뷰』, 1852년]. (Herbert Spencer, A Theory of Population Deduced from the General Low of Animal Fertility, Westminster Review, 1852.)

———, 「사회 유기체」[, 『웨스트민스터 리뷰』, 1860년 1월]. (The Social Organism, Westminster Review, 1860 January.)

———, 『전문화된 행정』[, 1871년]. (Specialised Administration, 1871.)

시니어, 나소, 『아일랜드와 관련된 언론[, 대화, 시론]』[, 전 2권, 1868년]. (Nassau Senior, Journals, Conversations and Essays relating to Ireland, in two volumes, 1868.)

시봄[, 프레더릭 아서], [「흑사병, 영국 역사에서 그것이 차지하는 자리」 (2)], 『격주 논평』, 제ii호[, 1865년]. (Frederic Arthur Seebohm, The Black Death, and its Place in English History (2), Fortnightly Review 2, 1865.)

시스몽디[, 시몽드 드], 『정치경제학』[, 1815년]. (Simonde de Sismondi, Économie Politique, 1815.)

[아일랜드토지위원회,] 『몰수인가 계약인가』, 1880년. (Irish Land Committee, Confiscation or Contract, 1880.)

애디슨[, 조지프], 『[로저 드 코벌리 경과 보낸 나날: 『]목격자』 중판』[, 1892년]. (Joseph Addison, Days with Sir Roger de Coverlet: a reprint from the Spectator, 1892.)

앤더슨[, 애덤], 『[아주 초기의 거래부터의] 상업[의 기원]에 관하여 [역사적이고 연대 순서에 따른 추론]』[, 전 3권, 1764년]. (Adam Anderson, An Historical and Chronological Deduction of the Origin of Commerce, from the Earliest Accounts, 1764.)

앤더슨, 제임스, 『곡물법의 본질에 관한 탐구』, 1777년. (James Anderson, An Enquiry into the Nature of the Corn Laws, 1777.)

영, 아서, 『농촌 경제』, 1770년. (Arther Young, Rural Economy, 1770.)

──────, 『[농업경영자의 잉글랜드] 동부 여행』, 1770년. (The Farmer's Tour Through the East of England, 1770.)

──────, 『[영국 인민에게 보내는] 농업경영자의 편지』, 제3판, 1771년[초판은 1768년]. (Farmer's Letters to the People of England, 3rd edition, 1771.)

──────, 『[여섯 달 동안의 잉글랜드] 북부 여행』, 제2판, 1771년. (A Six Months' Tour through the North of England, 2nd edition, 1771.)

──────, 『[여섯 주 동안의 잉글랜드] 남부 [주]와 [웨일스] 여행』, 제2판, 1769년. 제3판, 1772년. (A Six Weeks' Tour through the Southern Counties of England and Wales, 2nd edition, 1769, 3rd edition, 1772.)

──────, 『현재의 식료품 가격과 농장 규모에 대한 탐구』, 1773년. (Inquiry into the present Price of Provisions and the Size of Farms, 1773)

──────, 『[1789년, 1788년, 1789년에 있었던] 프랑스 여행』[, 1792년,]. 더블린 판, 1793년. (Travels in France during the Years 1787, 1788, 1789, 1792, Dublin edition 1793)

──────, 『에식스 농업의 전반적 개관』, 1807년. (General View of the Agriculture of Essex, 1807.)

──────, 『옥스퍼드셔 농업의 개관』, 1809년. (View of the agriculture of Oxfordshire, 1809.)

──────, [, 『영국 화폐의 누진적 가치에 관한 탐구』, 1812년]. (An Inquiry into the Progressive Value of Money in England, 1812.)

우어[, 앤드루], 『[그레이트브리튼의] 면직물 제조업』, 제 i 권 1836년. (Andrew Ure, Cotton Manufacture of Great Britain, vol. 1, 1836.)

워즈워스[, 윌리엄], 『호수 여행 길잡이』[, 1810년]. (William Wordsworth, Guide to the Lakes, 1810.)

──────, [오언과 스미서 편집,] 『[윌리엄 워즈워스의] 산문 저작집』, 제 ii 권 [,1876년]. (Prose Works of William Wordsworth, W. J. B. Owen and Jane Worthington Smyser (eds.),

1876.)

워커, 아마사, 『부의 과학[: 정치경제학 무역, 통화, 재정의 법칙을 포괄하여]』[, 1869년]. (Amasa Walker, The science of wealth: a manual of political economy. Embracing the laws of trade, currency, and finance, 1869.)

――――. 『임금 문제』[, 1922년]. (The Wage Question, 1922.)

웨스트, 에드워드 경, 『자본을 토지에 사용하는 것에 시론. [곡물 수입에 대한 커다란 제한 이 졸책이었음과 1688년의 특별 장려금이 곡물 가격을 낮추지 않았음을 보여 주는 고찰.] 옥스퍼드대학 특별 연구원』, 1815년. (Sir Edward West, Essay on the application of capital to land, with observations shewing the impolicy of any great restriction of the importation of corn, and that the bounty of 1688 did not lower the price of it, by a fellow of University college, Oxford, 1815.)

이든[, 프레더릭], 『빈민의 상태』, 1797년. (Frederick Eden, The State of the Poor, 1797.)

잉그램[, 존 켈스], 『정치경제학의 현재의 입장과 전망[: 영국과학진흥협회 경제학 및 통계 학 분과에서 행한 개막 연설]』[, 1879년]. (John Kells Ingram, The Present Position and Prospects of Political Economy: being the introductory address delivered in the Section of Economic Science and Statistics of the British Association for the Advancement of Science, 1879.)

제번스[, 윌리엄 스탠리], 『석탄 문제[: 나라의 진보와 있을 수 있는 우리 탄광의 고갈 에 관한 연구]』[, 1865년]. (William Stanley Jevons, The Coal Question; An Inquiry Concerning the Progress of the Nation, and the Probable Exhaustion of Our Coal Mines, 1865.)

제솝[, 아우구스투스, 「아르카디아의 미신」], 『19세기』, 1882년 5월. (Augustus Jessopp, Surerstition in Arcady, Nineteenth Century, May 1882.)

조지, 헨리, 『진보와 빈곤』, 제4판, 1881년. (Henry George, Progress and Poverty, the 4th edition, 1881.) [이종인 옮김, 『진보와 빈곤』, 현대지성, 2019년.]

차일드, 조시아, 『무역에 관하여 [새로운 담론]』, 1692년판. (Josiah Child, A New Discours On Trade, 1692 ed.)

찰머스[, 조지], 『[그레이트브리튼의 상대적 힘의] 어림값[: 현재와 이전 네 통치 기간 동안. 혁명 이후 각각의 전쟁에서 생긴 무역 손실]』, 1804년. (George Chalmers, An Estimate of the comparative strength of Great-Britain: during the present and four preceding reigns, and of the losses of her trade from every war since the revolution, 1804.)

챔벌레인[, 에드워드], 『그레이트브리튼의 [현재의] 상태[. 그 이전의 고대국가에 관한 다 양한 언급을 포함하여]』, [초판 1669년,] 1737년판. (Edward Chamberlayne, Magnæ Britanniæ Notitia, or the Present State of Great Britain, with diverse remarks upon the ancient state thereof, 1737 edition.)

칼라일[, 토머스], 『과거와 현재』[, 1843년]. (Thomas Carlyle, Past and Present, 1843.) [박시인 역, 『영웅숭배론, 과거와 현재』, 세계문학전집 59, 을유문화사, 1963년.]

캠던[, 윌리엄, 『브리태니아』, 영어판, 1610년]. (William Camden, Britannia, English edition, 1610.)

커닝햄[, 윌리엄], 『영국의 공업과 상업의 성장』[, 1885년]. (William Cunningham, Growth of English Industry and Commerce, 1885.)

케니[, 코트니 스탠호프], 『[영국에서의] 장자상속[법]의 역사[와 그 법이 토지 재산에 끼친 영향]』, 1878년. (Courtney Stanhope Kenny, The history of the law of primogeniture in England, and its effect upon landed property, 1878.)

케벨[, 토머스 에드워드], 『농업 노동자[: 지위에 관한 짧은 요약]』[, 1870년]. (Thomas Edward Kebbel, The agricultural labourer: a short summary of his position, 1870.)

케어드[, 제임스], 『1850[~51]년의 영국 농업』[, 1852년]. (James Caird, English Agriculture in 1850~51, 1852.)

케언스[, 존 엘리엇], 『정치경제학의 [몇몇] 주요 원리』, 1864[1874]년. (John Elliott Cairnes, Some Leading principles of Political Economy, 1874).

――――, 『정치경제학의 논리적 방법』, 제2판, 1875년. (Logical Method of Political Economy, 2d ed., 1875.)

코빗[, 윌리엄], 『농촌 유람』, 1830년. (William Cobbett, Rural Rides, 1830.)

콜프[, 게오르크 프리드리히], 브루어 여사 번역, 『국민들의 [사회적, 정치적] 상태[. 광범위한 통계를 비교한 표 첨부]』[, 1880년]. (Georg Friedrich Kolb, The condition of nations, social and political. With complete comparative tables of universal statistics, by G. Fr. Kolb. Tr., ed., and collated to 1880, by Mrs. Brewer, 1880.)

클리퍼드[, 프레더릭], 『1874년의 농업 직장폐쇄』[, 1875년]. (Frederick Clifford, Agricultural Lockout in 1874, 1875.)

킹, 그레고리, 『영국의 상태와 조건에 관한 자연적이고 정치적인 관찰과 결론』, 1696년. (Gregory King, Natural and Political Observations and Conclusions upon the State and Condition of England, 1696.)

[킹, 찰스,] 『브리튼의 상인[: 또는 보존된 상업』[, 1721년]. (Charles King, The British Merchant: Or Commerce Preserv'd, 1721.)

테일러, 세들리, 『노동의 참여』, 1881년. (Sedley Taylor, The Participation of Labour, 1881.)

――――, 『자본과 노동 사이의 이윤 나누기』, 1882년. (Profit-sharing between Capital and Labour, 1882.)

템플[, 윌리엄], 『잡문』[, 1679년]. (William Temple, Miscellanies, 1679.)

투세[, 토머스, 「좋은 농사를 위한 500가지 항목」, 1557년]. (Thomas Tusser, Five Hundred Points of Good Husbandry, 1557.)

투크[, 토머스], 『높은 물가와 낮은 물가』, 1823년. (Thomas Tooke, High and Low Prices, 1823.)

툴, 제스로, [『말의 뒷다리 관절을 이용한 새로운 농사』,] 1731년. (Jethro Tull, The New Horse-Houghing Husbandry, 1731.)

티민스[, 새뮤얼, 『버밍엄[과 중부의 금속 제품 지대]의 자원, 생산물[, 산업의 역사: 버밍엄의 브리튼지역산업위원회가 1865년에 수집한 보고서 시리즈]』, 1866년. (Samuel Timmins, The Resources, Products, and Industrial History of Birmingham and the Midland Hardware District: A Series of Reports Collected by the Local Industries Committee of the British Association of Birmingham, in 1865, 1866.)

파울러[, 토머스 웰뱅크], 『빈민법』, 〈'영국 시민' 시리즈[: 권리와 책임]〉 [제7권, 1881년]. (Thomas Welbank Fowle, The Poor Law, The English citizen: his rights and responsibilities v. 7, 1881.)

페인[, 에드워드 존], 『[유럽] 식민지의 역사』[, 1877년]. (Edward John Payne, History of European Colonies, 1877.)

페티[, 윌리엄, 『정치 산술』], 1687년. (William Petty, Political Arithmetick, 1687.)

[페티트, 윌리엄,] 『브리타니아 언어』, 1680년. (William Petyt, Britannia Languens, 1680.)

펠킨[, 윌리엄], 『양말류 제조업과 레이스 제조업의 역사』, 1867년. (William Felkin, History of the Hosiery and Lace Manufactures, 1867).

포터[, 조지 리처드슨], 『[19세기 초부터 현재에 이르기까지 다양한 사회적, 경제적 관계에서 나타나는] 국민의 진보』, 제2판, 1847년. (George Richardson Porter, Progress of Nation in its various Social and Economical Relations, from the beginning of Nineteenth Century to the present time, 2nd edition, 1847.)

폴, 케건, 『윌리엄 고드윈의 삶』[, 1876년]. (Kegan Paul, Life of William Godwin, 1876.)

프라이스, 리처드, 『혁명기부터 현재까지 영국 인구에 관한 시론』, 1780년. (Richard Price, An Essay on the Population of England from the Revolution to the Present Time, 1780.)

핀레이슨[, 존], 『1831년 인구조사 결과』 「서문」. (John Finlaison, The Preface to the Census Returns of 1831.)

하우튼, 『농사 및 장사[의 개량] 이야기 모음』[, 1681년]. (Houghton, Collection for the improvement of husbandry and trade, 1681.)

하울렛, 존, 「프라이스 박사의 잉글랜드 및 웨일스 인구에 관한 시론에 대한 검토」, 1781년. (An Examination of Dr. Price's Essay on the Population of England and Wales, 1781.)

——, [『우리 나라에서 일반적으로 빈민과 구빈세의 증가의 원인으로 꼽는 원인의 불충

분함』.] 1788년. (The Insufficiency of the causes to which the Increase of our Poor and the Poor's Rates have been generally ascribed, 1788.]

하월[, 조지], 『자본과 노동의 충돌』[, 1878년]. (George Howell. The Conflict of Capital and Labour. 1878.)

하트[, 월터], 『농사에 관한 시론』[, 1764년]. (Walter Harte, Essays on Husbandry, 1764)

헉슬리[, 토머스 헨리], 「행정의 허무주의」[, 1871년]. (Thomas Henry Huxley, Administrative Nihilism, 1871.)

『홀린셰드[의 잉글랜드, 스코틀랜드, 아일랜드 연대기]』[, 1577년]. (Holinshed's Chronicles of England, Scotland, and Ireland, 1577.)

히스[, 프랜시스 조지], 『영국 농민층』[, 1874년]. (Francis George Heath, English Peasantry, 1874.)

―――. 『서부[잉글랜드]의 농민 생활』[, 1881년]. (Peasant life in the West of England, 1881.)

「[의회] 곡물무역위원회 [보고서]」, 1813년. (Report of a Parliamentary Committee on the Corn Trade, 1813.)

『노동자임금위원회의 보고서』, 1824년. (Report of Committee on labourer's wages, 1824.)

『1806년 의회 보고서』. (1806 Parliament Report.)

『1881년 인구조사 결과』「잠정 보고서」. (Census Returns for 1881. Preliminary Report.)

『1881년 잠정 인구조사 결과』「서문」. (Vide Preface to Preliminary Census Returns of 1881.)

아널드 토인비 — 최초의 산업혁명에 대한 하나의 묘사와 해석

1. 아널드 토인비와 『산업혁명』

아널드 토인비Arnold Toynbee는 1852년 의사 집안의 둘째 아들로 태어났다. 『역사 연구 A Study of History』의 저자 아널드 조지프 토인비Arnold Joseph Toynbee(1889~1975)는 그의 남동생의 아들이다.

아널드 토인비는 1873년에 옥스퍼드대학에서 경제학 공부를 시작했다. 1883년에 사망했으니 참으로 짧은 생을 살았는데, 과로사였다고 전해진다. 그가 관심을 갖고 연구한 주제는 막 시작된 산업자본주의가 작동하는 원리와 노동자의 생활 조건이었다.

이 책에 옮긴 글은 아널드 토인비가 1881년 가을부터 1882년 여름 사이에 강의한 내용이다. 강의를 위해 준비한 노트를 기본으로 하고 청중이 작성한 기록을 참조하여 편집한 것인데, 그가 죽은 직후인 1884년 5월 『18세기 영국 산업혁명 강의. 대중 연설, 노트, 그 밖의 단편Lectures on the Industrial Revolution in England. Popular Addresses, Notes and Other Fragments』이라는 제목으로 출판한 책에 실려 있다. 그 책에는 아널드 토인비가 옥스퍼드대학교 베일리얼대학Balliol College에서 근무하던 시절에 학장이었던 벤저민 조우이트Benjamin Jowett(1817~1893)의 「회고사」와 아널드 토인비의 부인이 쓴 「서문」에 이어 아널드 토인비의 논문 「리카도와 옛 정치경제학」과 이 책에 옮긴 「산업혁명」과 몇몇 연설문이 실려 있다.

이 책은 같은 해 몇 달 후에 제2판을 찍었고, 1894년 제4판Fourth Edition을 거쳐 1927년 제9쇄Ninth Impression까지 나왔다. 알프레드 밀너 Alfred Milner(1854~1922)의 회고사가 담긴 제9쇄가 아널드 토인비 동시대인들이 낸 최종판이다. 아널드 토인비의 대학 동료인 알프레드 밀너는 훗날 영국의 정치와 외교 분야에서 활동한 인물이며, 아널드 토인비의 부인은 1884년 초판 「서문」에서 그가 책의 발간에서 중요한 역할을 했다고 평했다. 알프레드 밀너는 1895년에 아널드 토인비를 회고하는 책("Arnold Toynbee: A Reminiscence")을 내기도 한다.

판과 쇄를 거듭했지만, 실린 글의 순서가 조금 바뀌고 오류를 바로잡았을 뿐 내용의 변화는 거의 없다. 이 번역본은 1927년판을 대본으로 삼았다. 아놀드 토인비 책의 여러 판본은 https://books.google.co.kr/books/about/Lectures_on_the_Industrial_Revolution_in.html?id=iidpAZrget0C&redir_esc=y에서 PDF로 볼 수 있다.

강의록 원고 첫 장 첫 번째 각주에서 아널드 토인비는 자신의 강의를 모아 출판할 경우 책의 제목을 "산업혁명Industrial Revolution"으로 할 것임을 밝혔다. 따라서 이하에서 본 저작은 간단히 『산업혁명』으로 표시할 것이다.

2. 『산업혁명』이 다루는 문제

『산업혁명』은 열네 개 장으로 나뉘어 있다. 장마다 도입부에 해당 장에서 다루는 문제들을 나열해 두었으니, 여기서는 아주 간단하게 책 전체를 소개하기로 하겠다.

첫 장 "들어가는 말"에서는 경제학의 방법을 크게 "연역적 방법"과 "역사적 방법"으로 구분한 뒤 비교하고, 결국 이 둘을 결합하여 연구할 것을 권한다. 여기서 밝힌 바에 따르면, 전체 강의는 셋으로 나뉜다. 첫 번째는 스미스와 그 시대의 영국, 즉 산업혁명 직전인 1760년의 영국이다. 두 번째는 맬서스와 그 시대의 영국, 즉 산업혁명 한가운데에 있는 영국이다. 세 번째는 리카도와 그 시대의 영국, 즉 1815년 이후의 영국이다.

두 번째부터 여섯 번째 장에는 "1760년의 잉글랜드"라는 제목 아래, 각각 "인구", "농업", "제조업과 무역", "요먼층의 쇠락", "임금노동자의 처지" 등을 다룬다. 여기서 1760년이 기준이 되는 이유는 그때부터 영국에서 공유지 인클로저가 대규모로 급속히 이루어지며 산업혁명이 본격적으로 시작했기 때문이다. 일곱 번째 장은 "중상주의와 애덤 스미스"이며, 여기까지가 아널드 토인비가 말한 강의의 첫 부분이다.

여덟 번째 장은 "혁명의 주요 특징들"인데, 강의 두 번째 부분을 시작하는 이 장에서 아널드 토인비가 산업혁명의 중요한 결과로 꼽는 것은 급속한 인구 증가, 남부와 북부에서의 인구밀도의 차이, 농업혁명, 공장제도, 무역 팽창, 지대 상승, 계급들의 상대적 지위의 변화 등이다. 아홉 번째 장은 "극빈층의 증가"이며, 이 문제에 대한 답을 찾는 것이 이 강의 전체의 목표라 할 수 있다. 열 번째 장은 "맬서스와 인구법칙"이다. 이 세 장이 강의의 두 번째 부분이다.

강의의 세 번째 부분을 보자. 열한 번째 장은 "임금기금이론"이며, 열두 번째 장은 "리카도와 지대 상승"이다. 열세 번째 장에서는 부의 분배 문제를 다루며, "경제적 진보에 관한 두 이론"으로 리카도와 헨리 조지의 이론을 소개하고 비교한다. 마지막 열네 번째 장은 "노동계급의 미래"다.

아널드 토인비가 산업혁명과 관련하여 중요하게 여기는 경제학자는 스미스, 맬서스, 리카도이지만, 이들 말고도 언급하는 경제학자는 여럿이다. 간단하게 통계의 출처로 인용하는 경제학자들도 있고, 몇몇은 당시 상황을 해결하는 방안을 제시한 사람이다. 맬서스에게 영향을 미친 윌리엄 고드윈, 『자본』의 저자인 카를 마르크스, 토지와 지대를 일부가 독점하는 것에 반대한 헨리 조지 등등. 그들의 주장 역시 현실의 변화와 함께 소개되며, 그것이 아널드 토인비가 역사를 서술하는 방식이다.

아널드 토인비는 경제학 저서와 여러 통계뿐만 아니라 당시의 영국을 보여 주면서 자신의 주장을 입증할 만한 기록이라면 자서전이든 기사든 모두 활용했다. 하지만 미완성의 원고였던 만큼 출처 표시가 불완전했고 문헌 색인은 따로 없다. 이 책을 옮기면서 1927년 판본의 모습을 가급적 살리려 각주와 문헌 표시는 원문을 그대로 따랐지만, 당시의 지도, 인물 설명, 문헌 목록 등을 옮긴이가 새로 만들어 독자들의 불편함을 덜고자 했다.

3. 산업혁명이라는 용어

아널드 토인비는 책 제목을 "산업혁명"으로 삼은 최초의 사람으로 알려져 있다. 하지만 "산업혁명"이라는 용어를 처음 사용한 사람은 그가 아니다.

18세기 후반부터 19세기 초반에 유럽에서 시작된 급격한 기술 발전과 그에 따른 사회 변화를 "산업혁명"이라고 부른 최초의 인물이 누구인지 찾으려 노력한 사람으로 안나 베잔슨Anna Bezanson이 있다. 그 노력은 1922년에 발표된 「산업혁명이라는 용어의 초기 사용 The Early Use of the Term Industrial Revolution」(https://academic.oup.com/qje/article-abstract/36/2/343/1925720?redirectedFrom=fulltext)에 담겨 있다.

그 글의 결론에 따르면, 의회에서 벌어진 어떤 토론을 소개한 『예술가 저널 Journal des Artistes』의 기사를 프랑스 정부 기관지였던 『세계신보Le Moniteur Universel』 1827년 8월 17일 치가 그대로 옮기면서 기사 한복판에 강조된 서체로 "산업대혁명Grande Révolution Industrielle"이라고 쓴 것이 최초였다는 것이다. 지금처럼 인터넷에서 검색한 것이 아니라 도서관에서 자료를 일일이 읽으며 찾은 것이니 대단한 노력이라 하지 않을 수 없다.

이 글을 쓰는 사람도 안나 베잔슨과 같은 관심을 갖고 있었고, 그의 결론이 옳은지 인터넷에서 확인할 기회가 있었다(「"산업혁명"이라는 말은 누가 처음 썼을까?」, 『시대』 제74호, 2019년 12월). 베잔슨이 옳다면, 『예술가 저널』이 『세계신보』보다 하루라도 빨리 발표된 글일 것이었다. 프랑스국립도서관 사이트에서 해당 잡지를 확인할 수 있었다 (https://gallica.bnf.fr/ark:/12148/bpt6k54088570.item).

1827년 8월 12일 치(제7호) 첫 기사가 1827년 산업박람회를 소개하는 「데생 예술이 공업 생산물에 끼치는 영향De l'influence des arts du dessin sur les produits de l'industrie」인데, 그 기사 다섯 번째 쪽(112쪽)에는 다음과 같은 구절이 있다. "이렇게 여담을 나누었으니, 문제의 본질로 돌아와 예술이 이러한 산업대혁명에 어느 정도 영향을 끼칠 수 있었는지 검토할 때다. Après cette digression, il est plus que tems de rentrer dans le fond de la question, et d'examiner *jusqu'à quel point les arts ont pu exwecer leur infulnce dans cette grande révolution industrielle*." 기사의 필자는 확인할 길이 없었다.

프랑스의 경제학자 제롬-아돌프 블랑끼Jérôme-Adolphe Blanqui(1798~1854)(혁명가 루이-오귀스뜨 블랑끼Louis-Auguste Blanqui의 형)는 독립

『예술가 저널』1827년 8월 12일 자 표지와 "산업대혁명"(밑줄은 이 글의 필자가 그은 것)이 인쇄된 112쪽. (505쪽 통합본)

된 저서에 "산업혁명"이라는 표현을 담은 최초의 사람이다. 1837년의 저작『고대부터 오늘날까지의 유럽 정치경제의 역사Histoire de l'économie politique en Europe depuis les Anciens jusqu'à nos jours』제1권 209쪽에는 "산업혁명이 영국을 장악했다la révolution industrielle se mit en possession de l'Angleterre"라는 구절이 나온다.

그로부터 얼마 뒤에 독일의 공산주의자인 프리드리히 엥겔스Friedrich Engels(1820~1895)가『잉글랜드 노동자계급의 처지. 개인적 관찰과 확실한 출전들에 의거하여』(1845년)라는 저작에서 "산업혁명eine industrielle Revolution/die industrielle Revolution"이라는 용어를 사용했다. 그 책 본문은 이렇게 시작한다. "잉글랜드 노동계급의 역사는 이전 세기[18세기-인용자] 후반기에 증기기관과 면화 가공 기계를 발명함으로써 시작된다. 이러한 발명들은 잘 알려져 있는 바와 같이 산업혁명einer industriellen Revolution에 자극을 주었던 바, 그 혁명으로 말하자면 부르주아사회 전체를 동시에 변혁시켰지만 그 세계사적 의의는 지금에야 인식되기 시작하고 있다."

이후 "산업혁명"은 맑스주의운동에서 프롤레타리아트가 형성된 역사적 계기로 자리를 잡았다. 엥겔스는 「공산주의의 원칙들」(1847년), 『프로이센의 군사 문제와 독일의 노동자 당』(1865년), 『주택 문제에 대하여』(1872~1873년 기고, 1887년 단행본 출판), 『오이겐 듀링 씨의 과학 변혁』(1878년) 등에서도 이 용어를 자주 사용했다. 엥겔스는 산업혁명의 결과를 계급 관계로 설명하는데, 사회가 부르주아지와 프롤레타리아트로 양극화됐다는 것이다.

어쨌든 1881년에서 1882년에 이루어진 강의를 묶은 이 책의 저자 아널드 토인비는 책 제목에 처음으로 "산업혁명Industrial Revolution"이라는 표현을 담았고, 이 용어가 세상에 퍼지는 데 기여한 사람으로 기억되고 있다.

최근에는 정보통신기술의 발전 등으로 인한 사회의 급격한 변화를 놓고 "제4차 산업혁명"이니 여전히 "제3차 산업혁명"이니 갑론을박이 있다. 하지만 알맹이 없는 호들갑이 있을 뿐, 문제에 대처할 길을 찾지 못하고 있다. 아널드 토인비가 18세기 영국을 묘사하고 분석한 이 강의록이 현재에도 의미가 있다면, 그것은 변화의 본질적 내용을 과학적으로 분석하고 합리적 대책을 찾으려는 노력일 것이다.

4. 산업혁명에 대한 아널드 토인비의 태도

　　산업혁명에 대한 묘사가 아닌 산업혁명이 인류와 과학에 미친 영향을 서술한 것은 제Ⅷ장이다. 아널드 토인비는 산업혁명으로 인해 "위대한 사상 체계 두 가지", 즉 경제과학과 사회주의가 발달했다고 본다.

　　애덤 스미스, 데이비드 리카도, 존 스튜어트 밀 등 많은 경제학자는 모든 경쟁이 "생존을 위한 경쟁"이라고 가정하지만, 아널드 토인비는 이에 반대한다. 나아가 그러한 생존 투쟁이 "자연법칙"이므로 거기에 **인간이 개입하는 것은 모두 잘못이라는 기존의 가정에도 반대한다. 오**

히려 아널드 토인비는 "야수와 같은 투쟁에 대한 개입"이 문명이 지니는 의미라고 본다. "우리는 싸움의 격렬함을 완화하고 약자가 마구 짓밟히지 않도록 막을 작정이다."

그렇다고 아널드 토인비가 '사회주의'에 동의하는 것은 아니다. 경쟁이 희생을 낳으므로 규제가 필요하다는 사회주의에도 아널드 토인비는 반대한다. "생산에서의 경쟁과 분배에서의 경쟁을 구별해야"한다는 것이다. 생산에서의 경쟁은 "공동체에 유리"하지만, "공통의 생산량의 분할을 놓고 벌이는 투쟁은 그렇지 않다." 노동조합으로 표현되는 단결과 공장법 입법과 같은 입법 행위를 통해 그런 투쟁은 억제되어야 한다는 것이 아널드 토인비의 생각이다. 나아가 여기서 "자비"가 등장한다. "필요한 것은 자비 본능을 억누르는 것이 아니라 자비를 펼칠 조직이다. 자비를 학문적인 것으로 만드는 것이 현시대의 중차대한 문제다." 나아가 인구 문제을 다루면서는 "영적 생활의 높은 이상"도 언급한다.

아널드 토인비는 스핀햄랜드 제도 같은 보조금 제도에도 반대한다 (제IX장). 오히려 아널드 토인비는 "현재의 사회적 조건에서 노동자의 물질적 처지가 개선될 수 있다는 보여 주려 했다." 노동자의 처지가 개선 될 수 있었던 첫 번째 이유는 자유무역이며, 자유무역으로 인해 노동 수요가 증가해 고용이 안정되었다는 것이다. 두 번째 이유는 공장법 입법과 노동조합의 활동이며, 마지막 이유는 협동조합의 등장이다. "노동자의 완전한 물질적 독립"을 중요하게 생각하는 아널드 토인비는 당시 미국에서 소규모로 진행되던 '공산주의'에는 반대하지만, 국가가 개입하여 과세를 조정하고 생활필수품 분야를 국유화함으로써 국민의 삶에 개입하는 것에는 반대하지 않는다.

엥겔스는 산업혁명으로 인해 자본주의의 몰락이 가까워졌다고 평가한 반면에, 아널드 토인비는 산업혁명이 낳은 문제인 빈곤층의 증가를 자본주의의 틀 안에서 해결할 방법을 찾았다.

아널드 토인비는 지대를 특정 계층이 독점하는 현재의 제도에 반대하는 헨리 조지의 주장도 옳지 않다고 본다. 그에 따르면 헨리 조지는 마르크스가 그렇듯 리카도의 제자이며 '사회주의자'다. 아널드 토인비에 따르면, 헨리 조지는 지대 상승이 임금과 이자의 하락을 가져올 것이라는 점을 논거로 삼지만 이는 미국의 특정 시기에만 옳은 명제였다. 참고로 지대와 관련된 헨리 조지의 주장은 오늘날 기본소득 도입이 정당하다고 주장하는 사람들 가운데 일부가 논거로 삼기도 한다.

5. 아널드 토인비 연구

아널드 토인비의 생은 매우 짧았고 그가 남긴 저작은 유고 모음집 한 권이 전부다. 사정이 그렇기에 그는 잘 알려지지 않았고 그에 대한 연구도 매우 적다.

"산업혁명"을 주제로 강의했고 그 원고를 모은 책이 그 어휘가 제목에 들어간 것으로 최초라는 사실이 그의 이름을 우리가 기억하는 거의 유일한 이유라 할 수 있다. 그에 대해 알기 위해 옮긴이가 인터넷으로 검색한 결과, 아널드 토인비와 그의 저작을 언급한 대개의 저술가들은 영국의 산업혁명 진행이나 당시 상황에 대한 경제학적 분석을 위한 것이 아니었다.

영국의 경제학자 도널드 윈치Donald Norman Winch(1935~2017)가 본격적인 아널드 토인비 연구의 개척자라 할 수 있다. 「아널드 토인비의 산업혁명Arnold Toynbee's Industrial Revolution」(https://arts.st-andrews.ac.uk/intellectualhistory/islandora/object/intellectual-history%3A49)과 2010년에 행한 강연 「토인비 이전과 이후Before and After Toynbee」(https://intellectualhistory.net/thousand-manuscripts-blog/donald-winch-on-arnold-toynbee)가 그의 대표

적 연구 결과다.

그 후에 토인비 연구에 합류한 사람으로는 2014년에 「아널드 토인비와 산업혁명」(https://www.jstor.org/stable/10.2979/histmemo.26.2.133)을 발표한 대니얼 윌슨Daniel C. S. Wilson이 있는 정도다.

아널드 토인비의 한국어 출판도 본서가 최초인 것으로 안다. 한국에서 아널드 토인비 연구에 보탬이 되었으면 한다.

2022년 6월
김태호

아널드 토인비

1873년에 옥스퍼드대학에서 경제학 공부를 시작해 산업자본주의의 작동 원리와 노동자의 생활 조건을 연구하고 강연을 통해 자신의 주장을 알렸다. 특히 1881년 가을부터 1882년 여름 사이에 옥스퍼드대학교 베일리얼대학에서 18세기 영국 산업혁명에 대해 강의했는데, 그 원고를 옮긴 것이 이 책이다.

김태호

『칼 맑스 프리드리히 엥겔스 저작 선집』(전 6권) 발간 작업에 참여했으며, 『공산주의 선언』, 『임금노동과 자본/ 가치, 가격, 이윤』 등 맑스와 엥겔스의 저작과 『프레카리아트. 새로운 위험한 계급』 등을 옮겼으며, 「"산업혁명"이라는 말은 누가 처음 썼을까?」(『시대』 제74호)와 기본소득 문제에 관한 여러 글을 발표했다.

18세기 영국 산업혁명 강의

지은이 • 아널드 토인비 옮긴이 • 김태호 | 초판 1쇄 발행일 • 2022년 7월 15일 | 펴낸곳 • 도서출판 지식의풍경 | 주소 • 경기도 고양시 덕양구 화중로104번길 28 704호(10497) | 전화 • 031-968-7635(편집), 031-969-7635(영업), 031-964-7635(팩스) | E-mail • vistabooks@gmail.com | 신고번호 • 2013-000046호(1999. 5. 27)

값 18,000원

ISBN 978-89-89047-41-4 (93920)